LIVRO DE EZEQUIEL

Zuleica Aparecida Silvano (Org.)

LIVRO DE EZEQUIEL

"EU VOS DAREI UM CORAÇÃO NOVO"

(Ez 36,26)

Paulinas

Dados Internacionais de Catalogação na Publicação (CIP)
Angélica Ilacqua CRB-8/7057

Livro de Ezequiel : "Eu vos darei um coração novo" (Ez 36,26) / organização de Zuleica Aparecida Silvano. - São Paulo : Paulinas, 2024.
344 p. (Coleção Cesto de letras)

ISBN 978-65-5808-274-3

1. Bíblia. A.T. Ezequiel 2. Bíblia - Profetas I. Silvano, Zuleica Aparecida

24-0037 CDD 224.407

Índice para catálogo sistemático:

1. Bíblia. A.T. Ezequiel

1ª edição – 2024

Direção-geral: *Ágda França*
Editora responsável: *Maria Goretti de Oliveira*
Copidesque: *Ana Cecilia Mari*
Coordenação de revisão: *Marina Mendonça*
Revisão: *Sandra Sinzato*
Gerente de produção: *Felício Calegaro Neto*
Capa e diagramação: *Telma Custódio*
Foto de capa: *Profeta Ezequiel, por Michelangelo*

Cadastre-se e receba nossas informações
paulinas.com.br
Telemarketing e SAC: 0800-7010081

Paulinas

Rua Dona Inácia Uchoa, 62
04110-020 – São Paulo – SP (Brasil)
Tel.: (11) 2125-3500
editora@paulinas.com.br

SUMÁRIO

APRESENTAÇÃO

O Livro da profecia de Ezequiel se destaca por antecipar a chamada apocalíptica judaica entre os textos considerados canônicos, sendo essa desenvolvida posteriormente pelo Livro de Daniel e Apocalipse de João. Ezequiel pertence aos chamados "profetas maiores", sua pregação retrata vários períodos do ministério profético que exerceu no século VI a.C., porém tem partes que transparecem um trabalho redacional posterior. Sua profecia se dá na Babilônia, para onde foi exilado, durante a maior catástrofe de Judá e de Jerusalém. O cenário é de perda das lideranças, do Templo, da dinastia davídica, de queda da capital do Reino do Sul, Judá, ou seja, das bases fundamentais que sustentavam o povo de Israel. Por isso, o livro é perpassado por oráculos de juízo e salvação, há vários gestos proféticos, parábolas, visões de experiências de êxtase e alegorias, sendo impregnado de críticas, de forma especial contra as lideranças políticas e religiosas e pela infidelidade do povo, mas é também marcado pela esperança da restauração e da concepção de um Deus sempre disposto a perdoar e acreditar que é possível "recomeçar". O livro pode ser estruturado em duas partes, conforme as etapas do ministério de Ezequiel. A primeira parte compreende os capítulos 1–32, também subdividida em dois blocos (Ez 1–24 e 25–32), a qual descreve o período antes da queda de Jerusalém, e visa evitar a invasão e a queda da cidade. Essa seção contém vários oráculos com ameaças e exortações dirigidos a diferentes interlocutores: a Judá e seus dirigentes (Ez 1–24); aos povos, às cidades e aos chefes estrangeiros (Ez 25–32) por se aproveitarem da situação desoladora de Judá e também pelos seus pecados. A segunda parte é composta pelos capítulos 33–48, que retratam o período após a conquista de Jerusalém, pelo império babilônico (Ez 33,21), e objetiva confirmar a fé e encorajar os sobreviventes e exilados, propondo um plano de restauração para a "casa de Israel" (Ez 40–48).

Esta obra, publicada por Paulinas Editora, tem o escopo de oferecer chaves hermenêuticas para a leitura do Livro de Ezequiel. É o resultado do trabalho conjunto de biblistas de diferentes instituições acadêmicas, sendo os nomes dos autores e autoras e suas respectivas instituições descritos no minicurrículo indicado na nota de abertura de cada capítulo. O conteúdo segue a sequência interna do livro, porém seleciona perícopes ou blocos de textos que retratam as características teológicas principais desse profeta e que são importantes para o entendimento do conjunto da profecia de Ezequiel. Após a apresentação dos elementos introdutórios sobre o profeta e seu o livro (*Capítulo 1*), abordar-se-á sua vocação e missão (*Capítulo 2*). Nos demais capítulos, serão propostos, como acenado, os pontos fundamentais de sua teologia, porém seguindo a subdivisão do livro em duas partes. Estudar-se-á a saída da glória de YHWH do Templo de Jerusalém, retratando a destruição e ao mesmo tempo a esperança de Judá, descritas em Ez 4–11 (*Capítulo 3*); a visão teológica da história e a centralidade no culto, aspectos próprios da teologia de Ezequiel, serão abordadas na acusação da infidelidade de Jerusalém e de Israel, bem como a fidelidade de Deus em Ez 16 (*Capítulo 4*); tratar-se-á da responsabilidade individual em Ez 18 (*Capítulo 5*); dos oráculos contra as nações estrangeiras (Ez

25–32), de forma especial contra Amon (*Capítulo 6*); da crítica contra aqueles que deveriam apascentar o rebanho e também da visão de Deus como Pastor de Israel (*Capítulo 7*); da justiça e santidade de YHWH contra Edom (Ez 35) e a favor de Israel (Ez 36) (*Capítulo 8*); da esperança em YHWH (Ez 37), Senhor da vida, que estabelecerá um novo êxodo (*Capítulo 9*) e, por fim, do projeto de restauração, com a construção do novo Templo, e de redistribuição da Terra Prometida entre as tribos de Israel (Ez 40–48) (*Capítulo 10*).[1]

O estudo do Livro de Ezequiel, com as dicas oferecidas nesta obra, visa a uma tomada de consciência do papel profético de cristãos e cristãs ou de pessoas interessadas em viver a vontade de Deus nos mais diferentes contextos, denunciando as injustiças, anunciando a novidade do amor de Deus, pleno de misericórdia, e, ao mesmo tempo, despertando a esperança, para consolar aqueles e aquelas que experimentam a perda, o sofrimento, a aflição, de forma especial os "exilados" e "exiladas" de sua terra por causa das guerras ou as pessoas em busca de melhores condições de vida. Outra finalidade do estudo é avaliar os vários projetos de restauração política, econômica, social e religiosa, na atualidade, tendo como critério o apelo do Senhor de substituir um coração de pedra, acomodado, sem esperança, e acolher um espírito novo e um coração novo (Ez 36,26).

---

1 As obras utilizadas nas pesquisas serão elencadas, em conjunto, no final do livro com o índice remissivo, e não no final de cada capítulo. As transliterações de palavra do hebraico para os caracteres latinos seguirão as normas internacionais (da língua inglesa). O Tetragrama, YHWH, utilizado pelo profeta Ezequiel não foi traduzido por "Senhor", mas transliterado, justamente porque o autor emprega "Adonay" (que pode ser traduzido por "Senhor", "meu Senhor" ou "senhores de mim") seguido pelo Tetragrama. YHWH é o nome divino revelado a Moisés, e que será tratado na explicação de Ez 16 (Capítulo 4 desta obra). A tradução dos textos de Ezequiel foi realizada pelos autores e autoras responsáveis pelos respectivos capítulos nesta obra.

Capítulo 1

EZEQUIEL

Maria de Lourdes Corrêa Lima[1]

O livro do profeta Ezequiel é o terceiro dos assim chamados "grandes profetas". Com uma mensagem de força teológica e expressiva, oferece não poucas dificuldades a seus leitores. Em vista de melhor compreender sua rica mensagem, alguns passos se fazem necessários. Primeiramente, a consideração do cenário histórico e religioso, em que se localiza o anúncio profético, permite situar os diversos textos do livro e, assim, avaliar seu sentido dentro das situações nas quais surgiu, bem como suas releituras posteriores. O detalhamento da atividade do profeta e sua colocação por escrito passam da abordagem histórica à abordagem intratextual propriamente dita, o que conduz à análise da organização da sequência das palavras no livro. O registro dos pontos nodais de sua mensagem ajuda a refletir sobre elementos relevantes da revelação registrada nesse escrito.

---

1 Doutora em Teologia (especialização Bíblica) pela Pontifícia Università Gregoriana (Roma). Professora em tempo integral na PUC-Rio. Lattes: <http://lattes.cnpq.br/0169981461007791>. Orcid: <https://orcid.org/ 0000-0003-2382-1058>. E-mail: mllima@puc-rio.br.

1. EZEQUIEL NA HISTÓRIA DE SEU TEMPO

A complexidade do período histórico e do longo escrito atribuído ao profeta Ezequiel possibilita aos estudiosos criarem hipóteses acerca do personagem e dos diversos aspectos que se salientam nos temas desenvolvidos. O livro estende sua leitura profética desde Jerusalém na primeira deportação, acompanha o povo exilado, em suas três etapas, e prevê, em estilo ideal e utópico, o retorno à terra e a reconstrução do Templo e da cidade. Nesse primeiro ponto se verá o cenário político, social e religioso desse período.

1.1 Época e local do ministério profético

A data enigmática da vocação do profeta, na introdução do livro, em Ez 1,1 (30º ano), é identificada logo a seguir (Ez 1,2) com o 5º ano do exílio do rei Joaquin (593 a.C.). Ezequiel é apresentado como de estirpe sacerdotal e chamado a profetizar, assim, o livro traz numerosos traços que permitem admitir ter ele exercido o ministério sacerdotal em Jerusalém. A linguagem fortemente marcada por termos afeitos à nomenclatura cúltica, a preocupação com o culto, com o puro e o impuro, e o conhecimento do Templo, em detalhes, confirmam esse dado.

Ezequiel integrou o grupo exilado por Nabucodonosor em 598 a.C. e foi vocacionado enquanto esteve na Babilônia (Ez 1,1-2). Visto, porém, que, em muitas partes do livro, o profeta dá a entender que conhece bem a situação de Jerusalém e do Templo, poder-se-ia cogitar que seu ministério ter-se-ia realizado, ao menos em parte, na própria terra de Judá. Contudo, é sabido que, na época, havia comunicação entre Judá e a Babilônia, e, portanto, o profeta poderia, mesmo no desterro, saber o que ocorria em Jerusalém (Jr 29; 51,59-63). Além disso, algumas de suas palavras derivam de visões extáticas, através das quais o profeta, inclusive, se locomove (no êxtase profético) a Jerusalém (Ez 8,1-3; 40,2). Desse modo, com toda probabilidade, pode-se crer que todo o ministério profético de Ezequiel se realizou na Babilônia.[2]

Uma série de indicações cronológicas esparsas no livro permitem situar temporalmente, ao menos em parte, o ministério do profeta. A partir da vocação (1,2: 5º ano do exílio de Joaquin em 593), seguem as datas da visão do Templo de Jerusalém (8,1: 6º ano em 592), da mensagem aos anciãos (20,1: 7º ano em 591), do anúncio do assédio de Jerusalém (24,1: 9º ano em 589). Também alguns oráculos contra povos estrangeiros contêm indicações cronológicas: o oráculo contra Tiro (26,1: 11º ano em 587) e quatro textos referentes ao faraó (29,17; 30,20; 31,1; 32,1, datados entre os anos 10º e 12º, de 588 a 586). Em 33,21, o profeta recebe a notícia da queda de Jerusalém (12º ano: 586) e, em 40,1, tem a visão do novo Templo (25º ano; 573). A data mais avançada ocorre num oráculo contra o Egito (29,17: 27º ano) e corresponde ao ano de 571.

Considerando-se tal datação, a atividade do profeta se coloca entre 593 e 571,[3] ou seja, em diversos momentos dos anos mais críticos da história de Judá: nos anos finais do reino, na época de Sedecias e de sua política vacilante; durante o assédio de Jerusalém até sua derrocada; e, finalmente, após a queda, com suas clamantes consequências.

---

[2] É essa a compreensão que prevalece já desde algumas décadas (BLOCK, D. I. *Ezequiel*: capítulos 1 a 24. São Paulo: Cultura Cristã, 2012. v. 1, p. 32).

[3] É a opinião mais difundida entre os estudiosos do livro: BLENKINSOPP, J. *A History of Prophecy in Israel*. Philadelphia: Westminster Press, 1983. p. 194; KOCH, K. *Die Profeten II*. Babylonisch-persische Zeit. Stuttgart: Kohlhammer, 1988. p. 90; SPREAFICO, A. *La voce di Dio*. Per capire i profeti. Bologna: Dehoniane, 1998. p. 104; JOYCE, P. M. *Ezekiel*: a commentary. New York: T&T Clark International, 2009. p. 3.

1.2 Os eventos

Os últimos anos do Reino de Judá são marcados pelo declínio do poder da Assíria e por grande instabilidade no plano internacional. A casa real de Judá verá uma intensa e rápida sucessão de governantes que, apesar dos esforços, não conseguirão impedir que a política internacional de grandes potências, como o Egito e a Babilônia, desestabilizem os baluartes do povo de Deus, a ponto de Jerusalém e o Templo serem destruídos e os influentes do Reino de Judá, exilados longe de sua terra.

1.2.1 Da morte de Josias à deportação de Joaquin

Josias, rei de Judá (640-609 a.C.), aproveitou-se do momento instável, tornando-se independente de Assur e alargando as fronteiras do reino para o norte. Mas sua morte prematura, ao se defrontar com o faraó Necao II, interrompeu a momentânea independência do reino, que se tornou, com a derrota, vassalo do Egito. Conforme 2Rs 23,30 (2Cr 36,1), o "povo da terra" coroou Joacaz (chamado, no Livro de Jeremias, de Salum: Jr 22,11), pouco depois deposto, todavia, pelos egípcios e substituído por outro filho de Josias, Eliacim, que mudou seu nome para Joaquim (609-597; 2Rs 23,31-34; 2Cr 36,3-4; Jr 22,10-12; Ez 19,4). Os textos bíblicos (2Rs 23,36–24,7; 2Cr 36,5-8; Jr 22, 13-19) indicam que, devido às exigências egípcias, Joaquim impôs pesados impostos à população;[4] conseguiu, contudo, certo êxito, chegando a reconquistar alguns territórios.

Em 605, sobe ao trono babilônico Nabucodonosor II (605-561), que vence os egípcios em Carquémis (Jr 46,2). A Crônica

---

[4] As cifras (2Rs 23,33) variam conforme a leitura do texto leningradense (100 talentos) ou a da Septuaginta (dez talentos): ELLIGER, K.; RUDOLPH, W. *Biblia Hebraica Stuttgartensia*. 4. ed. Stuttgart: Deutsche Bibelgesellschaft, 1990, no aparato crítico ao texto de 2Rs 23,33.

babilônica menciona a submissão das regiões da siro-palestina,[5] incluindo Judá, que passa, por conseguinte, ao domínio babilônico (2Rs 24; 2Cr 36,5-8). Joaquim comportou-se como vassalo fiel até que o Egito, tendo invadido o sul de Judá e ocupado Gaza em 601/600, consegue cooptá-lo para uma coalizão antibabilônica.[6] Em 598, Nabucodonosor vem contra Judá com seu exército e aliados de Amon, Edom e Moab, povos vizinhos que se dispuseram a colaborar com os babilônios em virtude de conflitos locais, que teriam aumentado com a pressão dessa grande potência.[7] As tropas chegam a Jerusalém, e o rei Joaquim morre nessa ocasião em condições desconhecidas.

A sucessão se dá com seu filho Joaquin (2Rs 24,8-17; 2Cr 36,9-10), deposto pelos caldeus pouco depois (597)[8] e levado para a Babilônia. Lá, teve um tratamento favorável, vivendo na corte com um grupo de ajudantes judeus.[9] O Templo e o palácio de Jerusalém foram saqueados e as pessoas influentes e os artesãos deportados junto com o rei e sua família (2Rs 24,12-16). Também Ezequiel é deportado nessa ocasião.

1.2.2 A época de Sedecias e a capitulação da cidade

O trono em Jerusalém é ocupado, então, por outro filho de Josias, Matanias, que teve seu nome mudado para Sedecias.

---

5 LIVERANI, M. *Para além da Bíblia*. História antiga de Israel. São Paulo: Paulus/Loyola, 2008. p. 231.

6 SOGGIN, J. A. *Storia d'Israele*: introduzione alla storia d'Israele e Giuda dalle origini alla rivolta di Bar Kochba. Brescia: Paideia, 2002. p. 321; PRITCHARD, J. B. *Ancient Near Eastern Texts Relating to the Old Testament* (ANET). Princeton, NJ: Princeton University Press, 1969. p. 563.

7 LIVERANI, 2008, p. 234. Hab 1,6-10 menciona a rapacidade dos babilônios.

8 ANET, p. 564.

9 SOGGIN, 2002, p. 321. Com a morte de Nabucodonosor, ele foi anistiado e se tornou hóspede dos babilônios, como seu aliado, sem, contudo, retornar a Judá (2Rs 25,27-30; ANET, 308).

Governando como regente, uma vez que o rei natural, embora deportado, ainda vivia, Sedecias teve autoridade limitada. Pois, se Joaquin pudesse retornar, Sedecias devia ceder-lhe o trono. Seu pouco prestígio transparece em alguns testemunhos bíblicos indiretos, seja a notícia da expectativa de retorno de Joaquin (Jr 28,4), seja o fato de a deportação deste rei servir, no Livro de Ezequiel, como ponto de referência cronológico (Ez 1,2).[10]

Após a primeira deportação (598), formaram-se diferentes opiniões acerca da situação, com motivações políticas e religiosas diversas.[11] De um lado, havia os que se colocavam contra as condições impostas pela Babilônia e procuravam apoio no Egito (Jr 37,6-8; Ez 17,15-18), na crença de que Deus ainda protegeria seu povo.[12] Continuavam a política iniciada por Joaquim. Dentre esses contava-se Saraías, neto de Helcias (filho de Azarias: 1Cr 5,39-40; Esd 7,1), o sacerdote Fassur, filho de Emer (Jr 20,1), e seu filho Godolias (Jr 38,1), além do sacerdote Sofonias (Jr 21,1; 29,25; 37,3). Esse grupo contava com o apoio de famílias nobres de Jerusalém (Jr 37,3.13; 38,1.6). De outro lado, estavam os que defendiam a submissão à Babilônia, particularmente os safânidas[13] (Jr 32,1-15), além dos profetas Jeremias e Ezequiel. Jeremias considera inútil a resistência à Babilônia (Jr 21,5-7). Ezequiel prega a não resistência, devido ao valor religioso do pacto de vassalagem que Judá fizera com os babilônios (Ez

---

[10] SOGGIN, 2002, p. 322.

[11] ALBERTZ, R. *Historia de la religión de Israel en tiempos del Antiguo Testamento*. Barcelona: Herder, 1999. v. 1, p. 443-444.

[12] LIVERANI, 2008, p. 237.

[13] A reforma de Josias foi levada à frente pelo "povo da terra" (2Rs 21,23-24), que se aliou a alguns dirigentes. 2Rs 22 menciona como importante o escriba Safan e o sumo sacerdote Helcias. A reforma tinha um cunho antimonárquico (Dt 17,14-20), em favor de uma monarquia constitucional em que os poderes eram partilhados (ALBERTZ, 1999, v. 1, p. 376).

17,18; 2Cr 36,12-13). A esperança nacionalista baseava-se na teologia da inexpugnabilidade de Sião e na garantia de segurança dada pela presença de Deus no Templo. Para Ezequiel, tais expectativas não são seguras, pois o povo vive distante do Senhor. Diante dos malfeitos de Judá, num êxtase profético, vê a saída da glória do Senhor do Templo e de Jerusalém (Ez 10–11).[14] Sua concepção da história do povo eleito também fundamentava sua visão: trata-se de uma história marcada, em todas as suas fases, pelo pecado e que chega, em sua época, ao ponto mais baixo (Ez 23).

Em meio a essa situação conturbada, Sedecias manifestou-se um regente fraco e oscilante. Embora vassalo dos caldeus, participou de uma coalizão antibabilônica com reis próximos (594/593), possivelmente com apoio do faraó Psamético II (594-589), coalizão essa que não trouxe resultados, pois os babilônios ameaçaram um ataque. Sedecias desiste, então, da conspiração e mantém o pacto de vassalagem (Jr 29,3; 51,59).[15] Em 589/588 estabeleceu-se nova conspiração contra os caldeus, com o apoio do Egito e a participação de Tiro, Amon (Ez 21,24-25) e, provavelmente, também Edom.[16] Houve anistia para os escravos, a fim de se reforçar o exército, iniciativa que, após o perigo, foi revogada (Jr 34,8-22). Os babilônios vieram com força e iniciaram o cerco de Jerusalém. Interrompido momentaneamente pela ameaça da vinda de ajuda por parte do Egito, o cerco foi logo retomado (Jr 37, 5-8.11; Ez 17; Lm 4,17).[17] Em 587, após dois anos de assédio, as

---

14 ALBERTZ, 1999, v. 1, p. 445.

15 SOGGIN, 2002, p. 322; GUNNEWEG, A. H. J. *História de Israel*: dos primórdios até Bar Kochba e de Theodor Herzl até os nossos dias. São Paulo: Teológica: Loyola, 2005. p. 200.

16 SOGGIN, 2002, p. 323.

17 SOGGIN, 2002, p. 323; LIVERANI, 2008, p. 240.

muralhas são abertas e Jerusalém cai.[18] As fortalezas existentes na terra são conquistadas aos poucos, incluindo as importantes localidades de Láquis[19] e Azeca.

Sedecias foge de Jerusalém com a família real e parte do exército, mas é capturado nas imediações de Jericó (Jr 39,5). Suas tropas se dispersam e o rei é levado a Rebla, onde se encontrava Nabucodonosor. Seus filhos são mortos em sua presença, seus olhos são cegados, e ele é deportado para a Babilônia (2Rs 25,1-7; Jr 39,1-7; 52,6). Jerusalém é submetida a saque e tem suas casas destruídas;[20] o Templo é incendiado (2Rs 25,9). O mesmo ocorre com outras cidades de Judá. Aldeias da região do deserto de Judá e do Neguev são destruídas possivelmente por Edom, que se aproveita da situação, participa do saque e invade a região próxima a Bersabeia e a Cades-Barnea (Ez 25,12-14; Ab 19; Sl 137,7).[21] Outros povos vizinhos também se aproveitam da situação, alargando suas fronteiras por sobre o território de Judá. Assim, cidades filisteias avançam sobre a Sefelá, e fenícios e gregos marcam presença na região da costa.[22] As pessoas influentes de Jerusalém são executadas e a população citadina (parte das classes dirigentes e artesãos) é deportada para a Babilônia.[23] São deixados na terra só os camponeses das aldeias, pequenos proprietários de terra (2Rs 25,11-12). Oráculos e lamentações contra estrangeiros

---

18 Há dois testemunhos bíblicos diferentes acerca do ano da queda de Jerusalém. 2Rs 25,8 fala do décimo nono ano de Nabucodonosor; Jr 52,29, do décimo oitavo ano. Discute-se, assim, se ocorreu em 587 ou 586.

19 ANET, 324.

20 Assim o testemunham os achados da torre no Bairro Judeu e os resquícios de casas queimadas na Cidade de Davi: MAZAR, A. *Arqueologia na terra da Bíblia 10000-586 a.C.* São Paulo: Paulinas, 2003. p. 436.

21 SOGGIN, 2002, p. 325; LIVERANI, 2008, p. 240.

22 LIVERANI, 2008, p. 245.

23 LIVERANI, 2008, p. 240.

presentes no Livro de Ezequiel (c. 25–32) compreendem-se bem sobre esse cenário.

1.2.3 A administração de Godolias

Judá é feita província babilônica.[24] É nomeado como governador Godolias (2Rs 25,22-23; Jr 40,7), um nobre de Judá que fora superintendente do palácio de Sedecias. Era, provavelmente, filho de Aicam (2Rs 25,22), da família de Safã, e defendera a posição filo-babilônica. Após a conquista, continuou pregando a submissão dos remanescentes à Babilônia.[25] Seu programa era que a população, na terra, voltasse a ocupar as cidades e aldeias e reassumisse as atividades cotidianas. Sua função não é clara: seria um governador autônomo (2Rs 25,22; Jr 40,7-12) ou seria um preposto judaico subordinado aos governantes babilônicos. Pela falta de dados, o mais seguro é considerar Godolias, a partir da notícia de 2Rs, como governador autônomo, uma vez que o rei Joaquin ainda vivia, e era então possível que se mantivesse o contrato de vassalagem anterior.[26]

Godolias teve uma administração breve, pois foi morto por Ismael, filho de Natanias, filho de Elisama, pertencente a um braço da estirpe real (2Rs 25,25; Jr 40,1–41,10). O texto de Jr 40,14 supõe que Ismael agiu em acordo com o rei de Amon, juntando judeus que se tinham refugiado para além das fronteiras, um grupo armado que conseguira escapar da invasão babilônica. Porém sua provável intenção de realizar uma revolução e libertar Judá do domínio babilônico não obteve êxito.

Com a morte de Godolias, o caos se instaurou na terra. Ao prever uma retaliação da parte dos caldeus, os revoltosos se

---

24 GUNNEWEG, 2005, p. 202.

25 LIVERANI, 2008, p. 242.

26 SOGGIN, 2002, p. 329.

refugiaram em Amon e parte da população fugiu para o Egito (2Rs 25,26; Jr 42–43). No vigésimo terceiro ano de seu reinado (582), Nabucodonosor ocupou Amon e Moab. A terceira deportação, anotada em Jr 52,30, tem relação com esses eventos.[27]

1.3 A situação da população

A política babilônica quis restaurar os elementos básicos para a vida na terra, mesmo a mantendo sob seu domínio. Iniciou-se, assim, uma colonização com os judeus remanescentes, distribuindo-se aos mais pobres as terras dos exilados (2Rs 25,12; Jr 39,10; 52,16; Ez 33,21-27), o que concorreu para a simpatia por parte dos pequenos proprietários. Pode-se supor que o partido que apoiara a reforma de Josias, que, desde sua morte, estava fora do poder, agora se aproveitasse dessa política e quisesse realizar algum aspecto da reforma deuteronômica que não fora anteriormente contemplado (o aspecto social) e, assim, se aliasse à iniciativa babilônica.[28] De outro lado, mesmo que grandemente apoiada pela população, conforme supõe o Livro de Ezequiel (Ez 11,15; 33,24), tal medida não deixou de criar descontentamento em certos grupos mais abastados, que percebiam nisso uma expropriação indevida (Lm 5,2).[29] Como em épocas antigas, a administração possivelmente ficou a cargo de um grupo de anciãos (Lm 5,12.14).[30]

A situação da terra de Judá era lamentável, com muitos locais destruídos (Ez 33,24), provavelmente, sobretudo, aqueles que

---

27 SOGGIN, 2002, p. 329-330; LIVERANI, 2008, p. 242. Segundo Soggin (2002, p. 329), o texto babilônico de ANET, 307, pode-se referir a essa ocasião.

28 ALBERTZ, 1999, v. 1, p. 450.

29 ALBERTZ, R. *Historia de la religión de Israel en tiempos del Antiguo Testamento*. Barcelona: Herder, 1999. v. 2. p. 465.

30 ALBERTZ, 1999, v. 2, p. 466.

continham fortificações militares. Houve grave diminuição do número de aldeias e de seu tamanho, o que significa que também diminuiu a população.[31] Na terra se estabeleceu uma economia de simples subsistência, e o Livro das Lamentações menciona grave carestia (Lm 1,11; 2,12.20; 4,4.10). A deportação dos mais especializados artesãos fez com que o artesanato continuasse de forma mais simples, somente para o uso diário. A atividade de escrita deve ter-se extinguido, visto que as classes cultas também tinham sido exiladas. Somente na região de Benjamin se pode supor certa normalidade, exatamente a região onde se localizara Godolias e o grupo que teria colaborado com os babilônios.[32]

No exílio, os judeus foram assentados em aldeias e desfrutaram de certa liberdade. A comunicação com Judá não foi interrompida, de modo que era conhecido o que lá se passava. Os exilados podiam reunir-se e adquirir propriedades. Muitos deles prosperaram, como é atestado na lista de uma espécie de banco descoberta em Nippur, datada no século V, na qual constam diversos nomes hebraicos. Organizaram-se em grupos de famílias e por profissões (Esd 2,59; 8,17), sob a direção de sacerdotes, profetas e anciãos (Jr 29,1; Ez 8,1; 14,1; 20,1), na medida das permissões babilônicas. Alguns, pelo que indicam os testemunhos posteriores, chegaram a posições privilegiadas na sociedade.[33] Todavia, sob o aspecto existencial e religioso, a situação significava a perda da terra de origem, de suas propriedades e de uma eventual posição social. A carta de Jeremias aos exilados (Jr 29), que os impulsiona a estabelecerem-se e criarem nova vida na terra, supõe que entre eles houvesse certa esperança de em breve retornarem, esperança

---

31 Liverani calcula uma queda da população em torno de 85 a 90%, girando a cifra em torno de 10 a 20 mil habitantes (LIVERANI, 2008, p. 244-245).

32 LIVERANI, 2008, p. 244.

33 Como Esdras, Neemias, Sesbassar e Zorobabel. ALBERTZ, 1999, v. 2, p. 468.

2. COMPOSIÇÃO E ORGANIZAÇÃO DO LIVRO

Atualmente, admite-se, em geral, que o livro traz, em grande parte, a pregação do profeta, sendo formado por textos da época de seu ministério, mesmo que reunidos em diferentes momentos. Se alguns autores colocam o conjunto do escrito no século VI,[40] de outro lado, há traços de trabalho redacional também em épocas posteriores, que retomaram palavras do profeta, as atualizaram e completaram, em vista de atender às demandas de tempos posteriores e de grupos diversos. Não há consenso entre os estudiosos na indicação das várias fases de composição do livro.[41]

A disposição da mensagem do profeta, no livro, espelhará as duas grandes etapas de seu ministério. Antes da queda de Jerusalém (de 593 a 587 a.C.), visa, por meio de chamadas de atenção e ameaças pelos desvios do povo, evitar sua queda. Uma vez acontecida a tomada da cidade (a partir de 587), o profeta se volta para a confirmação da fé e da vida religiosa dos sobreviventes. A notícia da conquista de Jerusalém pelos babilônios, registrada em Ez 33,21, serve, no conjunto do escrito, de marco limítrofe dessas duas grandes fases. Desse modo, nos capítulos 1–32 concentram-se as ameaças e chamadas de atenção. A partir do capítulo 33, têm lugar palavras de esperança. As ameaças, por sua vez, distinguem-se pelos destinatários: primeiramente destinadas ao povo de Judá e seus dirigentes (c. 1–24), visam a

40 GREENBERG, M. *Ezekiel 1–20*. Garden City, NY: Doubleday, 1983. p. 4-5.

41 À guisa de exemplo, Nihan admite cinco fases redacionais, iniciando-se o livro na época do profeta e concluindo-se após o século V a.C. (NIHAN, C. Ezequiel. In: RÖMER, T.; MACCHI, J.-D.; NIHAN, C. (orgs.). *Antigo Testamento*: história, escritura e teologia. São Paulo: Loyola, 2010. p. 443-453). Evitando indicar datas, Hossfeld chama a atenção para a possível ligação de certas passagens com a literatura deuteronômico-deuteronomista e com a tradição sacerdotal em suas diversas formas (HOSSFELD, F.-L. Das Buch Ezechiel. In: ZENGER, E. et alii [orgs.]. *Einleitung in das Alte Testament*. 4. ed. Stuttgart: Kohlhammer, 2004. p. 502).

apontar suas infidelidades; em seguida, referidas a povos, cidades e chefes estrangeiros (c. 25–32), mostram como o juízo de Deus ocorre também contra aqueles que, no entorno de Israel, se aproveitaram da situação ou colaboraram para a ruína de Judá. Com isso, o escrito é organizado de forma tripartida, mesmo que em cada uma das grandes seções, por vezes, haja mesclas de temas de outras partes do livro. Os capítulos 1–3, tratando particularmente da vocação profética, detalham também a missão que o profeta deverá realizar, servindo, de certa forma, como introdução geral ao escrito. Os capítulos 4–24 são compostos quase que exclusivamente por palavras contra Judá e Jerusalém; os capítulos 25–32 concentram palavras contra nações, cidades estrangeiras e alguns de seus chefes; e os capítulos 33–48 compõem-se sobretudo de palavras salvíficas para Judá e Jerusalém.

Após o título (Ez 1,1-3), o livro se inicia com dois relatos da vocação do profeta. O primeiro (Ez 1,4-28) apresenta sua visão da glória de Deus, que termina mencionando a "voz" (do Senhor) que lhe é dirigida e que instrui o profeta acerca de sua missão (Ez 2,1-7). Essas palavras dão início a uma nova visão, de um "rolo" (livro) que contém a mensagem de Deus que o profeta deve assimilar (Ez 2,8–3,3). Seguem-se outras instruções acerca de sua missão e de sua correta realização (Ez 3,4-11). Nova visão transporta o profeta para junto dos exilados e é seguida de um terceiro grupo de instruções (Ez 3,12-21). Esses ciclos de vocação/missão se concluem com uma última visão da glória do Senhor, que é acompanhada de uma ação simbólica: o profeta ficará mudo por determinado tempo, como sinal da rejeição que o povo manifestará diante de suas palavras (Ez 3,22-27).

A partir do capítulo 4, iniciam-se as mensagens dirigidas ao povo. Nos capítulos 4 e 5, ações simbólicas indicam o que ocorrerá: Jerusalém será assediada e destruída; seus habitantes, mortos ou deportados. Os oráculos seguintes denunciam o culto idolátrico e preveem sua punição (c. 6), que é completada com o anúncio do "fim" da nação (c. 7).

Os capítulos 8–12 desenvolvem visões entremeadas de oráculos. As abominações que se cometem no recinto do Templo (c. 8) desembocam no juízo de Deus (c. 9). A visão da ruína de Jerusalém traz consigo também a do afastamento da glória de Deus, que deixa o Templo (c. 10). Uma nova visão dos pecados de Jerusalém (Ez 11,1-13) é momentaneamente interrompida por palavras de esperança para os exilados (Ez 11,14-21), mas termina com a saída da glória de Deus da cidade santa (Ez 11,22-25). O bloco se conclui com uma ação simbólica que retrata a deportação para a Babilônia (c. 12).

Os capítulos 13–23 reportam oráculos diversos contra os desmandos dos profetas (c. 13), a idolatria que ocorre em meio aos exilados (c. 14) e contra a atuação dos reis (c. 17). Essas infidelidades conduzirão à ruína, sem chance de salvação (c. 14-15). O tempo em que vive o profeta continua o que é a história de Israel desde suas origens (c. 16; 20; 23). É necessário que a geração atual reconheça a própria culpa e se converta, sem imputar a responsabilidade às gerações passadas (c. 18). Enquanto o capítulo 19 canta a sorte dos últimos reis de Judá, o capítulo 21 anuncia, uma vez mais, o fim da nação; menciona, também, a punição que ocorrerá aos amonitas. O capítulo 22 retoma a acusação contra os crimes de Jerusalém, e o 24 fecha a seção mencionando a saída de Nabucodonosor contra a cidade santa e o fim da nação.

A segunda grande parte do livro (c. 25–32) traz palavras contra sete nações, cidades ou seus chefes: Amon, Moab, Edom, Filisteia, Tiro, Sidônia e Egito. Especialmente visada é a cidade e o rei de Tiro (c. 26–28), por seu arrogante poderio, e o Egito e seu chefe (c. 29–32), que tanto influenciaram a política dos últimos anos de Judá.

A terceira grande seção é formada sobretudo por palavras de conforto e esperança. O capítulo 33 tematiza a missão do profeta após a queda de Jerusalém: como uma sentinela, deve velar pela vida religiosa do povo. Em lugar dos profetas e reis, que desencaminharam a nação, o próprio Deus será guia de seu povo (c. 34), mesmo que através de um membro da casa de Davi (Ez 34,23-24). Ao preparar, por contraposição, a glória dos "montes de Israel" e o novo início da história do povo eleito (c. 36), é traçado o juízo para os "montes" de Edom (c. 35). Com a visão da ressurreição do povo, em oposição à sua morte descrita na primeira parte do livro, o profeta traz a esperança de retorno à terra e de renovação da nação (c. 37). Todos os poderes hostis serão aniquilados e a glória do Senhor será universalmente reconhecida (c. 38–39).

Os capítulos 40–48, girando em torno da descrição do futuro salvífico na terra, formam uma unidade à parte na terceira seção do livro. O primeiro elemento a ser renovado é o Templo (c. 40–42), fonte de vida da nação (Ez 47,1-12), para o qual retorna a glória do Senhor (c. 43), que antes se havia afastado. O Templo renovado exige uma nova ordenação do culto e de seus ministros (c. 43–44). Como na primeira entrada na terra, após o êxodo do Egito, a terra é dividida pelas tribos (Ez 47,13–48,14), mas isso somente depois de terem sido garantidos o território do Templo e a organização de seu serviço litúrgico (c. 45–46). Conclui-se o livro com a descrição da Jerusalém restaurada (Ez 48,30-35).

3. TRAÇOS PRINCIPAIS DA MENSAGEM DO LIVRO

Os dados expostos até aqui emanam do próprio texto de Ezequiel, que cita repetidas vezes os tempos, eventos e personagens de um desenrolar histórico que conduziu o povo à catástrofe do exílio. A mensagem que perpassa o livro é o cerne da missão do profeta, que fala em nome de Deus e revela sua presença, sua ação e sua palavra em todos os eventos da história, bem como o que ele tem a dizer ao povo na situação em que se encontra.

3.1 Deus e sua glória

A pessoa de Deus é central na mensagem de Ezequiel. Mesmo que não deixe de mencionar o "santo nome" de Deus (Ez 20,39; 36,20-22; 39,7.25; 43,7-8), o livro não usa normalmente adjetivos em referência a ele e só uma vez YHWH é denominado "santo" (Ez 39,7).[42] O conceito que mais fortemente caracteriza a mensagem do profeta é o da "glória" do Senhor (Ez 1,28; 3,12.23; 8,4; 9,3; 10,4.18; 11,22-23; 39,21; 43,2.4-5; 44,4). É essa a visão fundante de sua vocação e missão, narrada no início do livro.

A manifestação da glória de Deus liga-se a outras experiências do profetismo veterotestamentário, particularmente à visão do trono e ao contato com a santidade de Deus, tal como reportado no relato da vocação de Isaías (Is 6,3). É um modo de expressar a transcendência de YHWH, sua total diferença em relação ao ser humano, que, diante do Senhor, cai em adoração (Ez 1,28). Deus está presente na história do povo e se comunica com o profeta, mas permanece o intangível acima de tudo o que é criado. A frequente denominação de Ezequiel como "filho do ser humano",[43] expressão que o indica como simples criatura, corresponde antiteticamente à ideia da glória do Senhor.

Como sacerdote, Ezequiel percebe a glória de Deus ligada particularmente ao espaço sagrado (o Templo) e ao culto, mas

---

[42] São, porém, denominadas "santas" algumas realidades relacionadas com o Senhor: os sacerdotes (Ez 42,13), a montanha (Ez 20,40; 28,14), assim como espaços do Templo e ofertas cúlticas (Ez 41,4.23; 42,13.14).

[43] Somente em Ez 1,2 e 24,24, o livro se refere ao profeta por seu nome próprio. De resto, refere-se a ele sempre como "filho do homem" ou "filho do ser humano".

concebe também a cidade de Jerusalém como lugar da morada do Senhor (Ez 8,4; 9,3). A transcendência divina exclui tudo aquilo que lhe é contraposto: a infidelidade, o pecado. É esse o motivo pelo qual a glória divina deixa o santuário, o recinto do Templo (Ez 9,3; 10,4.18-19) e, por fim, se afasta de Jerusalém (Ez 11,22-23). Templo e cidade perdem, desse modo, a proteção divina, o que explica por que podem cair nas mãos dos babilônios e serem destruídos. De outro lado, diferentemente de Isaías, Ezequiel tem a experiência da glória longe da terra de Israel, no exílio, terra estrangeira e, portanto, impura. O Senhor não habita em Babilônia, mas pode lá se manifestar e agir; sua ação independe de um lugar, mesmo que tenha espaços privilegiados de manifestação. Ao sair da cidade de Jerusalém, a glória se detém num monte ao oriente dela, de onde mais tarde, segundo a visão acerca da época salvífica, retornará ao Templo e dele não mais se apartará; é a esperança de nova vida e de que a terra não será mais profanada pela dominação estrangeira (Ez 43,1-7).

A glória do Senhor, dessa maneira, é atuante e decisiva para a história. Deus pode ser reconhecido em sua ação; é em seu agir – na punição como na salvação – que o povo pode experimentar sua majestade. Em todos os acontecimentos, Israel é chamado a reconhecer quem é realmente o Senhor. A fórmula de reconhecimento ("saberão/sabereis que Eu sou YHWH"), tão frequente no livro, sublinha essa intencionalidade do anúncio do profeta (Ez 5,11-13; 6,6-7.8-10.11-14; 7,1-4).

3.2 A centralidade da palavra e do espírito

Junto com a experiência da glória de Deus, Ezequiel vivencia a audição de sua palavra: "era algo semelhante à glória do Senhor. Ao vê-la, caí com o rosto em terra e ouvi a voz de alguém que falava comigo" (Ez 1,28). É uma palavra que ele não somente ouve, mas que deve assimilar: deve "comer" o livro que contém a mensagem divina (Ez 2,8). Mesmo que contenha "lamentações, gemidos e prantos" (Ez 2,10), é para o profeta "doce como o mel" (Ez 3,3). Esta visão em êxtase explicita que o profeta não é mensageiro de uma palavra que lhe é simplesmente informada, mas sim de uma comunicação divina que o toca interiormente, que deve ser assumida e integrada em sua pessoa. A palavra que recebe transforma-o em verdadeiro profeta do Senhor: "envio-te a eles para que digas: 'Assim diz o Senhor Deus' [...] saberão [...] que um profeta esteve com eles" (Ez 2,5).

Ezequiel, por conseguinte, não só comunica a seus destinatários notícias sobre Deus e seu agir, mas anuncia os feitos do Senhor. Que sua vida esteja intimamente ligada à sua missão transparece em diversas ações simbólicas que realiza: deitar-se atado é sinal da culpa de Israel (Ez 4,4-8); seu alimento indica também a infidelidade do povo e sua punição (Ez 4,9-17); seus cabelos e sua barba cortados servem para falar do juízo que espera o povo (Ez 5,1-4); sua mímica de viajante aponta para o que ocorrerá com os habitantes de Jerusalém (Ez 12,3-7); seu desenho de dois caminhos expressa a vinda dos babilônios, a tomada da cidade e a deportação (Ez 21,24-25); a morte de sua esposa e a impossibilidade de panteá-la demonstram como Deus vê a ruína de Jerusalém (Ez 24,15-24). Assim tantos outros gestos seus. O próprio profeta é sinal vivo do que ele comunica, sua pessoa inteira está ligada ao seu anúncio, e deve obedecer ao chamado sem nada temer (Ez 2,6.8; 3,9). O profeta mesmo serve de sinal, de modo que se reconheça quem é o Senhor (Ez 24,27).

Sua palavra é endereçada à "casa de Israel" (Ez 17,2; 18,25; 33,10), aos "filhos de teu povo" (Ez 33,2.17), aos exilados (Ez 3,10), aos anciãos que se encontram no exílio (Ez 8,1; 14,1; 20,1) e a todos os deportados (Ez 33,30). Dirige-se também aos habitantes que permaneceram na terra (Ez 11,14-21; 33,24-29). Mas é sobretudo à totalidade do povo que ele fala, um povo caracterizado pela rebeldia, pela recusa em ouvir a palavra (Ez 2,5.7; 3,11.27). Ele tem o dever de admoestar e dessa tarefa deve prestar contas a Deus (Ez 3,18.20). Isso significa que a responsabilidade da ruína do povo reside não só na atitude dos ouvintes, mas pesa também sobre aquele que é seu mensageiro: "o ímpio morrerá por causa de sua iniquidade, mas o seu sangue, requererei de ti" (Ez 33,8). Tal é a profundidade da relação entre o profeta e Deus, daquele que teve a experiência da glória e recebeu a palavra divina. Não se pode furtar à missão a que foi chamado, à qual respondeu afirmativamente e da qual foi investido.

Ao lado da palavra, que forja o ministério do profeta, está o "espírito". Sob seu impulso, Ezequiel ouve o que o Senhor lhe diz (Ez 2,2; 3,24) e é conduzido em seus êxtases (Ez 3,12.14; 8,3; 11,1.24; 43,5), impulsionado por essa força e poder divinos. O "espírito" é também aquele que dá vida aos ossos ressequidos (Ez 37,5-9) e ao povo (Ez 37,14) e aquele que, enfim, promoverá a purificação da nação, fator de sua renovação interior (Ez 11,19; 18,31; 36,26-27; 39,39).

3.3 A história de Israel e o juízo divino. Necessidade de conversão pessoal

Em três capítulos (c. 16; 20; 23), o livro descreve a história de Israel como um itinerário marcado pelo amor fiel de Deus, de um lado, e a infidelidade constante do povo, de outro. A rebeldia caracteriza o povo e a infidelidade cresce em cada nova etapa da história, de modo que, na época do profeta, a decadência chegou a seu pior momento. As etapas são bem delineadas no decorrer do capítulo 20, que menciona o agir de Deus e as obstinadas atitudes de Israel desde o Egito (vv. 5-9), passando pela peregrinação no deserto (vv. 10-24), até chegar à terra da promessa (vv. 25-31). Fase por fase, o povo mereceria que Deus o abandonasse (vv.

13.21.30-31). O exílio, como ponto final de tal desenvolvimento, é consequência de toda uma história de infidelidade. Já durante a peregrinação no deserto, Deus o anunciara: "Tornei a jurar de mão levantada para eles, no deserto, que os dispersaria entre as nações e os espalharia por terras estranhas" (Ez 20,23). A suspensão interina desse agir deveu-se unicamente à honra do nome do Senhor. A história de Israel, contudo, continuou em declínio, chegando, por fim, à inevitabilidade da punição.[44]

Na mesma linha desse pensamento, no capítulo 15 o profeta usa para Israel a imagem de uma madeira sem valor (Ez 15). Queimada (alusão à investida babilônica, vv. 4-5), para nada serve; mas já antes de ser colocada no fogo para nada servia. Tais visões da história são, dentre os profetas, as mais duras: só existem infidelidades; não há nenhum traço de conversão ou de qualquer outra atitude positiva. Nesse contexto, da parte do povo, não existe possibilidade de reerguer-se. É somente "em consideração ao seu nome" (Ez 20,14.22.44) que o Senhor não interrompe de vez a história.

Para além da situação catastrófica a que o agir do povo o levou, Deus promete realizar a grande meta, que trará nova vida: *não suspendendo* o juízo, pois o povo deve vivenciar as consequências de suas ações, mas, *através* do juízo (Ez 20,35-38), Deus conduzirá o povo a uma nova fidelidade (Ez 20,40-42). Israel voltará à sua terra e obedecerá fielmente ao Senhor (Ez 20,33-34); retornará à observância da Aliança (Ez 20,37), reconhecendo-o como seu Deus: "então sabereis que eu sou o Senhor, quando eu agir em consideração ao meu nome e não de acordo com os vossos caminhos maus e as vossas ações perversas" (Ez 20,44). A meta última é a glorificação do Senhor, pois a profanação de

44 KUGLER, G. The Cruel Theology of Ezekiel 20. *Zeitschrift für die alttestamentliche Wissenschaft*, Berlin, v. 129, p. 56, 2017.

seu nome é inconcebível.[45] É, assim, a fidelidade de Deus a seu plano inicial que garante a permanência do povo, e é com esta finalidade que ele age. Deus reinará sobre Israel (Ez 20,33), será por ele reconhecido como único Deus e servido como Senhor (Ez 20,39-41).[46]

Essa visão, que abre a história quebrada a uma época futura de salvação, integra no plano divino a punição. Experimenta-se o "fim" (Ez 7,2), ocorre a destruição da nação (Ez 6,1-7), o povo é aniquilado ou deportado (Ez 6,11-14) e Israel se torna uma vergonha no meio das nações estrangeiras (Ez 5,8-10.14-15). A visão dos homens que saem do Templo com instrumentos de destruição e vão para a cidade (Ez 9,2.5-7) concretiza o juízo, mesmo que alguns sejam preservados da ruína (Ez 9,4). Trata-se de um juízo anunciado com total dureza, devido à gravidade do agir do povo, que fere a majestade do Senhor, daquele que mereceria, contudo, toda honra. Não há como evitar o juízo, a não ser que o próprio Senhor o determine para alguns que escaparão à destruição, mesmo sofrendo as consequências do juízo na própria terra.[47] Porém, a palavra final de Deus, abrindo para a esperança, transforma a punição: ela se apresenta, enfim, como meio pedagógico para a consecução da meta originária de Deus.

Dois grupos são indicados como responsáveis pelo desencaminhamento da nação: profetas e monarcas. Muitos profetas falam em nome do Senhor, sem que tenham recebido nenhuma mensagem, e prometem paz e segurança enquanto não há garantia para tanto (Ez 13,1-16). Indiciam-se também as profetisas e seus modos espúrios de profetizar (Ez 13,17-23). O regente Sedecias,

---

45 KUGLER, 2017, p. 52.

46 ESLINGER, L. Ezekiel 20 and the metaphor of historical teleology. Concepts of Biblical History. *Journal for the Study of the Old Testament*, Sheffield, v. 81, p. 116-117, 1998.

47 BLOCK, 2012, p. 298.

por sua vez, mostra-se pusilânime, quebra o pacto de vassalagem com os babilônios, pacto que, no entanto, tinha valor sagrado por ter sido feito diante do Senhor (Ez 17,12-15). Por isso perderá o poder (Ez 21,30-32). Mas a visão negativa estende-se aos reis em geral (Ez 34,1-10; 45,9). Mesmo que o livro não apresente propriamente oráculos contra os sacerdotes, eles também são reprovados (Ez 22,26).

Apesar de o povo ser caracterizado como rebelde (Ez 2,3-4), fechado à Palavra de Deus (Ez 3,7), o livro mostra que não deixa de existir entre seus membros a concepção de que as desgraças que caem sobre Israel são, na realidade, devidas às gerações passadas: "Os pais comeram uvas verdes e os dentes dos filhos ficaram embotados" (Ez 18,2). Tal pensamento, de forte tradição e expresso em textos como Ex 34,7 e mesmo presente no decálogo (Ex 20,5; Dt 5,9), permitia inocentar a geração atual. Com isso, todas as ameaças do profeta perdiam sua função exortativa, não servindo mais como meios para o povo cair em si e mudar de vida. A essa concepção opõe-se frontalmente o profeta: "não repetireis jamais este provérbio em Israel" (Ez 18,3). Sem que se assumam as responsabilidades devidas, é impossível a conversão, escopo pragmático do anúncio do profeta e elemento necessário para que se recebam as bênçãos que o Senhor prevê prodigalizar a Israel. A geração atual é igualmente corrompida, como o foram as que a antecederam (Ez 20,30-31).[48]

3.4 Israel e as nações

Nas palavras contra as nações estrangeiras (c. 25–32 e 35), com exceção do oráculo de 29,17-21, as datas ali registradas situam-nas entre o 10º e 12º ano da deportação do rei Joaquin.

---

48 ALLEN, L. C. *Ezekiel 1–19*. Dallas/Texas: Word Books, 1994. p. 364-365 (versão em PDF).

Como Jerusalém foi destruída no 11º ano, esses textos devem ser entendidos em relação aos acontecimentos entre 588 e 586, ou seja, no auge da crise.

O Egito é o principal alvo. Já anteriormente se havia mostrado que ele, com a suposta segurança que ofereceria, desencaminhava Judá (Ez 17,7-8); agora, leva Judá à ruína (Ez 29,6-9). O faraó, apresentado sob a imagem do crocodilo do Nilo, será aniquilado (Ez 29,1-7; 32,1-8); sob outra imagem, cairá como uma árvore (Ez 31,1-9) até as profundezas do *Še'ôl* (Ez 31,15; 32,18), e sua região, tão rica em água, se tornará um deserto (Ez 29,9-12; 32,13-15). Tudo isso ocorrerá pela mão do rei da Babilônia (Ez 30,20-26). Existe a perspectiva de que, um dia, o Egito se reerguerá, mas isso acontecerá numa dimensão diversa da atual: será um pequeno reino (Ez 29,13-16), de modo que não mais se poderá arvorar a oferecer segurança para outros reinos.[49]

Em relação à cidade de Tiro e seu rei, desenvolve-se o segundo grande complexo de palavras (Ez 26,1–28,19) dos oráculos contra os estrangeiros. A data, em Ez 26,1, situa-o no ano da queda de Jerusalém. O problema indicado é, de um lado, seu pujante comércio e, de outro, sua altivez (Ez 28,11-19), dois elementos que, aos olhos de Judá, colocavam a cidade como capaz de oferecer segurança na resistência antibabilônica. Também aqui são os caldeus os instrumentos de punição (Ez 26,7). A Tiro se associa Sidônia, outra cidade da região fenícia que foi coadjuvante da política de Jerusalém (Jr 27,3-11).[50]

Outros quatro reinos são também objeto de juízo. Faltam as datas, mas, pelo teor das palavras, que mencionam seu modo de agir por ocasião da vinda dos babilônios contra Judá, os oráculos

49 ZIMMERLI, W. *Ezechiel*. 1. Teilband. Ezechiel 1–24. 2. ed. Neukirchen-Vluyn: Neukirchener Verlag, 1979. p. 92.

50 ZIMMERLI, 1979, p. 93.

devem-se colocar após a queda de Jerusalém.[51] Amon zomba da ruína do Templo (Ez 25,3-6); Moab, da queda de Judá, que não é melhor do que os outros povos (Ez 25,8); a Filisteia e Edom aproveitaram-se da situação, saqueando o território (Ez 25,12.15; 35,10; 36,2.5). Contra este último é dirigido um juízo mais rigoroso, pelo ódio que manifestou contra Judá (Ez 35,5) e pela posse que pretendeu ter sobre seu território (Ez 35,12). A falta de uma palavra contra Babilônia pode ser explicada pelo fato de que este reino é considerado instrumento de Deus para a punição.[52]

Os capítulos 38 e 39, que descrevem a aniquilação de uma conjuração de povos contra Israel, retomam de modo novo as sentenças contra as nações. Embora se pudesse pensar que estivessem referindo-se à queda da Babilônia, a dimensão mais ampla expressa no texto mostra que se trata, sim, de um inimigo final indeterminado, de modo que a mensagem aqui possui valor de princípio. Não é desenvolvida, nesses dois capítulos, uma teologia sobre os povos estrangeiros,[53] uma vez que somente de passagem eles aparecem como testemunhas da salvação que Deus trará a Israel com sua aniquilação (Ez 38,16; 39,7.21). Antes, mostram que a ação de Deus fará com que as nações compreendam o motivo da punição de Israel com o exílio, de modo que o nome do Senhor seja honrado diante dos povos. O nome do Senhor, sua glória e seu poder serão, assim, reconhecidos também fora de Israel (Ez 38,18-23): "Eu me engrandecerei, me santificarei e me darei a conhecer aos olhos de muitas nações, e elas saberão que eu sou o Senhor" (v. 23). De outro lado, a derrocada desses reinos prepara a restauração que será desenhada nos capítulos

51 ZIMMERLI, 1979, p. 94.

52 É possível compreender o oráculo sobre Amon, em Ez 21,33-37, como referido realmente a Babilônia, porém não há clareza quanto a este ponto (ZIMMERLI, 1979, p. 94).

53 ZIMMERLI, 1979, p. 101.

40–48. Também aqui se trata de um acontecimento baseado na fidelidade do Senhor à meta de seu plano para com Israel.

3.5 Perspectivas de restauração

As censuras do profeta na primeira grande parte do livro mostram que o povo, contando exclusivamente com suas próprias possibilidades, não pode mais ter esperança para o futuro. A partir daí, entende-se que as perspectivas salvíficas da terceira grande seção do livro supõem a absoluta iniciativa divina. A base de tal ação é já apresentada, sobretudo, no capítulo 20, no qual, diante da total infidelidade do povo em sua história, Deus o julgará, fazendo-o retornar à Aliança (Ez 20,37) em virtude de seu "nome" (Ez 20,44).[54] A fidelidade de Deus a seus desígnios é a única razão da continuação de Israel e, portanto, a única base para uma época renovada. Sobre esse panorama, em que o povo, a partir de si mesmo, não vê mais saída para sua situação (Ez 37,11), Deus lhe anuncia sua renovação como uma nova criação (Ez 37,1-10). Na imagem da ressurreição dos ossos ressequidos que se tornam "um imenso exército" (v. 10) por terem recebido o "espírito" do Senhor, que lhe dá vida, é representada a restauração da nação.

Também o capítulo 36 reafirma a fidelidade do Senhor a seu desígnio original (Ez 36,16-23): é por causa de seu "santo/ grande nome" (Ez 36,21.22.23) que Israel será purificado (Ez 36,25) e receberá "um coração novo" e "um espírito novo" (Ez 36,26; 11,19). Os cultos espúrios serão eliminados (Ez 36,31; 20,40-41) e os ensinamentos do Senhor serão obedecidos (Ez 36,27). Em Ez 33,14-15, são indicados os pontos concretos que devem ser observados: os mandamentos tradicionais apresentados como condições para ingresso no Templo (Ez 33,14-15; 18,21-22).

---

54 ZIMMERLI, 1979, p. 97.

Então Israel será um "perfume agradável" (Ez 20,41) ao Senhor. Juntamente com essa dimensão de renovação espiritual está a promessa de recondução à terra (Ez 20,42) e a reconstrução da vida no país, no qual o povo habitará em segurança (Ez 36, 33-36). A população se multiplicará na terra, realizando-se, assim, as promessas da época do êxodo do Egito (Ez 36,37-38).

A renovação interior – "coração novo", "novo espírito" –, realizada como dom de Deus ao povo, é oferta que não deixa de exigir, todavia, um posicionamento pessoal. No contexto do livro, que supõe que se chegue à consciência da própria culpabilidade (Ez 18,2-3), as promessas do capítulo 36 surgem como oferta gratuita de Deus, sim, mas sem que com isso se elimine a participação colaborativa do povo. Deus está aberto e deseja a salvação (Ez 18,23; 30-32; 33,11), mas o "coração/espírito novo", prometido por Deus, é também exigido da parte de Israel: "formai um coração novo e um espírito novo" (Ez 18,31). Dessa forma, as perspectivas salvíficas abrem a esperança; sem elas, o retorno a Deus seria vão, pois não levariam o povo a nada de novo. A posse delas, porém, exige a abertura à conversão. Os dois elementos, portanto, se integram: a gratuidade das promessas divinas, de um lado, e a resposta responsável da parte daquele que é objeto do agir misericordioso de Deus,[55] de outro.

Às perspectivas de restauração da vida no país, pertence a da reunião entre sul e norte, Judá e Israel/José ("os filhos de Israel", Ez 37,15.16.19),[56] como na época de Davi e Salomão. À unidade do povo, corresponde a unicidade do pastor: sob a guia divina, espera-se um novo Davi (Ez 34,23), com o estabelecimento da

55 Sobre o tema: LIMA, M. L. C. *Salvação entre juízo, conversão e graça*: a perspectiva escatológica de Os 14,2-9. Roma: Pontificia Università Gregoriana, 1998. p. 266-268.

56 ZIMMERLI, 1979, p. 98.

justiça e de uma paz universal, que inclui também a eliminação dos perigos de animais selvagens (Ez 34,25.28), a realização de rica agricultura (Ez 34,26-27.29) e a total ausência de ameaças externas (Ez 34,28). Israel se tornará um grande reino (Ez 17,22-24).

Sobretudo, porém, é anunciada a volta do Senhor (Ez 11, 15-16) e seu estabelecimento no meio do povo (Ez 37,26-28), temas que são desenvolvidos na grande visão dos capítulos 40–48. Será criado um novo Templo, sem nenhum traço de impureza, e nele a glória de Deus habitará para sempre (Ez 43,1-5). Dele surgirá a vida para Israel, na imagem da fonte abundante que irriga todo o território, preenchendo-o da bênção divina (Ez 47,1-12). A época da restauração conta também com ritos sacrificais renovados (Ez 45,13-25; 46,1-24), com novas ordenações a serem seguidas por sacerdotes e levitas (Ez 44,10-31), com a estrita separação entre sagrado e profano, além do estabelecimento de uma hierarquia de santidade (Ez 44,4-9). Por fim, haverá uma nova delimitação do território israelita (Ez 47,13-20), nova posse da terra, sua divisão pelas tribos (Ez 47,21–48,29) e um novo estatuto para a cidade de Jerusalém (Ez 48,30-35). O novo nome da cidade é o ponto de chegada da mensagem: num jogo entre a palavra hebraica "Jerusalém" e a indicação de que "o Senhor está ali", marca-se a presença de Deus e de sua glória em meio ao povo, escopo de toda ação salvífica.[57] Toda a vida de Israel, na nova época, provém de Deus que habita em seu meio. Após a derrocada de todos os poderes hostis (c. 38–39), também essa feita por obra divina (Ez 39,21), Israel pode viver a plenitude dos bens e a plena comunhão com Deus na Terra Prometida (Ez 39,26): "Não tornarei a esconder deles a minha face, porque derramarei o meu espírito sobre a casa de Israel" (Ez 39,29).

---

[57] ZIMMERLI, 1979, p. 99-100.

CONCLUSÃO

Num momento tão crucial da história, como o foi a ameaça babilônica e o exílio, por meio do profeta, Deus oferece a Israel uma forte mensagem. Por meio de frequentes visões, numerosas ações simbólicas e oráculos que dão ao seu anúncio sua marca incomparável, o profeta Ezequiel é feito porta-voz vivo, instrumento real da presença de Deus.

Ao vivenciar os últimos anos de Judá e os primeiros tempos após a queda de Jerusalém, a profecia de Ezequiel enucleia-se em torno de dois grandes focos. No primeiro período, pelas chamadas de atenção, espera-se uma mudança no comportamento do povo, o que evitaria a catástrofe. Após a ruína, a mensagem visa à manutenção da fé e ao retorno à fidelidade. Em ambos os momentos, contudo, a grande preocupação do profeta é que a glória do Senhor resplandeça sobre Israel e seja reconhecida pelas nações. É ela a garantia de vida, na plenitude dos bens que Deus deseja oferecer a seu povo.

Capítulo 2

"TU LHES FALARÁS AS MINHAS PALAVRAS" (EZ 2,7): VOCAÇÃO E MISSÃO DE EZEQUIEL

Andreia Cristina de Morais[1]

Qual a relação entre profetismo e missão? Existe profetismo sem missão? O que significa uma vocação profética? Estes questionamentos conduzirão a presente análise exegético-teológica dos primeiros capítulos do livro do profeta Ezequiel. Este estudo dos capítulos 1–3 permitirá aprofundar o sentido e sua mensagem teológica, oferecendo uma interpretação que leve a conhecer não apenas a mensagem, mas também uma proposta de interpretação que possa iluminar a realidade atual.

A unidade literária, constituída de três capítulos, pode ser dividida em duas partes: a primeira corresponde à visão da glória de Deus (1,1-28); enquanto a segunda constitui a narrativa

---

1 Mestre em Exegese Bíblica pelo Pontifício Instituto Bíblico de Roma e doutoranda em Teologia Bíblica pela Pontifícia Universidade Gregoriana de Roma. Religiosa da Congregação Pequenas Missionárias de Maria Imaculada. Membro do grupo de pesquisa "A Bíblia em leitura cristã".

da vocação e missão do profeta (2,1–3,27). Este estudo se concentrará nesses dois temas, portanto, a análise exegética focará de modo especial os textos referentes ao chamado e envio do profeta (2,1–3,27).

O profetismo de Ezequiel apresenta características específicas ante a realidade histórico-social que o povo de Israel vivenciava: o exílio. Nesse contexto, a identidade profética de Ezequiel tem particularidades marcantes, que podem ser conhecidas a partir da análise literária do texto.

Uma característica da literatura profética é a missão de denunciar a injustiça (pecado) e anunciar a salvação (renovação da Aliança). O binômio profético condenação-restauração é muito claro na estrutura do livro. De fato, em grandes linhas, o Livro de Ezequiel pode estruturar-se em duas partes: a primeira contém os oráculos de castigo a Jerusalém (Ez 3,22–24,27), enquanto a segunda se distingue pelos oráculos de restauração do povo e a nova Jerusalém (Ez 33–48).

O gênero literário do livro é, ao mesmo tempo, profético e apocalíptico. Por um lado, Ezequiel é considerado um profeta clássico: escuta o chamado de Deus, sabe discernir a realidade social atual e denuncia a injustiça e o pecado; por outro, também é considerado um profeta apocalíptico: tem visões e revelações do que acontece no mundo celestial por meio de imagens surrealistas. Nos capítulos 1–3 de Ezequiel, é possível identificar os dois gêneros literários mencionados.

O conhecimento do contexto histórico e sociocultural é indispensável à análise exegético-teológica da literatura profética. Nesse sentido, o Livro de Ezequiel procura justificar os acontecimentos traumáticos do século VI a.C.: as invasões em Judá pelos babilônios, a deportação dos judeus para a Babilônia e a destruição da cidade de Jerusalém e do Templo, em resumo: a difícil experiência do exílio babilônico.

Segundo Lyons, Ezequiel deve explicar aos seus companheiros deportados por que esses eventos aconteceram. O profeta trata dos desastrosos eventos relacionando as ações e as consequências das constantes infidelidades de Israel à Aliança com Deus. Israel rebelou-se contra Deus, portanto, o exílio é resultado de suas transgressões. Ezequiel, porém, não se limita a explicar o desastre, mas procura despertar esperança. Se deve haver algum futuro para Israel, ele reside na iniciativa de YHWH, que reunirá os exilados de volta à terra.[2] O Livro de Ezequiel se conclui com a visão de um povo purificado, vivendo numa terra renovada, onde a santidade do Templo foi restaurada e onde YHWH vive para sempre entre seu povo (36; 37; 43,9; 48,35).

1. EZEQUIEL: O PROFETA

Ezequiel foi um profeta teórico? Em uma leitura menos abrangente do livro, essa afirmativa parece verdadeira, porém, uma leitura atenta do texto revela que ele é apresentado como um grande pregador e um homem de ação: ele se dirige a pessoas reais (8,1; 14,1-2; 20,1-2), dialoga frequentemente com seus ouvintes (12,9; 24,19-20; 33,10.17-20) e realiza diferentes tipos de ações simbólicas (4,1-5; 12,1-9).[3] Esses exemplos mostram o quanto Ezequiel era um profeta vivaz e concreto, fortemente conectado com a realidade histórico-social.

Antes de seu chamado profético, Ezequiel exercia a função de sacerdote no Templo de Jerusalém (1,3). Nesse tempo, sua vida está centrada nas questões rituais e no próprio Templo. Auvray

---

2 LYONS, M. A. *An introduction to the study of Ezekiel.* London/New York: Bloomsbury T&T Clark, 2015. p. 184 (T&T Clark Approaches to Biblical Studies Series).

3 AUVRAY, P. *Ézéchiel.* 2. ed. rev. Paris: Cerf, 1957. p. 9 (Bible de Jérusalem. La Sainte Bible traduite en français).

especifica essa centralidade na vida de Ezequiel, identificando algumas passagens que exemplificam essa perspectiva: o Templo atual está contaminado por ritos impuros (8), a glória de YHWH abandona o Templo (10), o Templo futuro, cujo plano ele descreve em detalhes (40–42), receberá a glória de Deus de volta (43). Ademais, Ezequiel organiza o papel dos sacerdotes, as normas, os detalhes do culto e o calendário religioso (44–46). Ele apresenta uma aversão às impurezas legais (4,14; 44,7) e uma grande preocupação em separar o sagrado do profano (45,1-6; 48,9). Seu pensamento e vocabulário são semelhantes à Lei da Santidade de Lv 17–26. Assim, sua obra transparece fortes características da teologia sacerdotal.[4]

Observa-se, porém, que o contexto atual do profeta não é mais o Templo de Jerusalém, mas a dura realidade do exílio da Babilônia (1,1.3). Esses dois contextos, isto é, o ambiente do Templo e a experiência do exílio, influenciaram de modo particular as narrativas em Ezequiel, como será abordado mais adiante no estudo exegético do texto.

O Livro de Ezequiel não é sua autobiografia. Uma leitura atenta, porém, permite identificar características da personalidade do profeta, de sua relação com Deus e com a comunidade para a qual ele escreve. Alguns estudiosos classificam Ezequiel como um lunático ou até mesmo esquizofrênico, isso por causa de suas visões, seus gestos estranhos e pela complexidade de sua mensagem. Um estudo aprofundado e literal do texto permite compreender o motivo de sua complexidade.

O livro pode parecer enigmático, pois está repleto de imagens que dizem respeito à fantasia utópica, ao mito, à magia, a figuras de linguagem como enigmas (17,2), provérbios ou parábolas (Ez 21), lamentações (22; 23), analogias, como também a numerosas

---

4 AUVRAY, 1957, p. 10.

alegorias (15; 16,17), metáforas e ao uso abundante de paradoxos. Essas figuras e imagens, somadas às visões grandiosas,[5] às vastas retrospectivas históricas (16; 20; 23) e às ações simbólicas (4; 5; 12 etc.), buscam expressar o inexprimível e estão, ao mesmo tempo, a serviço de sua leitura teológica da história.

A história, vista pela perspectiva do povo, é um fracasso: exílio e destruição. Todavia, vista pelo olhar de YHWH, é a prova de sua lealdade e benevolência para com o povo eleito. Segundo Di Pede, a história torna-se o local de uma forma de teofania. É a história que nos permite compreender não só as intenções divinas, mas também "conhecer YHWH", porque é aí que ele realiza concretamente seu senhorio por meio da salvação de seu povo e do julgamento das nações.[6]

Sobre as visões e ações simbólicas de Ezequiel, Zimmerli[7] explica que não é apropriado considerá-las e lê-las simplesmente como descrição de uma situação biográfica ou histórica. As visões e ações simbólicas são, sem dúvida, definidas em relação à mensagem que deve ser ouvida e vista através delas. Elas são estilizadas de forma reflexiva, de modo que a experiência e a ação subjacentes, muitas vezes, não são mais claramente recuperáveis.

Di Pede explica que a complexidade do texto de Ezequiel não é apenas aparente, mas parte intrínseca da mensagem profética, pois retrata a situação confusa e caótica do povo a quem ele se

---

5 As principais visões de Ezequiel são: glória de Deus (1–3), partida da glória de Deus de Jerusalém e o início da destruição da cidade (8–11), ressurreição de Israel com a vivificação dos ossos secos (37) e, por fim, a visão complexa da Jerusalém restaurada e do Templo reconstruído (40–48).

6 DI PEDE, E. *Ézéchiel*. Paris: Les Éditions du Cerf, 2021. p. 18 (Serie Mon ABC de la Bible).

7 ZIMMERLI et alii. *Ezekiel*: a commentary on the Book of the Prophet Ezekiel. Philadelphia: Fortress Press, 1979. p. 18 (Hermeneia: a Critical and Historical Commentary on the Bible).

dirige: exilado na Babilônia, enquanto seus pontos de referência estáveis foram destruídos, e longe da terra e de suas evidências passadas, o povo vive uma situação sem precedentes, onde nada é simples. Às margens do rio Cobar (Ez 1,1), o profeta vivencia na carne a dura realidade e o drama da perda, que a complexidade do livro e sua linguagem tentam traduzir.[8]

Essa breve passagem pelo contexto histórico-social de Ezequiel e aquela assinalada no Capítulo 1, deste livro, permitem ao leitor não parar nas dificuldades literárias que o livro traz, mas, a partir delas, aproximar-se do sentido teológico do texto: a ação divina na história do povo de Israel. Em base a essa síntese das características do profeta e de sua obra literária, é possível iniciar o estudo exegético-teológico dos primeiros capítulos, tendo como fio condutor a vocação e missão de Ezequiel.

2. ESTUDO EXEGÉTICO-TEOLÓGICO: EZ 1,1–3,27

O estudo exegético diacrônico[9] dos primeiros capítulos de Ezequiel apresenta um texto composto por camadas redacionais distintas, o que possibilita identificar as intenções teológicas do redator final.[10] Apesar da grande importância da pesquisa diacrônica (histórico-crítica) para o estudo exegético de um texto, o presente estudo seguirá a análise sincrônica,[11] que propõe uma leitura unitária do texto final e a interpretação a partir de sua estrutura literária.

---

8 DI PEDE, 2021, p. 9.

9 Estudo diacrônico consiste em verificar se os textos bíblicos se referem a tradições orais, se resultam de várias redações subsequentes ao longo do tempo, se certas passagens são anteriores e outras posteriores etc.

10 Para um estudo exegético diacrônico do texto, conferir a obra: ZIMMERLI, 1979.

11 Estudo sincrônico consiste em estudar um trecho ou mesmo um livro inteiro considerando-o como resultado de uma redação unificada, sem se interessar pela história e pelas etapas de sua redação.

A unidade literária Ez 1,1–3,27 é formada por duas partes: 1) visão da glória de Deus (1,1-28) e 2) chamado e envio de Ezequiel (2,1–3,27). Essas duas seções, apesar das diferenças quanto ao tema e às características literárias, podem ser consideradas uma unidade literária por alguns elementos, dentre eles, a presença dos mesmos personagens nas duas narrativas: Ezequiel e Deus. Outro aspecto é a complementariedade entre ver e ouvir: enquanto a primeira passagem evidencia a dimensão visual (visão detalhada da glória de Deus), a segunda passagem se concentra na dimensão auditiva (longo discurso direto de Deus a Ezequiel). De acordo com Zimmerli, ambos os elementos, auditivo e visual, estão presentes na tradição dos chamados proféticos e não podem ser separados de Ez 1–3,[12] algo que também acontece com Is 6.

A unidade literária Ez 1–3 pode ser considerada uma introdução, pois trata dos temas principais, que serão abordados no livro, como a glória de Deus e o profetismo de Ezequiel. Neste estudo será analisada toda a unidade literária, mas, de modo especial, o texto da vocação e missão do profeta (2,1–3,27), considerando-se para isso o conceito de que o profetismo só se compreende a partir do próprio Deus, que chama e envia para uma missão particular.

A primeira parte do livro descreve a visão da glória de Deus (1,1-28) e aponta características correspondentes ao gênero literário apocalíptico. Considerando-se essa visão como uma introdução ao chamado e envio de Ezequiel, segue aqui uma breve análise do texto a fim de se compreender sua função literária.

2.1 Introdução e visão da glória de Deus (1,1-28)

Por meio de uma visão celeste, Ez 1,1-28 descreve a santidade e a transcendência de Deus. Para melhor compreender essa

---

12 ZIMMERLI, 1979, p. 35.

seção textual, sugere-se dividi-la em 4 partes: 1) introdução (vv. 1-3); 2) os seres vivos (vv. 4-14); 3) as rodas (vv. 15-21), e 4) o firmamento e o trono (vv. 22-27).

Os três primeiros versículos introdutórios oferecem informações básicas ao leitor, pois indicam a data,[13] o lugar, o contexto histórico e uma breve apresentação do profeta. Esses três versículos são colocados como dois textos sobrepostos, que trazem praticamente as mesmas informações. No entanto, o v. 1 está na primeira pessoa, isto é, o próprio profeta descreve o contexto, o cenário e o evento; e os vv. 2 e 3 estão na terceira pessoa, ou seja, um autor desconhecido repete as mesmas informações, que servirão de pano de fundo de todo o livro.

De acordo com Olmo Lete, essa mudança de estilo se trata de uma expansão editorial posterior, pois os vv. 2 e 3 não somente repetem, mas especificam e explicam os dados oferecidos pela introdução comunicada pela voz do profeta (v. 1).[14] Ezequiel se encontra na terra dos caldeus, junto ao rio Cobar, e vê os céus se abrirem e contempla visões divinas.

Os vv. 4-28 relatam os detalhes da visão divina: a glória de Deus no céu, a qual pode ser considerada o tema central, pois perpassa todo o livro: em Ez 1, a visão da glória de Deus; em Ez 8–11, a glória de Deus deixa Jerusalém e, no capítulo 43, retorna à cidade.[15] Do início ao fim do livro, essa imagem aparece como um fio condutor, indicando que a presença de Deus não

---

13 Para melhor esclarecimento sobre as duas datas mencionadas (vv. 1 e 2), ler: DI PEDE, 2021, p. 25-31.

14 OLMO LETE, G. *La vocation del lider en el antiguo Israel*: Morfologia de los relatos bíblicos de vocación. Salamanca: Universidad Pontificia, 1973. p. 299 (Bibliotheca Salamanticensis 3/2).

15 JOYCE, P. M. *Ezekiel*: a commentary. New York: T&T Clark, 2007, p. 65 (Library of Hebrew Bible/Old Testament studies). Conferir também: COLLINS, J. J.; HENS-PIAZZA, G.; REID, B.; SENIOR, D. (eds.). The Jerome Biblical Com-

é fixa e estável, mas viva e dinâmica, capaz de acompanhar o povo onde ele se encontra.

Do ponto de vista literário, a descrição da visão constitui uma compacta unidade estilística e estrutural, observada a partir do verbo "ver" (*rʾh*), recorrente cinco vezes no texto (vv. 1.4.15.27.28). Esse verbo perpassa toda a unidade textual, formando uma estrutura literária. Olmo Lete afirma que, além de delimitar o texto, o verbo "ver" revela sua característica teofânica,[16] na qual Deus se manifesta ao profeta antes do chamado e do envio.

De acordo com Wilson, o profeta, por meio de imagens extraordinárias, procura descrever o mundo divino que, em última análise, é indescritível. Semelhante às experiências em sonhos e visões, os objetos começam a ficar confusos e os eventos não se conformam mais com a lógica ou com as leis da experiência comum. As dimensões sobrenaturais e divinas da visão são ainda mais enfatizadas pelas palavras evocativas usadas na descrição, particularmente pelas palavras relacionadas a brilho e fogo. Elas são empregadas frequentemente ao longo do capítulo e, longe de serem redundantes, têm um efeito cumulativo, enfatizando o caráter impressionante e incorpóreo da visão.[17]

Para Ravasi, Ezequiel é um profeta surrealista, precisamente porque muitas vezes dissolve imagens ou permite vislumbrar nelas outras imagens, quase como um filigrama, de modo que coloca o leitor diante de um fluxo contínuo de consciência e de fantasia. Porém, o que importa é o valor do símbolo, a mensagem que

---

mentary for the Twenty-first Century. London/New York/Oxford: Bloomsbury T&T Clark, 2022. p. 978.

16 OLMO LETE, 1973, p. 299.

17 WILSON, R. R. Prophecy in Crisis: The Call of Ezekiel. *Interpretation (Richmond)*, London, England, v. 38, n. 2, p. 124, 1984.

consegue comunicar.[18] Essas imagens extraordinárias e sobrenaturais que o profeta utiliza fazem parte da tradicional literatura apocalíptica.

Logo após uma introdução à visão, que descreve um cenário com vento, nuvem, relâmpago, muita luz e brilho (v. 4), o autor introduz uma cena enigmática: quatro seres vivos semelhantes à forma humana, com quatro faces e asas (vv. 5-6). Essa figura, no texto em hebraico, é "*ḥayyôṯ*", que pode ser traduzido por "seres vivos". Esse vocábulo se repete 11 vezes na primeira visão de Ezequiel (vv. 5.13^{2x}.14.15^{2x}.19^{2x}.20-22), desenvolvendo um papel importante na visão divina.

A palavra *ḥayyôṯ* pode ser traduzida de várias maneiras e, dependendo do contexto, pode-se referir a diversos tipos de animais. Na maioria dos casos, animais não domesticados, que vivem em seu hábitat (animais selvagens, aves de rapina etc.) ou criaturas semelhantes a animais (pertencentes à classe dos anjos).[19] Swanson indica dois modos de tradução: como animal, fera, isto é, o termo mais genérico para um animal, geralmente selvagem, um ser vivo ou animado (Gn 1,24; Nm 35,3), ou como um animal numa revelação, ou seja, uma criatura sobrenatural representativa na aparência de vários tipos diferentes de criaturas.[20] Outra tradução encontrada é: seres viventes (da carruagem angelical, Ez 1,5).[21] Portanto, *ḥayyôṯ* pode ser traduzido por animais ou por seres vivos. Neste estudo se opta pela segunda tradução.

---

18 RAVASI, G. *Ezechiele e i profeti postesilici*: ciclo di conferenze tenute al Centro culturale S. Fedele di Milano. Bologna: Dehoniane, 1992, p. 13.

19 KOEHLER, L.; BAUMGARTNER, W. et al. *The Hebrew and Aramaic lexicon of the Old Testament*. Leiden: Brill, 2001. p. 310.

20 SWANSON, J. *Dictionary of Biblical Languages with Semantic Domains: Hebrew (Old Testament)* 2. ed. Logos Research Systems, Inc., 2001, n. 2651.

21 BROWN, F.; DRIVER, S. R.; BRIGGS, C. A. *The Brown-Driver-Briggs Hebrew and English Lexicon.* Massachusetts: Hendrickson Publishers, 1996. p. 312.

Os seres vivos são a figura central de toda a visão, e o profeta descreve suas características (vv. 5-14), o modo como se movimentam (vv. 15-21) e o lugar onde estavam: abóboda-firmamento (vv. 22-26). Tudo gira em torno dessas figuras, e, somente no final da visão (v. 26), aparecerá um trono e sobre ele uma figura com aparência humana.

Os quatro seres vivos que, tradicionalmente, foram entendidos como seres angélicos, são descritos "em forma humana" (v. 5), têm "mãos" (v. 8) e "rosto humanos" (vv. 8.10). Ao mesmo tempo são comparados com animais: eles têm asas (v. 6), "as plantas dos seus pés são como cascos de touro" (v. 7) e uma pluralidade de rostos de animais: leão, touro e águia (v. 10).[22] Esses seres vivos lembram os *Karibus* babilônicos, seres com cabeça humana, corpo de leão, patas de touro e asas de águia, cujas estátuas guardavam os palácios da Babilônia.[23]

22 Os quatro seres vivos do Apocalipse (Ap 4,7-8) retomam os traços dos quatro seres vivos de Ezequiel (homem, touro, leão e águia), e a tradição cristã fez deles os símbolos dos quatro evangelistas (Mateus, Marcos, Lucas e João).

23 *Karibu* babilônico corresponde ao nome dos "querubins" da Arca da Aliança (Ex 25,18-22).

Provavelmente o profeta se inspirou nesses grandes monstros babilônicos, os famosos *Karibus* (Querubins), que eram colocados nas aberturas dos grandes palácios imperiais, em defesa das áreas sagradas. O profeta descreve sua visão em torno deles, imaginando que a transcendência de Deus deve ser representada por meio de símbolos e imagens, a partir das estátuas monstruosas que viu na Babilônia. Esses servos dos deuses pagãos são atrelados ao "carro" do Deus de Israel, expressando a superioridade e a transcendência de YHWH.

Algumas traduções identificam essa primeira visão de Ezequiel como o carro ou carruagem de YHWH,[24] porém, a palavra "carruagem" (em hebraico: *merkāḇâ*) não ocorre nesse capítulo, nem no Livro de Ezequiel. É possível que essa palavra tenha sido anexada a essa passagem, já que na tradição bíblica ela se encontra em Eclo 49,8: "Ezequiel teve uma visão gloriosa, que o Senhor lhe mostrou num carro de querubins".[25] Essa imagem de carro ou carruagem também pode ser identificada com as ocorrências das palavras "rodas" e "asas", sendo estas símbolos de mobilidade.[26]

Outro aspecto importante a destacar, nessa primeira visão do profeta, é o campo semântico da "semelhança", que mostra, a partir da estrutura literária gramatical, que o mundo celeste não pode ser totalmente abarcado e apreendido pelo ser humano, permanecendo, assim, em sua dimensão transcendente.

---

24 Por exemplo, a Bíblia de Jerusalém (2002).

25 Para um aprofundamento entre os termos "seres viventes" (*ḥayyôṯ*) em Ez 1 e "querubins" (*kərubîm*) em Ez 10, ler o artigo: ANTHONIOZ, S. Les visions dans le livre d'Ézéchiel: Notes critiques. *Revue de l'histoire des religions*, v. 236, n. 3, p. 583-589, 2019.

26 COLLINS, J. J.; HENS-PIAZZA, G.; REID, B.; SENIOR, D. (eds.). *The Jerome Biblical Commentary for the Twenty-first Century*. London/New York/Oxford: Bloomsbury T&T Clark, 2022. p. 978.

Dessa forma, o texto apresenta diversos termos de comparação: utiliza 12 vezes a preposição "como" (*kə*)[27] e 15 vezes a palavra "aparência" (*mar'ěh*).[28] No mesmo campo semântico se destaca a palavra "semelhança" (*dəmûṯ*), que aparece 10 vezes no texto,[29] com destaque ao v. 5, onde se encontra "semelhante a quatro seres vivos" e "semelhante a um homem"; no v. 26, a figura sentada no trono era "semelhante a um homem" e, por fim, no v. 28, para indicar a glória do Senhor (*kəḇōḏ-YHWH*), o autor utiliza a dupla "*mar'ěh e dəmûṯ*", reforçando assim a imprecisão e a transcendência da majestade de Deus.

O número elevado de palavras do campo semântico da "semelhança" demonstra que o profeta não podia descrever o evento da visão celeste com precisão e certeza. Virgili defende que o autor se serve de metáforas, analogias e símbolos para explicar conceitos abstratos. Esse uso da linguagem possibilita expressar a subjetividade e a experiência interior do profeta e tem uma função pedagógica e didática que leva o leitor a decodificar os conceitos abstratos por detrás das figuras simbólicas da linguagem.[30] As realidades celeste e divina não podem ser expressas de forma concreta e precisa, e isso é demonstrado na análise do campo semântico da visão do profeta.

Ao descrever a visão da glória, o profeta utiliza uma linguagem complexa e abstrata. A análise do texto destacou apenas alguns aspectos para facilitar a interpretação teológica do texto. Segundo Wilson, a visão do chamado assegura aos exilados que Deus não os rejeitou. Ezequiel realmente "viu" o trono divino

---

27 Cf. vv. 4, 2x7, 13, 14, 16, 22, 2x26, 2x27 e 28.

28 Cf. vv. 5, 2x13, 14, 2x16, 2x26, 4x27 e 3x28.

29 Cf. vv. 2x5, 10, 13, 16, 22, 3x26 e 28.

30 VIRGILI, R. *Ezechiele*: Il giorno dopo l'ultimo. Bologna: EDB, 2000, p. 46 (Quaderni di Camaldoli, 16. Quaderni di Camaldoli. Meditazioni, 9).

pousar em solo babilônico, e a presença divina ali sugere que os deportados continuam a fazer parte do verdadeiro Israel.[31]

A certeza da presença de Deus pode dar tranquilidade para a comunidade exilada, mas também pode significar julgamento. O aparecimento da glória divina em Babilônia, no capítulo 1, significa, de fato, que Deus fixou residência temporária entre os exilados (11,14-21). Portanto, o exílio não é punição de um Deus perverso e vingador, mas consequência das transgressões de Israel. Embora as consequências das infidelidades e do pecado tenham distanciado o povo de Deus, o amor por seu povo faz com que Deus busque se aproximar daqueles que se encontram mais distantes. A imagem da glória de Deus "desembarcando" nas terras do exílio é um anúncio salvífico do amor e da aliança unilateral de Deus, a ser renovada no retorno à terra.

3. CHAMADO E ENVIO DO PROFETA (2,1–3,27)

No AT, são numerosos os relatos proféticos de vocação (Is 6; Jr 1; Ez 1–3; Os 1,3; Am 7,10ss; Is 40,1ss). Os elementos característicos encontrados nesses relatos são: alocução divina, objeção da pessoa chamada, confirmação do envio, visão da glória e do trono divino, missão e sinal definitivo. Nesses relatos, o vocabulário gira em torno dos verbos "chamar" (*qāra'*) e "enviar" (*šālaḥ*).[32] Deus, como protagonista, chama e envia a pessoa para uma missão profética. Olmo Lete afirma: "o chamado à vocação cria uma situação de consagração, de separação, de purificação, a pessoa chamada recebe uma missão e lhe é garantida uma assistência especial 'estarei com você' e corroboração 'não tenha medo', que lhe será proporcionada pela

[31] WILSON, 1984, p. 125.

[32] OLMO LETE, 1973, p. 26.

força do espírito".[33] Esse processo vocacional é perceptível na narrativa do chamado do profeta Ezequiel, o qual será abordado nessa parte do estudo exegético-teológico.

Ezequiel, em seu chamado profético, recebeu cinco mandatos diferentes.[34] A unidade narrativa do chamado e envio do profeta (2,1–3,27) pode ser dividida em seis pequenas seções: 1) primeiro mandato: missão aos rebeldes (2,1-7); 2) comunicação divina: comer o rolo (2,8–3,3); 3) segundo mandato: a recusa da escuta (3,4-9); 4) terceiro mandato: a angústia da missão (3,10-15); 5) quarto mandato: o profeta como sentinela (3,16-21) e 6) quinto mandato: a mudez do profeta (3,22-27). Essa pode ser considerada a melhor descrição bíblica da experiência e missão profética.[35] A repetição literária dos mandatos mostra como Ezequiel recebe a missão com plena consciência, reconhecendo as dificuldades e desafios. Um elemento marcante da narrativa de vocação é a teofania, seja ela uma manifestação visual ou auditiva de Deus. A missão confiada pelo próprio Deus ao ser humano é um sinal que reforça o sentido teológico da missão.[36]

O estudo exegético-teológico de cada uma das referidas seções textuais terá como fio condutor o tema da vocação de Ezequiel. Os cinco relatos do chamado e envio do profeta trazem pontos em comum, de acordo com os elementos constitutivos de um relato de vocação profética: vocativo, envio, destinatário do envio, missão, provação e auxílio divino. O quadro a seguir estrutura os cinco mandatos de Deus ao profeta Ezequiel.

---

33 OLMO LETE, 1973, p. 26.

34 Alguns estudiosos consideram apenas três mandatos nessa unidade literária, mas este estudo segue a divisão de cinco mandatos, partindo dos elementos em comum que aparecem nas cinco seções e que estão exemplificados no quadro.

35 BROWN, R. E.; FITZMYER, J. A.; MURPHY, R. E. (eds.). *Grande commentario biblico*. Brescia: Queriniana, 1974. p. 450.

36 PIKOR, W. *La comunicazione profetica alla luce di Ez 2-3*. Roma: Pontificia Università Gregoriana, 2002. p. 26 (Tesi Gregoriana. Serie teologia, 88).

M	*Texto*	*Vocativo*	*Envio e destinatário*	*Missão*	*Provação*	*Auxílio divino*
1º	2,1-7	Filho do ser humano (v. 1)	Vou enviar-te aos filhos de Israel (v. 3a).	Tu lhes falarás as minhas palavras (v. 7a).	Quer escutem, quer não escutem, pois são uma casa de rebeldes (v. 7b).	Não tenhas medo deles nem de suas palavras (v. 6a).
2º	3,4-9	Filho do ser humano (v. 4)	Dirige-te à casa de Israel (v. 4a).	Fala-lhes as minhas palavras (v. 4b).	Mas a casa de Israel não quer escutar-te (v. 7a).	Não tenhas medo deles, nem te apavores diante deles (v. 9b).
3º	3,10-15	Filho do ser humano (v. 10)	Dirige-te aos exilados, aos filhos do teu povo (v. 11a).	Tu lhes dirás: "Assim diz o Senhor YHWH" (v. 11b).	Quer ouçam, quer deixem de ouvir. (v. 11c) [...] eu fui, mas amargurado, com o espírito angustiado (v. 14b).	O espírito ergueu-me e me levou [...] enquanto a mão de YHWH pesava sobre mim (v. 14 a.c).
4º	3,16-21	Filho do ser humano (v. 17)	Eu te constituí como sentinela para a casa de Israel (v. 17a).	Quando ouvires uma palavra da minha boca, deverás adverti-los de minha parte (v. 17b).	Se tu advertires o ímpio, mas ele não se arrepender do seu caminho mau, morrerá na sua iniquidade (v. 19a).	A palavra de YHWH foi-me dirigida (v. 16b).
5º	3,22-27	--	Levanta-te, vai para o vale (v. 22b) [...] então lhes (Israel) dirás (v. 27a).	Quando eu falar contigo e abrir a tua boca, então lhes dirás: "Assim diz o Senhor YHWH" (v. 27a).	Porque a ti amarrarão com cordas (v. 25a) [...] Quem quiser ouvir ouça, mas quem não quiser ouvir não ouça (v. 27b).	Veio sobre mim a mão de YHWH (v. 22a) [...] o espírito entrou em mim e me pôs de pé (v. 24a).

O quadro acima permite concluir que o tema comum dos cinco mandatos é a comunicação entre Deus e a casa de Israel por meio da pessoa de Ezequiel. A missão do profeta é comunicar as "palavras de Deus" (2,7), e nesse itinerário haverá muita dificuldade e muitas provações, mas Deus não negará seu auxílio, pois o profeta é seu enviado.

3.1 Primeiro mandato: missão aos rebeldes (2,1-7)

O chamado, envio e missão do profeta Ezequiel são bem claros no primeiro mandato (2,1-7). A estrutura da composição literária apresentada por Pikor realça os elementos próprios do chamado vocacional:[37]

1) vv. 1-2 = Introdução e chamado

2) vv. 3-4a = (A) Envio do profeta

3) vv. 4b-5 = (B) Missão de falar

4) v. 6 = (A') Encorajamento diante do envio

5) v. 7 = (B') Missão de falar

Conforme se pode observar na estrutura anterior, a partir do v. 3, a composição literária é constituída por um paralelismo sinonímico (A, B, A', B'), reforçando, dessa forma, o envio e a missão do profeta como tema central do primeiro mandato. Esse primeiro mandato se inicia com a frase "Ele me disse" (*wayyōʾmer ʾēlay*),[38] expressão que indica o estilo literário do texto, pois normalmente é seguido por um verbo no imperativo, ordenando ao profeta que proclame uma mensagem. A maneira como essa expressão é usada no livro é extremamente significativa, pois reflete a natureza unidirecional, característica da comunicação que ocorre entre Deus e Ezequiel. São raros os casos em que o

---

[37] PIKOR, 2002, p. 77.

[38] A frase "*wayyōʾmer ʾēlay*" aparece oito vezes nos capítulos 2 e 3 de Ezequiel e "*wayyōʾmer*" aparece 41 vezes em todo o livro de Ezequiel.

profeta responde verbalmente à voz divina. Na maioria, o profeta permanece um receptor passivo, sendo Deus o protagonista.[39]

A figura central das duas primeiras seções textuais é Deus: na primeira, como o centro da visão (1,1–2,28) e, na segunda, como o único orador (2,1–3,27), pois o texto não tem uma estrutura narrativa de diálogo, apenas Deus fala e Ezequiel escuta. Já no início do texto, Deus não chama Ezequiel pelo seu nome próprio, e sim pelo vocativo "Filho do ser humano". Tal expressão é usada mais de 90 vezes no Livro de Ezequiel e constitui sua característica literária. Nesse contexto, a expressão não tem significado messiânico,[40] podendo designar simplesmente sua condição mortal, em contraste com Deus, imortal. Para Ravasi, o termo "Filho do ser humano" é uma forma poética, mais florida, para simplesmente dizer "ser humano".[41] Para Taylor, o termo é um hebraísmo que enfatiza a insignificância ou mera humanidade de Ezequiel, pois "filho de" (*bēn*) indica "participar da natureza de" e, portanto, quando combinado com "ser humano" (*'ādām*), significa nada mais do que "ser humano".[42]

No v. 1, Deus disse a Ezequiel "põe-te de pé que vou falar contigo" e, no v. 2, o espírito entra no profeta e o coloca em pé. Ao retornar ao trecho de Ez 1,28, o profeta cai com o rosto em terra quando vê a glória do Senhor. O texto indica um movimento ascendente do profeta, primeiro prostrado e depois de pé. Essa postura física representa sua atitude interior, primeiro, de adoração e reverência diante do mistério de Deus e, em seguida,

39 BLOCK, D. I. *The Book of Ezekiel*. Grand Rapids Mich.: Eerdmans, 1998. p. 112 (The New International Commentary on the Old Testament).

40 A expressão "filho do homem" apresenta um sentido messiânico no Livro de Daniel (Dn 7,13) e na pessoa de Jesus (Mt 25,31).

41 RAVASI, 1992, p. 25.

42 TAYLOR, J. B. *Ezekiel*: An introduction and commentary. London: Tyndale Press, 1971. p. 60 (The Tyndale Old Testament Commentaries).

de prontidão para ouvir e realizar aquilo que Deus ordena. O movimento ascendente não parte da simples vontade do profeta, mas é fruto do espírito de Deus que nele age. A consciência de Ezequiel de ser movido pelo espírito (*rûaḥ*) em sua tarefa profética será constantemente repetida (2,2; 3,12.14.24; 8,3; 11,1.5.24; 37,1; 43.5).[43]

Deus indica como Ezequiel deve falar: "assim diz o Senhor Deus" (v. 4). Em Ezequiel, o uso frequente do duplo nome divino "Senhor YHWH", em hebraico (*Ădōnāy YHWH*), apresenta um impacto teológico por reforçar o sentido da presença impressionante do Senhor.[44]

A missão do profeta é dizer as palavras de Deus, não importando se os interlocutores ouvirão ou não. O texto indica que o motivo da negação de ouvir é porque Israel é uma "casa rebelde". Ezequiel não está pensando simplesmente no agravamento da situação em seus dias, mas em toda a história de Israel. Mesmo no momento de sua eleição, a casa de Israel era rebelde, e continuou assim desde então (Ez 20 e 23). Oseias aponta para uma rebeldia precoce (Os 11,1-11), sendo esse adjetivo usado por Isaías (1,23; 30,9) e por Jeremias (2,4-15).[45] A estrutura literária do primeiro mandato é fortemente identificada pelo campo semântico "rebelar". Aparece três vezes em 2,3, com o verbo "rebelar" (*MRD)*, e uma vez com "revoltar", "transgredir" (*PŠʿ*). A expressão "de cabeça-dura e de coração obstinado" (Ez 2,4) indica revolta e teimosia. Essa dupla (cabeça e coração) constitui um merisma,[46]

---

43 BROWN, 1974, p. 450.

44 COLLINS, 2022, p. 979.

45 STALKER, D. M. G. *Ezekiel*: Introduction and Commentary. London: SCM, 1968. p. 51 (Torch Bible Commentaries).

46 Merisma é uma figura de linguagem retórica que utiliza dois termos para designar o todo, por exemplo: "céu e terra", indicando todo o universo.

que exprime uma imagem completa do ser humano. O autor também emprega as expressões "nações rebeldes" (2,3), "casa rebelde" (2,5.6) e somente o substantivo "rebelde" (2,7).

O campo semântico "rebelar", portanto, é uma *prolepse* do castigo de Israel que o profeta anunciará: destruição de Jerusalém e exílio na Babilônia. Israel é uma casa rebelde, de cabeça-dura e coração obstinado, que pecou contra Deus, prostituindo-se com ídolos, por isso, merece o castigo por ter se afastado do Deus único e verdadeiro. Fica claro, portanto, que o destinatário da missão de Ezequiel é essa "casa rebelde", é a ela que o profeta deve anunciar as palavras de YHWH.

3.2 Comunicação divina: comer o rolo (2,8–3,3)

Após o primeiro mandato, segue a ordem de um gesto intrigante: Deus manda Ezequiel comer um livro. É um mandamento estranho, pois não é possível comê-lo. De fato, esse gesto constitui uma metáfora literária para explicar e reforçar o sentido da missão de Ezequiel. A metáfora de se alimentar da "Palavra de Deus" não é exclusiva de Ezequiel, também o profeta Jeremias fez essa experiência: "encontradas as tuas palavras, logo as comi; as tuas palavras me foram prazer e alegria para o coração" (Jr 15,16a). A Palavra de Deus é parte intrínseca da vida do profeta, sustenta e alegra seu caminho profético. Segundo Wilson, comer o pergaminho indica que Deus forneceu, ao profeta, oráculos numa forma fixa que não pode ser alterada. As palavras que Ezequiel proclama são precisamente as mesmas que Deus literalmente lhe colocou na boca. Portanto, não pode haver dúvida sobre a autoridade do profeta.[47]

Para Auvray, na realidade de Ezequiel, uma profecia é antes de tudo um livro. Um século e meio se passou desde os dias de

---

[47] WILSON, 1984, p. 127.

Isaías, e o uso da escrita generalizou-se; pergaminhos com as palavras dos antigos profetas circulavam em Jerusalém. A própria religião tornava-se, cada vez mais, uma doutrina escrita. A Palavra de Deus passou a não ser mais uma produção livre de uma consciência animada pelo Espírito divino, não é uma inspiração interior recebida ao acaso, mas sim uma fórmula pronta, um livro. Assim, para Ezequiel, assimilar uma doutrina e devorar um livro são a mesma coisa.[48]

Essa seção (2,8–3,3) contém um significativo número de verbos no modo imperativo. Em 2,8, aparecem os verbos "ouvir" (*šəmaʿ*), "abrir" (*pəṣē*) e "comer" (*ʾĕkōl*), e, em 3,1, "ir" (*lēk*) e "falar" (*dabbēr*) e, novamente, o verbo "comer" (2x). Os verbos "ser" (*HYH*) no 2,8 e "comer" no 3,3 se encontram no modo imperfeito, que, no contexto literário, podem ser entendidos como um imperativo. São nove verbos na forma imperativa, enfatizando a força da ordem de Deus a Ezequiel. O profeta diligentemente obedece à ordem recebida e seu comportamento contrasta com a "casa rebelde", que aparece na unidade anterior. Sua atitude de obediência ao comer o livro indica uma disposição que adere à missão dada por Deus. Israel é rebelde, mas o profeta é obediente e, assim, pode "falar à casa de Israel" (3,1) as "palavras de Deus" (2,1).

São apontadas algumas características desse livro: "estava escrito na frente e no verso e continha lamentações, gemidos e prantos" (2,10). Segundo Taylor, ser "escrito na frente e no verso" era um atributo incomum, porque os pergaminhos normalmente eram inscritos apenas no interior. Talvez a intenção fosse explicar que Deus tinha muito a dizer a Ezequiel. A ideia é retomada em Ap 5,1, mas nenhuma pista é dada sobre o significado desse aspecto da descrição do pergaminho.[49] A escrita consistia em

48 AUVRAY, P. *Ézéchiel.* Paris: Cerf, 1947. p. 16.

49 TAYLOR, 1971, p. 63.

palavras de lamentação, gemido e pranto, o que é um reflexo justo do conteúdo da pregação feita por Ezequiel durante o período até a queda de Jerusalém, um resumo da mensagem dos capítulos 4–24.[50] A expressão "doce como o mel" pode ser entendida como um prelúdio da segunda parte da pregação, na qual Ezequiel fala de restauração e esperança (33–39) e da nova Jerusalém (40–48).

Por fim, pela sua resposta à ordem de comer o livro, o profeta tornou-se um servo obediente, em contraste com Israel rebelde.[51] Ezequiel fala as palavras de YHWH, que foram literalmente colocadas em sua boca, "eu abri a boca e me fez comer o livro" (3,2). A missão do profeta é dada diretamente por Deus, e ele se torna o mensageiro divino por causa da sua obediência ao mandato que lhe confiado.

3.3 Segundo mandato: a recusa da escuta (3,4-9)

O segundo mandato repete a estrutura do chamado e do envio. Enquanto no primeiro Deus fala "eu te envio", nesse mandato utiliza dois verbos no imperativo "vai e dirige-te",[52] o profeta é enviado e impelido a anunciar a Palavra de Deus a seu povo.

Um diferencial desse segundo mandato em relação ao primeiro é que Ezequiel não é enviado "a um povo numeroso de fala ininteligível ou de língua difícil" (3,6), mas à casa de Israel. Dentro do contexto de exílio, esse povo de fala estranha é o povo da Babilônia, incapaz de entender a língua do profeta. A expressão "se te enviasse a estes, eles te escutariam" (3,6b) indica uma figura de linguagem retórica de ironia e objetiva ressaltar a dificuldade que o profeta encontrará na missão: o povo não

50 COLLINS, 2022, p. 980.

51 ZIMMERLI, 1979, p. 136-137.

52 Algumas versões traduzem esse duplo imperativo com apenas um verbo.

o escutará, mas na realidade é porque não quer escutar a Deus (3,7a). A repetição do adjetivo "duro" (*ḥāzāq*), que aparece três vezes nos vv. 8-9, de acordo com Taylor, pode ser considerada um jogo de palavras com o nome do profeta, pois Ezequiel (*Yəḥezqēʾl*) significa "Deus fortalece" ou "Deus endurece". Foi certamente uma marca característica de seu ministério, o fato de ter conseguido sobreviver aos seus oponentes e não se deixar abater por sua aparente intransigência.[53] Como o nome indica a identidade da pessoa, em Ezequiel, mostra de onde lhe vêm a força e a coragem para a desafiante missão.

3.4 Terceiro mandato: a angústia da missão (3,10-15)

Este mandato se inicia com a orientação de Deus sobre como deve ser a atitude de Ezequiel ao escutar as palavras da profecia (3,10). A tradução literal do hebraico é: "agarra com teu coração e com teu ouvido, escuta" (*qaḥ biləbobkā ûbəʾoznêkā šəmāʿ*). Nesse contexto, a palavra "coração", no hebraico, não quer dizer somente um órgão físico do corpo, mas algo interno que indica a totalidade do ser humano; a expressão ouvir com o ouvido, aparentemente, é redundante, mas no hebraico significa "escutar com atenção". A atitude interior de Ezequiel diante da missão deve ser de acolher a Palavra de Deus no mais profundo do ser e de fazer isso com diligência e atenção. Deus, ao ensinar-lhe como deve receber a profecia, coloca-se como um verdadeiro educador, pois não apenas dá a ordem como um comandante, mas também o orienta e instrui como um sábio pedagogo.

Após o discurso direto de Deus, que comunica o terceiro mandato (3,10-11), a seção literária continua com uma parte narrativa (3,12-15), repetindo elementos da visão do capítulo 1:

---

53 TAYLOR, 1971, p. 66.

vento, som e ruído, glória do Senhor, asas, seres vivos, rodas, a mão de YHWH, os exilados, rio Cobar. Essa parte narrativa atua com o capítulo 1 como um *inclusio*[54] para toda a cena do chamado e missão de Ezequiel.

O profeta descreve seu estado de espírito a caminho do assentamento de exilados: "eu fui, mas amargurado, com o espírito angustiado" (v. 14). Segundo Greenberg, não está claro se sua amargura pode ser em resposta às "lamentações, gemidos e prantos" (2,10) que deve proclamar; se o sentimento de angústia e raiva são reflexos dos sentimentos de Deus em relação a Israel, ou, ainda, se o seu sentimento em relação à angústia é devido à tarefa sombria, ingrata e talvez perigosa que lhe foi imposta pelo Senhor.[55]

Por fim, o narrador relata que Ezequiel, quando chegou junto aos exilados, ficou, por sete dias, atônito.[56] Esse período de desolação, segundo Taylor, pode ser comparado com a experiência de Esdras ao sentar-se num estado de horror até o sacrifício da tarde (Esd 9,4); com os amigos de Jó que se sentaram com ele durante sete dias e sete noites sem lhe dizer uma palavra (Jó 2,13); e também com Saulo de Tarso, que precisou de três dias sem comer e sem ver para se recuperar da experiência na estrada de Damasco (At 9,9). Talvez não seja sem significado que sete dias formassem o período para a consagração de um sacerdote (Lv 8,33), e Ezequiel pode ter considerado isso como a preparação ao

---

54 A abordagem sincrônica *inclusio* significa uma figura de linguagem que indica a repetição de uma palavra ou frase no início e no fim de uma unidade literária. Por exemplo, o Sl 103 inicia e termina com a mesma fórmula: "Bendize, minha alma, o Senhor", formando assim um *inclusio* do salmo.

55 GREENBERG, M. *Ezekiel 1–20*: a new translation with introduction and commentary. New Haven/London: Anchor Yale Bible, 2008. p. 71.

56 Em hebraico é usado o verbo *ŠMM*, que indica um forte sentimento interior, como uma pessoa consternada, perturbada, desolada.

seu "sacerdócio profético".[57] Certamente Ezequiel ainda não estava pronto para profetizar, pois a mensagem que recebeu era difícil: de julgamento, miséria, destruição e derramamento de sangue. A missão profética não é confiada a seres divinos angelicais, mas a pessoas concretas e humanas, que, a partir da própria realidade frágil, se colocam à disposição de Deus.

3.5 Quarto mandato: o profeta como sentinela (3,16-21)

Neste mandato aparece um elemento novo, Deus coloca Ezequiel como "sentinela" (*ṣōp̄eh*) na casa de Israel (3,17). O profeta como sentinela tem uma longa tradição no povo de Deus (Os 9,8; Is 21,6-7; 56,10; Jr 6,17; Ez 3,17; 33,1-9). Porém, Ezequiel incorpora o princípio da responsabilidade pessoal aplicado ao ofício profético.[58]

O mandato do profeta é o mesmo, mas dessa vez é expresso em linguagem metafórica: será como sentinela de Israel. A sentinela é uma pessoa posicionada na muralha da cidade para vigiar e avisar quando os inimigos externos se aproximam. Como sentinela, é responsável por transmitir a advertência de YHWH ao povo. Embora sejam as pessoas que serão julgadas, a passagem centra-se em Ezequiel e em sua própria responsabilidade como sentinela. Assim, se o profeta alertar os ímpios para se arrependerem, mas eles não o fizerem, serão responsáveis por seus pecados.[59]

Nos quadros a seguir se observa mais claramente a lógica interna entre os vv. 18-19 e 20-21 desta seção:

---

57 TAYLOR, 1971, p. 68-69.

58 BROWN, 1974, p. 451.

59 BARTON, J.; MUDDIMAN, J. *The Oxford Bible Commentary*. Oxford: Oxford University Press, 2001. p. 539.

Ímpio		
Vers.	Advertência	Destino
18	A = se não adverte	morte do ímpio e profeta
19	B = se adverte	morte do ímpio e vida do profeta

Justo		
Vers.	Advertência	Destino
20	A' = se não adverte	morte do justo e do profeta
21	B' = se adverte	vida do justo e do profeta

Esses quatro versículos podem parecer um pouco complexos pela repetição das ideias, mas, quando organizados de forma paralela, tornam a mensagem clara. A estrutura literária desse trecho é organizada em um paralelismo simétrico (A, B, A', B'). A advertência ou a negação dela, por parte do profeta, estão em paralelo com o destino de morte ou de vida. Se o profeta não adverte em relação ao pecado, tanto o ímpio quanto o justo, como também o profeta, estarão destinados à morte (vv. 18.20). Isso indica a responsabilidade do profeta em relação ao anúncio, isto é, à sua missão. Dessa forma, a missão é de importância vital para sua salvação e do povo. Porém, se o profeta adverte, a responsabilidade da vida ou da morte pertence à pessoa, isto é, se é justa, viverá, mas, se é ímpia, morrerá. Com essa afirmação, o autor indica a responsabilidade pessoal em relação à salvação, "se um homem é justo e observa o direito e a justiça; se anda segundo meus preceitos e guarda meus julgamentos, praticando-os fielmente, com certeza viverá" (Ez 18,5.9).[60]

De fato, o paralelismo literário declara que a missão do profeta é direcionada para garantir a vida não só dele, mas de toda a

[60] Esse tema da responsabilidade pessoal será melhor desenvolvido nos capítulos 18 e 33 do Livro de Ezequiel e por Jaldemir Vitório, no capítulo 4 deste livro.

casa de Israel, porém, com a condição de que as pessoas sejam capazes de escutar a Palavra e colocá-la em prática.[61] Assim, o profeta é uma figura central para o processo de conversão, é uma sentinela que anuncia a vontade de Deus: "convertei-vos, sim, convertei-vos de vossos maus caminhos [...], lançai longe de vós todos os crimes cometidos contra mim, formai em vós um coração novo e um espírito novo" (33,11b; 18,31).

3.6 Quinto mandato: a mudez do profeta (3,22-27)

A perícope do quinto mandato pode ser dividida em três seções: 1) vv. 22-24a; 2) vv. 24b-26; e 3) v. 27. Ao ser a perícope de encerramento da grande unidade do chamado do profeta, a primeira e a terceira seções apresentam temas mencionados anteriormente como: a mão do Senhor sobre ele (1,3); a glória do Senhor vista junto ao rio Cobar (1,1.28); a queda com o rosto em terra (1,28); o espírito que entra no profeta e o coloca em pé (2,2; 3,12.14); a expressão do mandato: "assim diz o Senhor Deus" (2,4b) e, por último, a frase "quer escutem, quer deixem de escutar, pois são uma casa de rebeldes (2,5a.7; 3,11b). A retomada desses temas referentes ao chamado deixa evidente que essa é uma perícope conclusiva de confirmação da vocação profética de Ezequiel.

Somente na segunda seção se encontram elementos novos que indicam as dificuldades que o profeta encontrará em seu ofício: deve fechar-se dentro de sua casa, será amarrado com cordas e ficará mudo. O profetismo não é "doce como o mel", mas sim um caminho de lutas, sofrimentos e perseguição. Apesar disso, a "mão do Senhor está sobre ele" (1,3; 3,22) e o próprio Deus o encoraja: "não tenhas medo deles nem de suas palavras. Não

---

[61] PIKOR, 2002, p. 48.

tenhas medo porque eles se opõem a ti e te menosprezam [...], não tenhas medo de suas palavras, nem te intimides diante deles, pois são a casa de rebeldes" (2,6).

O tema da incapacidade de Ezequiel de falar (vv. 26-27) é central nesse quinto e último mandato. É um tema desconcertante, uma vez que o profeta tem a missão de proferir "as palavras de Deus" (2,7). Collins relaciona a mudez com uma suposta doença mental do profeta,[62] e outros estudiosos argumentam que a mudez começou imediatamente após o chamado do profeta, mas que a perda da fala foi intermitente ou simbólica. São muitas as especulações a respeito dessa estranha mudez imposta ao profeta. No contexto da estrutura literária de vocação de Ezequiel, o importante não é encontrar a causa da mudez, mas seu motivo teológico.

A missão primordial do profeta é "falar as palavras de Deus" (2,7), assim, pode-se notar que o texto diz, logo após o anúncio da mudez: "quando eu falar contigo abrirei tua boca, então lhes dirás" (3,27). No hebraico, o verbo "abrir" está na primeira pessoa (*ʾeptaḥ*), nesse caso, como é um discurso direto, Deus é o sujeito da ação, é ele quem abre a boca do profeta. Em comparação com a perícope de comer o livro, encontra-se uma frase com o mesmo sentido: "'come este livro e vai falar à casa de Israel'. Eu abri a boca e ele me deu o livro para comer" (3,1-2). Nesse caso, o verbo "abrir" também está na primeira pessoa, mas o sujeito da ação é o profeta. Assim, no início do processo é o profeta que "abre a boca", é ele quem age; o período de mudez leva o profeta a amadurecer e, logo após, não é mais ele quem age, é Deus quem "lhe abre a boca". O protagonista do profetismo é o próprio Deus.

62 COLLINS, 2022, p. 980.

CONCLUSÃO

A missão do profeta pode ser resumida numa frase: "tu lhes falarás as minhas palavras" (Ez 2,7). Quem quer que sirva como mensageiro de Deus deve ser inspirado pela mensagem divina. E isso é bem claro no texto estudado: duas vezes a palavra de Ezequiel é rotulada "assim disse o Senhor YHWH" (2,4; 3,11); três vezes o profeta é incumbido de falar "as minhas palavras" (2,7; 3,4, 10); três vezes lhe é ordenado ingerir a mensagem divina que deve proclamar (2,8; 3,1.3); duas vezes é instruído a ouvir o que Deus tem a dizer (2,8; 3,10). Obviamente, apenas ouvir essa mensagem não é suficiente: deve ser "comida", isto é, digerida, internalizada, incorporada e vivida.[63] A mensagem dos profetas de Deus não deriva do raciocínio, da lógica ou da reflexão mística, mas da própria revelação divina.

No contexto de exílio, o profeta torna-se um mensageiro da ação de YHWH em relação à casa de Israel. O profeta, tanto na destruição quanto na salvação, torna-se um vigia, uma sentinela que chama a atenção e adverte para o retorno, a conversão e a mudança de vida, a fim de que o pecador abandone o caminho da morte (3,17-21; 33,1-9).[64] Toda a ação de Deus visa à salvação de seu povo. Ezequiel, pela obediência a Deus, torna-se um mensageiro divino e um instrumento para o resgate de Israel no exílio.

O Livro de Ezequiel ensina que num ambiente ou numa situação de desespero e morte, como no caso do exílio, é possível encontrar uma chance de renovação e vida. Hoje, para o cristão que se sente exilado numa sociedade em crise, sua profecia é uma fonte de inspiração: oferece caminhos para compreender a realidade e alimenta a esperança e a imaginação, necessárias para

---

63 BLOCK, 1998, p. 131.

64 ZIMMERLI, 1979, p. 67.

a criação de um mundo renovado.[65] O profetismo de Ezequiel denuncia a injustiça e o pecado, mas anuncia a renovação e a salvação, pois Deus é justo e fiel à Aliança que fez com seu povo, este que, mesmo sendo uma "casa rebelde", é digno da salvação divina. Por fim, a missão de Ezequiel é a comunicação da Palavra divina! Ezequiel escuta a Palavra de Deus e dela se alimenta; o cristão, quando participa da celebração do Mistério Pascal de Cristo, também escuta a Palavra de Deus e é nutrido do Verbo divino, o *Logos* (Jo 1,1), que se torna Pão da Vida (Jo 6,35). Escutar e alimentar-se da Palavra torna o cristão também um profeta (profetisa) na sociedade atual, para anunciar a salvação de Deus.

---

[65] DI PEDE, 2021, p. 10.

Capítulo 3

A GLÓRIA DE DEUS DEIXA O TEMPLO: JERUSALÉM ENTRE A TRAGÉDIA DA DESTRUIÇÃO E A ESPERANÇA DA RESTAURAÇÃO

Márcio Bezerra[1]
Jackson Câmara Silva[2]

Os profetas do exílio procuram alertar o povo contra suas iniquidades, além de tentarem explicar os motivos pelos quais foi inevitável a ruína de Israel. Em meio à crise e tantas calamidades desse período de provação, sempre há uma mensagem de esperança.

---

1 Mestre em Teologia Bíblica pela Faculdade Jesuíta de Filosofia e Teologia (FAJE). Atualmente leciona Sagrada Escritura na Faculdade Católica do Rio Grande do Norte (FCRN). Integrante dos Grupos de Pesquisa "A Bíblia em Leitura Cristã" (FAJE) e "Cristianismo e Interpretações" (UNICAP). É religioso presbítero do Instituto Religioso Nova Jerusalém.

2 Mestre em Teologia Bíblica pela Faculdade Jesuíta de Filosofia e Teologia (FAJE). Integrante do Grupo de Pesquisa "A Bíblia em Leitura Cristã" (FAJE). É religioso presbítero do Instituto Religioso Nova Jerusalém.

Este capítulo analisará o bloco narrativo de Ez 4–11, que, por sua vez, pode ser subdividido em duas partes: oráculos de condenação contra Jerusalém (4–7) e a glória de Deus que abandona o Templo (8–11). No primeiro tema, serão estudadas duas tríades: 1) de ações simbólicas e 2) de oráculos de julgamento. Elas não visam preanunciar a tragédia sofrida por Israel, mas sim tentam promover sua conversão, denunciar os motivos de sua ruína, sobretudo a violência e a idolatria por parte dos próprios habitantes.

O segundo tema trata da glória de Deus que deixa o Templo e a cidade de Jerusalém. Inicialmente será analisado o conceito de morada e de glória de Deus para, em seguida, se abordar o caminho delineado por ela no bloco narrativo de Ez 8–11. Serão apresentadas as etapas da ação da glória de Deus sobre o povo, destacando: a revelação sobre as infidelidades dos líderes religiosos de Israel, a purificação do Templo e da cidade santa, e, enfim, sua partida.

O objetivo de Ez 4–11 é responder as inúmeras perguntas surgidas durante o caos exílico. Mais que uma chamada de atenção ao povo de dura cerviz, sinaliza uma esperança de Deus, que não desiste de seu povo e sempre o convida a retomar o caminho, concedendo-lhe uma nova chance.

1. O TEXTO E SEU CONTEXTO

Ezequiel ocupa lugar relevante no profetismo bíblico. Juntamente com Jeremias, contemporiza uma das maiores tragédias do Israel bíblico: o exílio na Babilônia. Ao longo de seus 48 capítulos, o Livro de Ezequiel tenta explicar as razões para o duro golpe sofrido pelo povo de Deus, além de fomentar a esperança em meio à crise de fé e às suspeitas levantadas contra o Senhor. Esse escrito não quer ser apenas presságio do fim inevitável, mas busca firmar a esperança da restauração do povo em meio ao exílio.

Quanto à estrutura, o Livro de Ezequiel pode ser dividido em três blocos. O primeiro (Ez 1–24) comporta diversos oráculos de condenação contra Israel e Judá, motivados pela infidelidade à Aliança com YHWH. O segundo (Ez 25–32) estende a condenação às nações estrangeiras. Por fim, a última parte (Ez 33–48) apresenta diversos oráculos de salvação, os quais servem para inculcar a esperança da restauração em meio aos israelitas.[3] Ez 4–11 está situado no primeiro bloco, com duas tônicas principais: os oráculos de condenação contra Jerusalém (4–7) e a glória de Deus que abandona o Templo (8–11). O primeiro tema é desenvolvido entre ações simbólicas (4,1–5,4) e oráculos de julgamento (5,5–7,27), cada um estruturado em três momentos. De um lado, é possível ver o mapa do cerco e o profeta deitado (4,1-8), a ordem de comer pão impuro (4,9-17), a ordem de raspar o cabelo e a barba (5,1-4); de outro, oráculos contra Jerusalém (5,5-17), contra os montes (6,1-14) e contra todo o país (7,1-27). Já o abandono do Templo por parte da glória divina é abordado em quatro pontos: a visão da abominação no Templo (8,1-18), os anjos do julgamento (9,1-11), o retorno do trono dos querubins (10,1-22) e o oráculo de destruição para a cidade (11,1-25).

Cronologicamente, Ez 4–11 pode ser localizado no período exílico, mais especificamente na primeira fase do ministério profético de Ezequiel, desenvolvida desde o cerco de Jerusalém até a sua queda, portanto, entre os anos de 597 a 587 a.C.[4] Por meio deles,

---

3 BOADT, Lawrence. Ezequiel. In: BROWN, R. E.; FITZMYER, J. A.; MURPHY, R. E. *Novo Comentário Bíblico São Jerônimo*: Antigo Testamento. Santo André/São Paulo: Academia Cristã/Paulus, 2012. p. 621.

4 ALONSO SCHÖKEL, L. M.; SICRE DÍAZ, J. L. *Profetas II*: Ezequiel, doze profetas menores, Daniel, Baruc, Carta de Jeremias. São Paulo: Paulus, 2002. p. 692-693 (Grande Comentário Bíblico, 2).

busca elucidar o drama experimentado pelo povo da Aliança, o qual vê seus inimigos destruírem os três grandes sinais da presença divina em seu meio: o Templo, as muralhas e a monarquia.

Segundo a mentalidade da época, a guerra entre duas nações reflete, no plano divino, o confronto entre suas respectivas divindades. Por conseguinte, a derrota de Israel e, especialmente, a destruição do Templo seriam, então, provas cabais de que YHWH havia sido derrotado. Porém, à semelhança dos deuteronomistas, Ezequiel assume a missão de desenvolver outra resposta que supere a concepção de um Deus fracassado. Para isso, evidencia que o trágico momento experimentado não está ligado à impotência de YHWH ou a um fracasso ante o deus babilônico Marduk, mas surge como consequência lógica pelas iniquidades e pela idolatria que Deus encontrou em meio a seu povo eleito. Assim, advém o caráter punitivo pelo rompimento da Aliança (Dt 28,15-46; Lv 26,14-46), expresso nos oráculos de condenação, como é o caso de Ez 4–11. No entanto, salienta-se que o profeta não se fecha em um fatalismo trágico, mas assume forte compromisso com a esperança e a reanimação do povo após a destruição da cidade.

Mesmo em meio a esse bloco, é possível perceber uma profunda mensagem de esperança, que passa pelo restabelecimento da Aliança e a reunião do povo disperso, portanto, o fim do exílio (Ez 11, 14-21). O Senhor compromete-se em mudar o coração endurecido dos israelitas em coração de carne, a fim de que se voltem atentamente aos preceitos divinos e vivam em conformidade com sua vontade (Ez 11,19-20), sendo fiéis ao pacto com ele estabelecido.

2. AÇÕES SIMBÓLICAS E ORÁCULOS CONTRA JERUSALÉM (EZ 4–7)

Ez 4–7 forma um bloco mais ou menos coeso, composto por diversos oráculos de condenação contra Jerusalém, motivados por sua infidelidade e seu distanciamento das normas divinas. A primeira parte (Ez 4,1–5,4) comporta uma tríade de ações simbólicas que prenunciam o cerco e a destruição da cidade, além do cativeiro, que uma parte da sociedade experimentará. Por seu turno, a segunda parte (Ez 5,5–7,27) possui também uma tríade de oráculos contra a cidade santa, os quais evidenciam as infidelidades cometidas, com destaque para as práticas idolátricas, especialmente no coração da religiosidade israelita: o Templo de YHWH.

2.1 As condenações através de ações simbólicas

Na perspectiva profética, chamam-se ações simbólicas os oráculos nos quais as palavras são substituídas ou preparadas por pantomima, quer dizer, um conjunto de gestos normalmente originados de uma ordem divina, que comportam uma mensagem simbólica.[5] Geralmente, o próprio Deus explica o significado por detrás das ações realizadas.

De início, o profeta recebe a ordem para representar o assédio de uma cidade por meio de um tijolo cercado de trincheiras e instrumentos de guerra (Ez 4,1-3). Para Alonso Schökel e Sicre Díaz, é bem possível que esse oráculo possuísse originalmente uma perspectiva enigmática acerca da cidade em questão, o que teria sido suplantado por uma glosa explicativa cuja finalidade era evidenciar, desde o primeiro momento, quem era o alvo em questão. Nesse sentido, seriam adições posteriores à indicação de Jerusalém (v. 1), assim como os vv. 7-8, que também evidenciam o destinatário da ameaça (v. 7) e reforçam a ideia de aprisionamento (v. 8).[6]

---

5 ALONSO SCHÖKEL; SICRE DÍAZ, 2002, p. 714.

6 ALONSO SCHÖKEL; SICRE DÍAZ, 2002, p. 715.

Entre o profeta e o tijolo, é colocada uma panela de ferro que representa uma barreira intransponível, impossibilitando de o socorro chegar ao povo sitiado. Por separar Ezequiel da cidade, parece simbolizar o distanciamento imposto entre os dois: o profeta não poderá intervir em socorro do povo, pois o cerco já está determinado. Por isso, cabe-lhe apenas evidenciar a sentença por meio de outra ação simbólica, o que é feito no segundo momento do oráculo (4,4-8). A ordem agora é deitar-se de um lado por trezentos e noventa dias e, posteriormente, do outro lado por mais quarenta dias. Assim, indicará, respectivamente, o tempo do castigo de Israel e de Judá, provavelmente tendo Nm 14,34 como pano de fundo.

Embora não haja consenso sobre o modo como estabelecer essa contagem de dias,[7] parece tentador considerar o cisma político-religioso de 930 a.C. como marco inicial para o número referente a Israel, pois ali se encontra, biblicamente falando, o início do Reino do Norte. Desse modo, o fim do castigo situar-se-ia por volta de 540 a.C.[8] Por outro lado, o castigo de Judá dar-se-ia ao longo de quarenta anos. Considerando-se a primeira deportação como início, o castigo ocorreria de 597 a 557 a.C. Caso o marco inicial seja posto na destruição do Templo, considera-se a punição de 587 a 547 a.C. Seja como for, a cronologia desperta problemas, no entanto, o elemento mais significativo é que indica uma punição limitada, portanto não se trata de algo definitivo, mas momentâneo, com um prazo estabelecido.[9]

---

[7] Outra possibilidade seria contabilizar da dedicação do Templo até a destruição de Jerusalém, entre 975 e 585 a.C.; ou, ainda, desde o reinado de Saul (1010 a.C.), primeiro rei, até a Reforma de Josias (em 622 a.C.). Para mais informações, conferir BOADT, 2012, p. 28.

[8] A data está bem próxima da destruição da Babilônia por Ciro, rei da Pérsia, em 539 a.C., e de seu Edito (538 a.C.), determinando o retorno dos cativos à terra de Judá e a reconstrução de Jerusalém.

[9] GREENBERG, M. *Ezekiel 1–20*: a new translation with introduction and commentary. Doubleday: New York, 1983. v. 22. p. 105-106.

Em seguida, Ez 4,9-17 oferece outra ação simbólica, também ligada ao tema do exílio. Mais especificamente, trata do racionamento rigoroso de alimento e de água que o povo experimentará como consequência do cerco. O profeta deve misturar seis elementos para preparar um pão que o sustente durante o período de dificuldade. Para Boadt, a mistura significa uma tentativa desesperada de sobreviver diante do contexto de fome intensa, situação típica durante os cercos bélicos.[10] É bem verdade que o tema da fome já causa bastante impacto, porém, isso é significativamente redimensionado por meio da ordem de assar o alimento com o excremento humano servindo de lenha. O olhar, apenas pela questão higiênica, já torna a situação extremamente embaraçosa, todavia, muito pior é considerar a questão da pureza ritual. A ideia é expressar um alimento impuro (Dt 23,13), com o qual o povo deve se acostumar, pois se alimentará de pão impuro em meio às nações por onde for dispersado (v. 12). Portanto, será um tempo de aflição e miséria que o povo precisará suportar.

Entretanto, a pureza ritual, tão cara à tradição sacerdotal, continua sendo uma importante preocupação para Ezequiel, que suplica ao Senhor que o poupe dessa situação (v. 14). Para atender o clamor, Deus permiti-lhe usar excremento animal, o que não deixa de expressar a penúria, mas parece evitar, para o profeta, o consumo de alimento impuro.

Por fim, a terceira ação simbólica (Ez 5,1-4) retrata a ordem de Deus para que o profeta raspe o cabelo e a barba com uma espada. Os pelos devem, então, ser pesados e divididos em três porções, que representam "três maldades da guerra: a cidade queimada, a morte pela espada e o exílio".[11] O gesto parece evocar como pano de fundo Is 7,20, o qual adverte para a invasão assíria

---

[10] BOADT, 2002, p. 628.

[11] BOADT, 2002, p. 628.

pela qual o Senhor punirá a infidelidade do povo. Os pelos raspados representam o castigo vergonhoso que será impetrado aos israelitas por seu distanciamento da Aliança. Embora o contexto histórico seja outro, o oráculo de Isaías encaixa-se perfeitamente no exílio da Babilônia, uma vez que também é motivado pela infidelidade à Aliança estabelecida entre Deus e o povo. Desse modo, Ezequiel alerta o povo para o castigo iminente que se dará em diversas frentes e que chegará de forma avassaladora sobre Jerusalém.

Portanto, as três ações simbólicas, de forma uníssona, apontam para o trágico fim que se aproxima. A tragédia é iminente e já está decidida, porém, o drama é limitado, com prazo estabelecido, a fim de que Israel arrependa-se de suas faltas e volte-se ao Senhor. Enquanto o prazo não se cumpre, o povo experimentará a fome e a espada.

2.2 Os oráculos de condenação contra Jerusalém

Passados os gestos simbólicos, agora o livro apresenta uma sequência de três oráculos de condenação contra a cidade santa: contra Jerusalém (Ez 5,5-17), contra os montes (Ez 6,1-14) e contra todo o país (Ez 7,1-27). Se as ações simbólicas causam o suspense acerca das motivações para tamanho terror, essa segunda parte trata abertamente dos motivos que levaram Jerusalém a tal situação.

O primeiro oráculo de condenação volta-se para a cidade de Jerusalém (Ez 5,5-17). Se, originalmente, os gestos simbólicos mantinham o enigma, a parte oracular escancara a identidade da acusada em questão: Jerusalém, a cidade que Deus escolheu para habitar, o lugar onde fixou sua morada. Inicia-se com a típica fórmula de mensageiro: “assim diz o Senhor YHWH”, mostrando que não se trata de uma fala meramente humana, mas de inspiração divina. Por meio do profeta, é Deus mesmo quem fala. Primeiramente, relembra o lugar de destaque no qual o Senhor colocou Jerusalém: no meio dos povos. É possível que a indicação seja influenciada pela antiga mitologia mesopotâmica, segundo a qual a Babilônia seria o centro do mundo. Na perspectiva do profeta, o centro seria Jerusalém, eleita por Deus como instrumento de salvação para os outros povos.[12] Todavia, aquela que deveria servir de atrativo, torna-se exemplo de punição. Por sua infidelidade, Israel passa a ser instrumento de advertência e modelo de correção para as nações vizinhas.

Contra Israel, consta a acusação de ter se tornado mais perverso do que as outras nações (Ez 5,6-7), pesando sobre ele a culpa de rejeitar as normas e os estatutos divinos (v. 7) e, ainda, profanar o santuário de seu Deus por meio de ritos detestáveis. Em face de tal perversão, o Senhor punirá seu povo, derramará contra ele o furor de sua ira, ferindo-o de forma jamais vista. Como pena, o profeta evoca os quatro grandes instrumentos de punição divina: a fome, as feras, a peste e a espada (Lv 26, 14-46). A quantidade parece evocar o simbolismo de universalidade, indicando flagelos de todos os lados e formas possíveis.

Merece destaque a terrível imagem canibalesca dos pais que devorarão seus filhos e dos filhos que devorarão os pais. Ela figura entre as maldições previstas pelo rompimento da Aliança com o Senhor, caso o povo se distancie dos mandamentos divinos (Dt 28,57; Lv 26,29). Vale lembrar que, se o simples contato físico com um cadáver já era proibido pela Lei mosaica (Lv 21,1; Nm 19,11), com maior razão o consumo de carne humana era impensável entre os filhos de Israel. A forte imagem atesta o furor implacável de Deus diante da iniquidade estabelecida em Jerusalém.

---

[12] ALONSO SCHÖKEL; SICRE DÍAZ, 2002, p. 717.

A perícope finaliza reafirmando tratar-se de uma palavra divina, como é comum nos oráculos (Ez 5,17). Desse modo, o autor sagrado inicia e termina recorrendo à autoridade divina, indicando serem palavras de Deus, formando assim uma inclusão com o v. 5. De forma clara, a perícope aborda a punição reservada à cidade santa, motivada por sua infidelidade à Aliança.

O segundo oráculo de condenação, por seu turno, é destinado aos montes de Israel, os quais são convocados a ouvirem a voz do Senhor que se levanta contra as atividades idolátricas neles realizadas (Ez 6,1-14). Deus, por meio do profeta, dá a conhecer seu plano de levantar a espada contra os montes e destruir os lugares onde aconteciam os cultos a outras divindades. Os vv. 4-7 apontam diversas ameaças reservadas a esses espaços. De modo especial, vale ressaltar a ameaça de Ez 6,5, segundo a qual YHWH lançará os ossos dos israelitas ao redor dos altares dos falsos deuses. A atitude serve para profanar tais lugares, impossibilitando o culto nesses ambientes. Mais uma vez, o profeta recorre às maldições do Código de Santidade (Lv 26,30) para explicitar que tudo isso estava previsto nas cláusulas contratuais da Aliança firmada entre YHWH e seu povo, reforçando que a tragédia se trata de um castigo divino e não do fracasso de Deus perante os deuses inimigos. Apesar das terríveis ameaças, o profeta consegue deixar uma brecha para a esperança, ao se servir da concepção do "resto de Israel", segundo a qual Deus deixará uma porção do povo por meio de quem Israel será restaurado. Este resto será responsável por reconhecer a ação divina e lembrar-se de YHWH.

Após o rápido facho de esperança (Ez 6,8-10), mais uma vez vem à tona o elemento punitivo (Ez 6,11-14), que recobra as iniquidades cometidas pelos israelitas. Novamente, a profecia evoca os flagelos da espada, da fome e da peste, por meio dos quais parte do povo perecerá (Ez 6,11). O oráculo prossegue indicando o extermínio daqueles que se deixaram manchar pelas práticas idolátricas, os quais perecerão diante de seus ídolos, que serão incapazes de defendê-los. Desse modo, a consequência das iniquidades cometidas será a destruição que já desponta no horizonte histórico do povo.

Por fim, o terceiro oráculo (Ez 7,1-27) volta-se contra todo o país de Israel com uma mensagem clara, objetiva e estrondosa: o fim chegou! Ele pode ser dividido em dois segmentos: Ez 7,1-9 anuncia a iminência do fim e 7,10-27 descreve como acontecerá.[13]

O profeta adverte que o prazo se cumpriu, o tempo expirou, Deus manifestará sua ira contra os israelitas, os quais arcarão com as consequências de sua iniquidade e idolatria. A mensagem condenatória é de tal modo presente que rechaça a possibilidade da compaixão para com a terra de Israel. Greenberg chama a atenção para a preferência de Ezequiel pelo termo *'adāmāh* (solo) em relação à *'éreṣ* (terra), uma vez que o primeiro evoca o solo cuidado e cultivado pelo povo, portanto, reflete uma relação afetiva e comovente com aquele lugar.[14]

Em face de tantos males constatados, YHWH afirma: "não terei um olhar de compaixão para ti; não te pouparei; antes farei cair sobre ti teu comportamento, e tuas abominações ficarão expostas no meio de ti" (Ez 7,4). Essa postura surge no bloco em questão (Ez 4–11) quase como um refrão, insistindo que o elemento punitivo da Aliança alcançará o povo, conforme havia sido preestabelecido quando o pacto foi firmado.[15]

Expressões como "chegou o fim", "a desgraça chegou", "a aurora chegou para ti", "o tempo está chegando", "o dia está próximo" etc., evidenciam o fim iminente, imagem da tragédia

---

13 ALONSO SCHÖKEL; SICRE DÍAZ, 2002, p. 722.

14 GREENBERG, 1983, p. 145.

15 Ez 5,11; 7,4-9; 8,18; 9,5.10.

exílica que se aproxima e que o povo inexoravelmente experimentará. Assim, chega-se ao clímax das ameaças levantadas na tríade de oráculos (Ez 5,5–7,27). Agora, chegou o momento e o povo sofrerá pelo mal praticado.

A segunda parte do oráculo (Ez 7,10-27) busca descrever como se dará o fim preparado pelo Senhor, preço a ser pago pelos israelitas por sua desobediência aos mandamentos divinos e a consequente ruptura da Aliança. Diante da infidelidade, o Senhor eliminará as diversas seguranças humanas nas quais o povo pode confiar, tais como o comércio (vv. 12-13), o exército (vv. 14-15), a possibilidade da fuga (vv. 16-17), a riqueza (v. 19), os falsos deuses (v. 20), o Templo (v. 22), os chefes e anciãos (v. 26).[16] O número sete sinaliza a destruição total das seguranças israelitas.

Chegou o momento de o povo responsabilizar-se pela violência e pela idolatria às quais se abandonou ao longo do tempo. Mais uma vez o castigo do exílio aparece de forma velada, seja na indicação da profanação do tesouro do Templo pelos inimigos, seja na referência enigmática a um povo violento que se apossará das residências israelitas (vv. 21-22). Seja como for, o castigo de Israel está decidido e o fim está próximo. Cabe ao povo responder por suas iniquidades e esperar que o momento tortuoso tenha seu termo.

Ezequiel apresenta sua tríade de oráculos contra Israel, o qual deverá arcar com as consequências da ruptura do pacto estabelecido com seu Deus. Vale notar que a grande maioria dos castigos imputados ao povo da Aliança está embasada nas maldições estabelecidas no Código de Santidade (Lv 26,14-46), que serve de pressuposto para ilustrar a correção imposta ao povo infiel. Conforme o costume antigo, as alianças eram firmadas

---

16 ALONSO SCHÖKEL; SICRE DÍAZ, 2002, p. 723.

pelo anúncio de imprecações preestabelecidas contra quem rompesse o pacto acordado. Portanto, o elemento punitivo não surge como uma surpresa para o povo, mas é algo que faz parte das cláusulas da Aliança, é intrínseco ao pacto. O povo deve responsabilizar-se pela onda de violência e idolatria que invadiu seu território. Apesar dos oráculos de condenação e das graves ameaças, o profeta deixa sempre uma brecha para a esperança e a restauração do povo.

3. A GLÓRIA DE DEUS DEIXA O TEMPLO (EZ 8–11)

A raiz hebraica *KBD*, de onde deriva a palavra *kāḇôḏ*, ocorre 25 vezes em Ezequiel. O termo se refere a "ser pesado", "honroso", "importante", "digno de respeito", seja por riqueza, esplendor ou poder, a ponto de exigir atenção e obediência. Por isso, comumente se traduz *kāḇôḏ* por "glória".[17]

Quando se dá glória a Deus, reconhece-se sua autoridade, seu poder e sua santidade. Deve-se seguir seus preceitos, banindo uma vida de pecado que contradiz e fere sua santidade. Mais que um atributo, a glória de Deus é a manifestação de seu poder e de sua santidade que se comunica e transforma a vida do ser humano. Ela se revela na ação de Deus: na criação, nas maravilhas em favor do povo, na proteção aos seus eleitos, na justiça e no direito que julga todas as nações do mundo. De forma mais específica, manifesta-se no tabernáculo, na caminhada do povo pelo deserto, e, posteriormente, no Templo, no período da monarquia.[18]

---

[17] OSWALT, John N. כָּבוֹד In: HARRIS, R. Laird (org.). *Dicionário Internacional de Teologia do Antigo Testamento*. São Paulo: Vida Nova, 1998. p. 697-698.

[18] IMSCHOOT, P. van. Glória. In: BORN, A. Van Den. *Dicionário Enciclopédico Bíblico*. Petrópolis: Vozes, 1977. p. 638-639.

Com a destruição de Jerusalém e do Templo pelos babilônios em 587 a.C., o que aconteceu com Deus? Ele foi destronado pelos deuses dos inimigos e sua glória foi expulsa do Templo? Ele abandonou o povo em vista de seus pecados, permitindo a dolorosa experiência do exílio? Por que a glória de Deus estaria, agora, presente em terra estrangeira, às margens do rio Cobar, e não mais na cidade santa, onde escolheu habitar eternamente com seu povo?

A profecia de Ezequiel procura responder a essas questões. Para isso, é preciso inicialmente aprofundar os conceitos de "morada" e de "glória" de Deus para entender melhor a razão pela qual ela deixa o Templo. As visões de Ez 1–3; 8–11 e 40–48 delineiam um caminho iluminador do tema da "glória de Deus". Depois de ter visto o bloco narrativo de Ez 4–7, sobre os oráculos contra os habitantes de Jerusalém, na primeira parte deste capítulo, será agora analisado Ez 8–11, que tratará da glória de Deus que deixa o Templo.

3.1 A morada de Deus entre os homens e a manifestação de sua glória

Havia entre os povos do Oriente Médio a concepção de que seus deuses eram transcendentes e habitavam eternamente nos céus. Entretanto, manifestavam-se na terra por meio de fenômenos naturais como o trovão, a chuva, o fogo e a ventania. YHWH se revela a Moisés no monte Horeb (Sinai) na sarça ardente (Ex 3) e no recebimento das tábuas da Lei (Ex 19–20). Para Elias, apesentava-se por meio de uma brisa leve (1Rs 19,12). Como são povos seminômades, é preciso garantir a presença constante da divindade em sua caminhada itinerante a fim de conceder-lhes benefícios e proteção contra os inimigos. Surge, então, a necessidade de construir uma "morada" aqui na terra, uma espécie de réplica da morada celeste, descrita pela própria divindade ao líder (Ex 25,8; 40,1).[19] No deserto, na tenda do encontro ou no tabernáculo, Deus manifestará sua glória a Moisés (Ex 29,43; 40,34; Nm 14,10). No período da sedentarização de Israel com a monarquia, a morada de Deus será o Templo de Jerusalém. Segundo a teologia de Sião, que associa o Templo à corte real, YHWH *Ṣəbāʼôt*, o Senhor dos Exércitos, é, por excelência, o rei de Israel. Ele é grande, divino e universal; protege seus servos e é providente aos seus eleitos.[20] É o Deus invisível, mas presente e entronizado no lugar mais sagrado do Templo. A Teologia deuteronomista enfoca apenas o nome de Deus que habita sobre a morada (Dt 12,11; 14,23; 2Sm 6,2) e condiciona a presença de Deus à conduta de Israel (1Rs 3,12-13). Pela infidelidade de Israel à Lei, Deus abandonaria sua morada e consequentemente a destruiria (Is 1,11-17; Jr 6,20; 7,9-15; Mq 3,12). Sua santidade não poderia compactuar com a idolatria e as abominações causadas pelo povo.

Com a destruição do Templo e da cidade de Jerusalém em 587 a.C., é preciso reelaborar um novo conceito da presença de Deus para superar a grande crise de fé que Israel enfrentou. Se YHWH foi destronado pelos deuses inimigos, então não era o Todo-Poderoso, nem YHWH dos Exércitos, que lutava à frente de seu povo e garantia a proteção da cidade santa, sua morada (Sl 46,5-6; Zc 12,5). Tampouco cumpriria a promessa de nunca abandonar seu povo (Lm 3,31; Is 62,4; Sl 94,14; Ez 39,28) ou deixar sua habitação entre os seres humanos em Jerusalém (Sl 137,5-6). Deixaria de ser o Deus de Israel porque agora estaria

---

[19] CLIFFORD, Richard J. Êxodo. In: BROWN, R. E. Raymond; FITZMYER, Joseph A.; MURPHY, Roland E. (eds.). *Novo Comentário Bíblico São Jerônimo*. Santo André/São Paulo: Academia Cristã/Paulus, 2007. p. 151.

[20] STRONG, John T. God's *Kāḇôḏ*: the presence of Yahweh in the Book of Ezekiel. In: ODELL, Margaret S.; STRONG, John T. *The book of Ezekiel*: theological and anthropological perspectives. Atlanta: Society of Biblical Literature, 2000. p. 70, nota.

numa terra estrangeira, profanada pelos ídolos das outras nações, o que resultaria numa quebra da Aliança com o povo eleito.

A Teologia deuteronomista tentou dar respostas a essas questões. A culpa da ruína de Israel foi sua infidelidade à Aliança com YHWH. Por afastar-se de seus preceitos, Deus permitiu que os inimigos de Israel o subjugassem. O castigo da humilhação o faria reconhecer suas faltas, converter-se e voltar-se para ele. A Teologia do *kāḇôḏ,* da glória de Deus, em Ezequiel, procura complementar a Teologia deuteronomista. Se Israel se desviou de YHWH e de seus preceitos, precisa passar por uma profunda experiência de transformação, capaz de restabelecer um novo coração e um novo espírito. Se profanou o Templo e a cidade de Jerusalém, ambos precisam ser purificados para mais uma vez Deus estabelecer morada no meio do povo. Se parte do povo foi deportado para uma terra estrangeira contaminada pelos deuses das nações, Deus precisa, de alguma forma, purificá-lo para que um dia, ao retornar para a cidade santa e para o Templo, não os contaminem novamente. Esse será o percurso da glória de Deus descrito em Ezequiel.

3.2 O caminho da glória de Deus para restabelecer o povo de Israel

Os capítulos 8–11 de Ezequiel compõem a segunda grande visão da glória do Senhor.[21] Os versículos de abertura (Ez 8, 1-4) e de encerramento da visão (Ez 11,22-25) se correspondem mutuamente e formam uma moldura desse bloco narrativo.[22]

---

21 GREENBERG, 1983, p. 192; TUELL, Steven S. *Ezekiel*. Peabody: Hendrickson Publisers, 2009. p. 44. Diferentemente, Cooper sugere quatro visões, correspondendo aos quatro capítulos do bloco que formam uma unidade (COOPER, Lamar Eugene Sr. *Ezekiel*: an exegetical and theological exposition of Holy Scriture NIV text. Nashiville: Broadman & Holman Publishers, 1994. v. 17, p. 117).

22 GREENBERG, 1983, p. 192. Ligeiramente diferente, também apresenta a correspondência dos versículos: BLOCK, D. I. *The book of Ezekiel*: chapters 1–24. Grand Rapids/Cambridge: Eerdmans Publishing Company, 1997. p. 272.

A mobilidade da glória de Deus, restrita a um espaço sagrado, no Sinai, no tabernáculo ou no Templo, descrita pela tradição sacerdotal, encontra em Ezequiel maior amplitude. Antes mesmo de o Templo e de Jerusalém serem destruídos, a glória de Deus vai ao encontro do profeta Ezequiel em terra estrangeira para anunciar sua Palavra.

Ezequiel é levado em visão pelo Espírito de Deus para Jerusalém e para dentro do recinto do Templo, como é descrito em Ez 8. A glória de Deus revela-lhe tudo o que foi profanado.[23] O profeta é convidado a olhar para o norte, direção da residência dos deuses, segundo uma noção ugarítica, e de onde vem a ameaça dos inimigos, ligada também à localização dos pecados do Templo.[24] A cada parte do Templo, uma abominação. Ao norte da entrada da porta do altar, ídolos do ciúme, provavelmente uma imagem da deusa Asherah semelhante à que foi erigida por Manassés (2Cr 33,7.15).[25] Na entrada do pátio, animais impuros e ídolos pintados na parede. A cúpula religiosa de Israel, composta de 70 anciãos, estava cometendo culto idolátrico, clandestinamente cada um em uma sala secreta, com a desculpa de que o Senhor não os via, porque os abandonou. Na entrada da porta da Casa do Senhor, mulheres estão lamentando o deus Tamuz, em um rito feminino praticado amplamente no Oriente Próximo, no final do ano agrícola.[26] No pátio interno da Casa do Senhor, na entrada do Templo, entre o vestíbulo e o altar, 25 homens estão

---

23 Segundo Tuell, Ez 8 não descreve o que está acontecendo, mas sintetiza os 390 anos de abominação dos pecados de Israel (TUELL, 2009, p. 45).

24 GREENBERG, 1983, p. 201.

25 TUELL, 2009, p. 61.

26 "O Tammuz" talvez denote um gênero literário de lamento, ao invés da própria divindade. Rei pastor sumério que governou por 36 mil anos. Ao morrer, parte para o submundo, perdendo a realeza e sua virilidade, expressa pelos ciclos agrícolas. Talvez as mulheres lamentem a partida de YHWH adaptando o ritual de lamento a Tamuz (GREENBERG, 1983, p. 171).

de costas para o Templo, sinal da rejeição de YHWH, e voltados para o Oriente, em direção ao deus sol, prostrados em adoração.[27]

Diante de tamanha idolatria e profanação do Templo e da cidade de Jerusalém, o Senhor anuncia seu furor. Mais que uma punição, é uma atitude purificadora que, sem piedade, aniquilará todo o mal. Qualquer clamor que interceda para aplacar sua ira será vão. É preciso exterminar tudo o que foi profanado e declará-lo como interdito, pois o lugar é santo, é a morada de Deus que não admite abominações.

A purificação se inicia no santuário do Templo e se espalha pela cidade de Jerusalém descrita em Ez 9. A glória de Deus sobe de seu trono, acima da arca da Aliança, segurada pelos querubins, em direção à soleira do Templo, marcando, assim, a primeira etapa de sua partida. Isso já sinaliza a suspensão do governo de YHWH e seu possível afastamento da cidade.[28] A concepção de que YHWH teria abandonado seu povo, agora começa aos poucos a se cumprir. Dentre seis homens executores, um homem vestido de linho, com estojo de escriba à cintura,[29] marca os fiéis remanescentes com um sinal na fronte para salvaguardar-lhes a vida e evitar qualquer injustiça diante de uma destruição total. Suas dores e gemidos em vista das abominações serão consolados, porque os idólatras terão seu extermínio, a começar pelos anciãos do Templo.

Depois do início da expulsão da maldade no Templo e na cidade santa, chega o momento da glória de Deus deixá-los. A

---

27 O culto solar parece ter recebido grande apoio e patrocínio do reinado de Manassés, que construiu altares para o exército do céu nos átrios do Templo (2Rs 21,5). O culto é expressamente proibido em Dt 4,19; 17,2. No reinado de Josias, foram demolidos esses altares (2Rs 23,11-12) (BLOCK, 1997, p. 298).

28 BLOCK, 1997, p. 307.

29 A tradição judaica identificou esse escriba como Gabriel, o mensageiro de Deus e executor de sua vontade na terra; e alguns cristãos entenderam como a figura de Cristo (BLOCK, 1997, p. 305, nota 29).

concepção de YHWH abandonar seu povo já era conhecida no pensamento de Israel.[30] Jeremias aponta para as iniquidades e o pecado do povo como causa do abandono por parte de Deus (Jr 14,8-9). Nos textos babilônicos e acádicos, o abandono do povo pela divindade era um tema comum. Apresentam semelhanças ao relato sobre a partida de YHWH em Ezequiel, pois: 1) há uma estreita relação entre divindade, terra e pessoas semelhantes, à associação de YHWH, Jerusalém e os remanescentes de Israel; 2) os abandonos divinos estão ligados diretamente à ira dos deuses; 3) a ira da divindade visa aos ímpios, súditos da divindade que cometem perversão cultual e moral; 4) a partida do deus é uma oportunidade para os inimigos invadirem e destruírem a cidade.[31] Assim, Ezequiel desenvolve o tema do afastamento da glória de Deus do Templo e de Jerusalém, e, ao mesmo tempo, uma nova visão de esperança a Israel, sobretudo aos exilados.

Ez 10 apresenta mais uma etapa da saída da glória de Deus do Templo. YHWH deixa seu trono na terra, em vista da iniquidade de Israel, e não porque perdeu a batalha contra as divindades babilônicas. Permanece ainda rei soberano, sentado em seu trono celeste, sustentado agora por seres celestiais, e não mais por simples imagens de querubins do recinto mais sagrado do Templo. A visão do profeta já não é marcada pela destruição, mas por um ambiente glorioso, simbolizado pelo brilho das pedras preciosas. O trono celestial formado pelos querubins chega para receber a glória de Deus. Os querubins são os mesmos seres vivos que o profeta havia visto no rio Cobar (Ez 1,1). Trazem o fogo purificador de YHWH que, em seguida, é compartilhado com o homem vestido de linho. Eles se movimentam, batem

---

30 Dt 31,17; Is 41,17; 49,14; 54,7; Jr 12,7; 14,9; Sl 9,11[10x]; Lm 5,20; Esd 9,9; Ne 9,28; 2Cr 12,5.

31 BLOCK, 1997, p. 276.

suas asas e se elevam para ir em direção à porta oriental da Casa do Senhor, sustentando a glória do Senhor, longe do local de abominação do Templo.

O Espírito de Deus leva Ezequiel para o mesmo local onde foi sua glória. O profeta irá denunciar os maquinadores da maldade no capítulo 11. Eles afirmam que estão protegidos na cidade, como uma panela protege a carne dentro dela. Contrapõem sua condição como se estivessem controlando a situação em detrimento aos exilados. Mas, na verdade, a cidade irá conter as vítimas exterminadas no meio dela. Os restantes serão julgados na fronteira da cidade e deportados para uma terra estrangeira, em vista de sua infidelidade ao Senhor.

O profeta teme o fim de tudo, mas Deus o consola com uma profecia de esperança. Após a deportação do rei Joaquim e da aristocracia de Judá, os remanescentes de Jerusalém reivindicam a herança da terra de Israel, as promessas da Aliança e a exclusividade no culto a YHWH no Templo. Para eles, os deportados estão em terra estrangeira, impura, longe da cidade santa. Foram removidos da presença de YHWH e por isso jamais poderiam estar nesse lugar. Na verdade, a profecia de Ezequiel afirma o contrário, como também defende Jr 24, quando compara os nativos a uma cesta de figos estragados, destinados à destruição, e os exilados, a figos bons, destinados ao replante na terra de Israel.[32] A glória de Deus sai do Templo e da cidade para se fazer presente no meio dos exilados, após ter posto sob interdito toda a iniquidade de Israel. Ela instalará sua morada momentaneamente sobre eles, enquanto combaterá todo o mal de todos os lugares do mundo, sobretudo onde estiverem os dispersos de Israel.

Ao final, há uma promessa de que Deus reunirá todos os dispersados para purificá-los de suas imundícies. Ele lhes infundirá

---

32 GREENBERG, 1983, p. 202-203.

um só coração, indiviso e voltado exclusivamente para o Senhor. Além de um espírito novo, capaz de transformar um coração velho de pedra, duro, morto, insensível à sua voz, coberto de idolatria, num coração novo de carne, capaz de seguir seus mandamentos. Só assim a Aliança, quebrada não por Deus, mas por Israel, será restabelecida, como indica a fórmula "assim serão meu povo e eu serei seu Deus" (Ez 11,20). Os que não se arrependerem mesmo assim serão responsáveis pelas próprias culpas.

A grande visão do bloco narrativo de Ez 8–11 termina com o último estágio da glória de Deus deixando Jerusalém e se instalando no monte ao leste da cidade. Um *midrash* de Rabi Jonathan afirma a permanência de três anos e meio nesse local, atribuído ao monte das Oliveiras, esperando a conversão dos habitantes de Jerusalém. Como não se arrependeram, partiu para sua morada celeste até os israelitas clamarem seu retorno e ele, assim, voltar.[33] A visão do profeta termina com seu retorno por meio do Espírito de Deus aos exilados, com a missão de transmitir aos anciãos, que estão reunidos junto a ele na Babilônia, tudo o que o Senhor lhe havia mostrado. Mesmo que não haja precisão para onde a glória de Deus irá depois do monte, a promessa de sua volta para o santuário e sua restauração junto à cidade de Jerusalém são garantidas.[34]

Portanto, apesar da catástrofe do exílio do povo na Babilônia, Deus não foi vencido e destronado pelos inimigos. Ele permanece entronizado no trono na esfera celestial. Sua glória ter deixado o Templo e a cidade santa não foi sinônimo de abandono, pois

---

[33] GREENBERG, 1983, p. 191.

[34] Na literatura babilônica, depois do abandono dos deuses por causa da iniquidade de seus súditos, há a concepção de seu retorno à cidade, quando os templos são reconstruídos e seu culto e suas imagens restabelecidos. Eles instauram sua morada entre seus adoradores (BLOCK, 1997, p. 275, nota; GREENBERG, 1983, p. 201).

ele é sempre fiel à sua Aliança. Foi preciso ela combater o mal e purificar toda profanação de Jerusalém e da terra inteira para resplandecer e reabilitar sua morada no santuário (Ez 43,2). Purificados e com novo coração e novo espírito, os exilados poderão voltar a Israel e retomar o culto fiel a YHWH.

CONCLUSÃO

A profecia de Ezequiel situada entre o cerco de Jerusalém (597 a.C.) e sua queda (587 a.C.) procurou responder às questões acerca do exílio, sobretudo, animando a esperança em meio à crise de fé atravessada por Israel.

A primeira parte deste capítulo tratou do bloco narrativo de Ez 4,1–7,27. Num primeiro momento, foi apresentada uma tríade de ações simbólicas (Ez 4,1–5,4) que preanunciaram o cerco, a destruição da cidade e o cativeiro de parte de seus habitantes. A tragédia foi anunciada a fim de que Israel se arrependesse de suas faltas e se voltasse para o Senhor. Num segundo momento, foi analisada mais uma tríade, de oráculos contra: Jerusalém (Ez 5,5-17), os montes (Ez 6,1-14) e todo o país (Ez 7,1-21). Eles denunciaram abertamente os motivos pelos quais a cidade santa experimentaria sua ruína, destacando-se a violência e a idolatria de seus habitantes. Acentuou-se também que a maioria dos castigos imputados a Israel são fundamentados nas maldições descritas no Código de Santidade (Lv 26,14-46), que legitimou ainda mais a correção do povo infiel.

Na segunda parte (Ez 8,1–11,29), sobressaiu o tema do abandono da glória de Deus do Templo. Foi primeiramente trabalhado o conceito de morada e de glória de Deus para se compreender melhor a razão pela qual ela deixa o Templo e a cidade de Jerusalém. A glória de Deus revelou ao profeta, na mesma linha das ações simbólicas e dos oráculos da seção anterior, as infidelidades e as maldades cometidas pelos líderes religiosos de Israel no Templo. Em seguida, houve a purificação no santuário do Templo, que se espalhou pela cidade santa. YHWH permanece o rei soberano sentado em seu trono celeste, mas sua glória deixa seu trono na terra de Israel para se estabelecer momentaneamente no meio dos exilados, a fim de reuni-los e purificá-los em vista da volta à Terra Prometida.

Portanto, as ações simbólicas e os oráculos de condenação denunciaram as iniquidades de Israel e serviram de justificativa para a retirada da glória de Deus do Templo e de Jerusalém. Diante da catástrofe do exílio, Deus não foi vencido nem destronado pelas divindades dos inimigos. Ele permaneceu entronizado no trono celeste. Sua glória deixando o Templo e a cidade santa não significou abandono ou infidelidade à Aliança. Mas foi a forma de combater o mal e purificar toda profanação, não só de Jerusalém, mas da terra inteira, para resplandecê-la e retorná-la ao santuário (Ez 43,2). Purificados, os exilados poderão voltar a Israel e retomar o culto fiel a YHWH. Em meio às duras exortações, a profecia de Ezequiel também anuncia um sinal de esperança para o povo de Israel.

Capítulo 4

EZ 16: AMOR E TRAIÇÃO

Zuleica Aparecida Silvano[1]

A história de Jerusalém e a relação entre o povo e YHWH são retratadas em Ez 16, simbolizadas nas diferentes etapas do crescimento de uma mulher. As imagens são extraídas de contextos diversos, como o familiar (nascimento) e o matrimonial, mas também da realidade de prostituição e adultério.

A história é narrada como se fosse dita pelo próprio Deus, e Jerusalém é mencionada, mas como representante de toda a nação, tanto de Israel (Reino do Norte) como de Judá (Reino do Sul), enfim de todo o povo eleito, apesar da ênfase dada à cidade santa. Cada período da história de Israel, tanto do passado como do presente, e também o desenvolvimento de sua relação com Deus são descritos nessa alegoria. Cada etapa histórica é comparada ao processo de crescimento de uma mulher, objeto do amor de Deus, desde a infância até a vida adulta. Esse recurso literário de uma simbologia do contexto conjugal para expressar a

---

[1] É irmã paulina, doutora em Teologia Bíblica pela FAJE, em Belo Horizonte (MG), e mestre em Ciências Bíblicas pelo Pontifício Istituto Bíblico (Roma). Pertence ao corpo docente da FAJE, é assessora no Serviço de Animação Bíblica (SAB/Paulinas), e membra da Rede Brasileira de Teólogas e da ABIB.

relação entre YHWH e o povo foi criado pelo profeta Oseias (Os 1–3), mas foi utilizado por outros profetas, como Jeremias (Jr 2,1; 3,6-25) e Isaías (Is 1,21; 49,14-26; 50,1-3; 51,17-23; 54,1; 62,1-12; 66,7-14), e visava retratar a infidelidade de Israel e a fidelidade de Deus. Porém, o estilo adotado, ao começar pelo nascimento da esposa e ao delinear o processo de seu desenvolvimento com variedade de detalhes, é peculiar a Ezequiel. Apesar de usar mais da metade do capítulo para elencar os pecados de Jerusalém, seu escopo não é acusar a cidade, mas conduzi-la a uma tomada de consciência dos pecados, para que haja uma conversão; e anunciar a intervenção de YHWH a favor do povo, como se verifica nos vv. 60-63. É interessante observar que a metáfora feminina como símbolo de Jerusalém está presente em Ez 16 e 23, os capítulos mais longos do livro, e num contexto de acusação.

Uma das dificuldades de Ez 16 é definir o gênero literário. O texto é complexo, por unir vários aspectos e pelas diferentes mudanças temáticas no interior do capítulo. Alguns estudiosos o consideram um *māšāl* (comparação) estruturado em duas partes: vv. 3b-43 e vv. 44-63, conforme o texto hebraico. Há outros pesquisadores que o classificam como alegoria, parábola, uma longa metáfora. Porém, do ponto de vista terminológico, não há unanimidade entre os exegetas, assim, as características de uma alegoria, para um, são as mesmas daquele que o classifica como metáfora. Uma tentativa defendida por alguns comentadores é a de considerá-lo um *rîb*, um procedimento jurídico, com a seguinte estrutura: o *exórdio* (ponto de partida do litígio, com um convite a escutar); a acusação (enfatiza a ação maldosa da pessoa acusada); o castigo (que pode realizar-se no futuro, no presente, ou ter sido já realizado no passado); e a conclusão, com uma proposta de reconciliação (evidencia a necessidade de a pessoa acusada reconhecer o erro e pedir perdão, finalizando a acusação e proporcionando o retorno do relacionamento, após um momento penitencial).[2] Há algumas objeções, dado que o que caracteriza esse gênero é o envolvimento de duas pessoas, mas aqui se constatam três, visto que há a presença do profeta, e não se verifica explicitamente um pedido de perdão por parte da cidade de Jerusalém, acusada. No entanto, o *rîb* parece ser o gênero mais viável para Ez 16,[3] porém com o uso também da alegoria.

Oferecer-se-á uma delimitação de Ez 16 no conjunto do livro e depois será comentado o capítulo conforme essa delimitação. A tradução do hebraico e o respectivo comentário serão feitos por blocos, para facilitar a compreensão.

1. DELIMITAÇÃO

O texto de Ez 16 está situado no primeiro bloco do livro, em paralelo com Ez 23. A diferença está na ênfase temática desses dois capítulos. Ez 16 trata daquilo que aconteceu: a infidelidade; e o que possivelmente acontecerá: a destruição e o exílio, com um forte caráter de acusação para suscitar uma conversão. Ez 23, por sua vez, se concentra no castigo já ocorrido com a queda da Samaria e naquele iminente, de Jerusalém. Há um consenso entre os estudiosos de que Ez 23 tenha sido escrito primeiro e, depois, Ez 16. No entanto, o contexto literário deste último contribui para a compreensão de Ez 23 e permite ler os capítulos posteriores com o pano de fundo da promessa de vida e esperança, diante do cenário desolador.

A delimitação interna de Ez 16 não é complexa, por causa da mudança temática e pelos indícios formais. Tem uma introdução (vv.

---

2 LAMELAS MÍGUEZ, Julio. Ezequiel. In: GUIJARRO OPORTO, Santiago; SALVADOR GARCÍA, Miguel (eds.). *Comentário ao Antigo Testamento*. São Paulo: Ave-Maria, 2004. v. 2, p. 202.

3 Tese defendida por PETTIGIANI, Ombretta. "*Ma io ricorderò la mia alleanza com te*". La procedura del *rîb* come chiave interpretativa di Ez 16. Roma: G&BP, 2015. p. 31-43 (Analecta Bíblica, 207).

1-3a), e, depois, o capítulo pode ser subdividido em dois blocos: vv. 3b-43 e vv. 44-63. O primeiro, por razões temáticas e formais, é estruturado em três seções: vv. 3b-14; vv. 15-34 e vv. 35-43. Essas seções, por sua vez, podem ser subdivididas. A primeira (vv. 3b-14) se subdivide em duas partes, conforme a mudança de personagens: 1) os protagonistas são os genitores da recém-nascida abandonada (vv. 3b-5); e 2) o protagonista é Deus (vv. 6-14). A segunda seção (vv. 15-34) também se estrutura em duas partes, conforme as temáticas: 1) concentra-se na idolatria (vv. 15-22) e 2) nas alianças com as nações estrangeiras (vv. 23-34). A terceira seção forma um bloco compacto concentrado na sentença final, na punição de Jerusalém e no anúncio da destruição e da deportação (vv. 35-43).

O segundo bloco (vv. 44-63) contém três partes, com temáticas diferentes: 1) retoma o motivo da culpa e a comparação de Jerusalém com Samaria e Sodoma (vv. 44-52); 2) anuncia a mudança que será realizada por Deus (vv. 53-58); e 3) declara a renovação da Aliança, projetada para o futuro, mas baseada na promessa realizada no passado (vv. 59-63).

Nota-se uma unidade literária no texto, por iniciar e terminar com a fórmula "oráculo do Senhor YHWH", formando uma moldura de todo o texto, também por se diferenciar da parábola da vinha, em Ez 15, e da alegoria da águia em Ez 17. Não há consenso de que o capítulo seja todo da autoria de Ezequiel, de forma especial os vv. 59-63, que, segundo alguns estudiosos, são um acréscimo posterior. Porém, esse bloco de versículos se encaixa no contexto do capítulo 16, até mesmo pela relação entre o v. 8 (considerado do autor) e os vv. 59-63.

2. COMENTÁRIO DE EZ 16,1-43

O comentário será feito conforme a estrutura mencionada: a introdução (Ez 16,1-3a) e os dois blocos (Ez 16,3b-43 e os vv. 44-63), com suas subdivisões internas.

2.1 A ordem dada ao profeta (Ez 16,1-3a)

Nessa introdução, Ezequiel recebe uma nova mensagem de Deus, que lhe ordena denunciar a cidade de Jerusalém por suas abominações. Todo o texto de Ez 16 depende dessa fórmula inicial que expressa a iniciativa de Deus em dirigir uma mensagem divina ao profeta ("veio a mim a Palavra de YHWH"), que serve como um título; e evidenciar o tema que será tratado, ao ter presente o v. 2: "filho do ser humano (homem), faze Jerusalém conhecer suas abominações". O verbo "fazer saber" ou "fazer conhecer" consiste em que Jerusalém reconheça os pecados que cometeu, para poder conhecer o Senhor (v. 62), pois, somente por meio de uma confissão de seus pecados, será possível restabelecer a comunhão da cidade com Deus. Esse procedimento está presente no *rîb*, visto que é direito do acusado saber do que está sendo incriminado.

O termo "abominações" ocorre várias vezes na Bíblia Hebraica e pode designar algo que acontece no santuário, no âmbito religioso (Ez 5,9.11; 8,6.9.13.15.17; 43,8), de forma específica, a prática idolátrica (Ez 6,9.11; 7,20; 23,36; 33,26); a ação maléfica contra o próximo (Ez 18,13.24); e pode assumir um significado genérico, referindo-se ao mal ou ao pecado em geral (Ez 7,3-4; 8–9; 9,4; 20,4; 36,21). No decorrer do capítulo 16, o vocábulo "abominações" indica as práticas idolátricas, na esfera cultual, e alude, de forma genérica, aos pecados cometidos por Jerusalém ao estabelecer alianças com as nações estrangeiras (Ez 16,25), no contexto político, bem como a outras práticas injustas.

A mensagem divina tem como interlocutor: "Jerusalém". Porém, no decorrer do texto, é dirigida a Judá, a Israel, e, de forma especial, aos líderes políticos (reis). Portanto, Jerusalém, no v. 2, representa toda a nação, pois o que está por acontecer na cidade, centro de todos os poderes (político, econômico, religioso), atingirá o povo e a nação inteira.

2.2 A benevolência de Deus (Ez 16,3b-14)

O autor não começa elencando os pecados, mas destaca a benevolência divina e seus benefícios em favor de Jerusalém. Mesmo que o simbolismo matrimonial seja o mais evidente, ao começar com o nascimento e a infância da mulher, ressalta a filiação e a ação paterna/materna de Deus. Esse procedimento sublinha a eleição e a Aliança estabelecida com Jerusalém, diferenciando-a das outras nações. Na passagem de Ez 16,3b-7, é retratada a primeira etapa, a origem dessa menina. Ela é pagã, é cananeia; sua mãe é heteia e o pai, amorreu. Os cananeus eram o povo que vivia na Terra Prometida (Canaã) e tinha má fama por suas práticas cultuais e pela imoralidade sexual (Lv 18,3. 24-30). Os amorreus são povos do Ocidente, um grupo semítico da Palestina, e os heteus viviam em Canaã no período dos patriarcas (Gn 23; 25,9-10), mas todos são vistos como inimigos de Israel (Gn 26,34; 1Rs 11,1; Js 11,1-5).[4] Por outro lado, são aqueles que continuam vivendo com Judá, o que sempre traz insegurança e o risco de os habitantes de Judá retornarem às práticas idolátricas. Esses dados representam a formação do povo de Jerusalém, e, talvez, a intenção de Ezequiel seja evidenciar a origem gentílica dessa cidade, sendo ela da mesma origem das outras nações. Saber de onde vem alguém, é entender sua identidade e, ao ser feita uma relação com o v. 2 e a expressão "fazer conhecer as abominações", não se deseja falar diretamente do pecado, mas da raiz do mal. De fato, o autor mostra que a origem de Jerusalém já é assinalada pelo mal, por ser oriunda dessa mistura de povos, que são vistos como idólatras, injustos, inimigos de Judá. Todavia, ele ressalta a benevolência divina, pois Deus não se interessa por um povo digno de sua atenção, mas elege um igual às outras nações, por pura gratuidade.

---

4 ALONSO SCHÖKEL; SICRE DÍAZ, 2002, p. 754.

2.2.1 O dia do nascimento (vv. 4-5)

O profeta, para retratar a origem de Jerusalém, inicia a narrativa com o nascimento de uma menina, que é rejeitada pelos genitores e pelas pessoas que poderiam responsabilizar-se por ela. O texto diz o seguinte:

> 4Em teu nascimento, no dia em que foste dada à luz, ninguém cortou teu cordão umbilical, nem foste lavada com água, para que ficasses ungida, não foste esfregada com sal, nem enfaixada. 5Nenhum olho teve piedade de ti, para fazer-te alguma destas coisas, por se ter compadecido de ti. Antes, foste lançada em pleno campo, pela aversão que tiveram por ti, no dia em que foste dada à luz.

Esse trecho é bem delimitado pela expressão "no dia em que foste dada à luz" e pela sequência de procedimentos que deveriam ser realizados em um neonato, porém, que não foram executados com a menina. Há uma sequência de "não" para ressaltar o descaso no cuidado com a criança. O primeiro: "não cortar o cordão umbilical", é a imagem da criança ligada à placenta da mãe, imersa em sangue. A placenta é um órgão criado na gestação e serve para alimentar o feto e para outras funções que trazem benefício para a vida do bebê, mas depois do parto torna-se um órgão morto, que deve ser descartado. A omissão desse procedimento pode levar a criança à morte, além de evidenciar a possível intenção de matá-la e a negação de vínculos afetivos com ela. Ao ser negado o primeiro procedimento, os demais também não podem ser realizados, e o ato de lavar é um deles. Não lavar a criança significa rejeitar a responsabilidade legal de assumi-la como filha, além de representar uma falta de cuidado essencial.

A segunda frase no v. 4 é de difícil compreensão, pela dificuldade de identificar a raiz verbal hebraica, que pode ser traduzida com a locução "para que ficasses limpa", porém, parece redundante, pois, se fosse lavada, estaria limpa; ou pelo verbo "ungir", ressaltando o sentido jurídico da responsabilidade dos genitores em assumir a filiação da menina. Essa segunda tradução parece ser mais condizente com as descrições dos procedimentos após o parto dos povos árabes. De fato, depois de cortado o cordão umbilical, a criança era ungida com uma mistura de água, sal e azeite, e envolvida em faixas, por sete dias. Depois era lavada e ungida, por mais sete dias, até se completarem os 40 dias do nascimento.[5] O sal tem propriedades curativas e é utilizado para purificar, por questões de higiene (2Rs 2,19-22). Servia também para facilitar a circulação do sangue[6] e tornava a pele mais resistente. Era utilizado no culto (Ex 30,34-38), como símbolo de pureza, para aludir à santidade divina. Há a expressão "sal da aliança" (Lv 2,13; Nm 18,19; 2Cr 13,5), que pode ser interpretada como forma de ressaltar a irrevogabilidade da Aliança, pois o sal contém propriedades que ajudam a conservar os alimentos, evitando a deterioração. Apesar de ser significativo o uso no contexto cultural e de Aliança, parece não ser a interpretação mais viável nesse contexto, prevalecendo aquela referente ao cuidado de uma criança recém-nascida. A ausência dessas práticas tem valor simbólico, pois representa a total rejeição, a negação de qualquer relação próxima com essa criança: parece ser decisão dos pais não assumir legalmente essa criança como filha, não a inserir no seio da família, nem lhe conceder uma cidadania, religião e proteção (está nua, sem ser enfaixada). O texto torna-se mais dramático, se isso fosse ainda possível, no v. 5, ao afirmar a falta de compaixão de todos e

---

[5] TAYLOR, John B. *Ezequiel*: introdução e comentário. São Paulo: Vida Nova, 1984. p. 122 (Cultura Bíblica, v. 19).

[6] BLENKINSOPP, Joseph. *Ezechiele*. Torino: Claudiana, 2006. p. 98 (Strumenti. Commentari, 25).

todas: "ninguém se compadeceu da criança", expondo-a fatalmente à morte. Essa frase é completada com total abandono e aversão, rompendo qualquer vínculo com a menina (Lv 16,11). Abandonar uma criança indesejada no campo era comum, sobretudo se fosse menina, ficando exposta aos perigos, inclusive aos animais selvagens.[7] Todo o cenário da narrativa simbólica comprova que essa "criança" não é reconhecida pelos genitores, ao contrário, é completamente abandonada. Ao simbolizar Jerusalém, mostra que, apesar de ser constituída da mistura de outros povos, tendo origem gentílica, não é aceita como pertencente a essas nações, nem do ponto de vista legal nem do ponto de vista de um relacionamento de proximidade. Jerusalém é formada pelas nações (nascida entre as nações), mas não é assumida (não é "filha das nações"), o que a diferencia, portanto, de outros povos. É importante ressaltar a relação entre os termos presentes em Ez 16,1-5 e os contextos de Aliança, pois indicam que não há um pacto entre Judá e as outras nações. Isso somente ocorrerá com YHWH, como será descrito nos versículos seguintes.

2.2.2 A compaixão de YHWH (vv. 6-7)

Após o quadro trágico descrito nos vv. 1-5, no qual predomina a ausência de cuidado para com uma criança recém-nascida, os vv. 6-7 mostram a virada radical, ao expressar o carinho do Senhor, sua compaixão para com essa criança e o desejo de que ela viva. Diz o texto:

> 6Passei junto a ti e te vi, debatendo-te em teu sangue, e te disse a ti em teu sangue: vive! E disse a ti em teu sangue: vive![8] 7Eu te fiz crescer como o renovo do campo; cresceste, e ficaste grande. Chegaste aos

---

7 ALONSO SCHÖKEL; SICRE DÍAZ, 2002, p. 754.

8 Há outra possibilidade de tradução: "Ainda que estás em teu sangue, vive!".

mais belos ornamentos: os seios se firmaram, e te cresceram cabelos (pelos); no entanto, estavas nua e descoberta (completamente nua).

Há um paralelo antitético entre os vv. 4-5 e 6-7, dado que os primeiros ressaltam o movimento de rejeição, de total abandono, e os vv. 6-7 enfatizam o movimento de aproximação, acolhida e atenção. De fato, o Senhor viu e teve compaixão dessa criança. Se, por um lado, é jogada no campo aberto para morrer (v. 5), de outro, ela cresce como o "renovo do campo". Nota-se uma ausência de comunicação nos vv. 4-5, ninguém fala com essa criança, ninguém a olha, nenhum gesto é dirigido a ela, há somente aversão. Nos vv. 6-7, percebe-se uma coreografia de gestos e comunicação, dirigida a essa criança.

A ação de "passar" (v. 6) estabelece uma afinidade com alguns textos que apresentam a situação desoladora de Israel, que é encontrado e protegido por YHWH, como, por exemplo, Dt 32,10; Os 9,10, mas também Ex 12,12-13. Todos eles estão num contexto que enfatiza a paternidade divina. Portanto, Jerusalém, ou todo o povo, é assumida por YHWH, que fica responsável por ela. Outro gesto significativo, que perpassa a história de Israel, é a ação de "ver". Todas as vezes que Deus vê seu povo, geralmente ele está numa situação desoladora, e o verbo expressa o início da intervenção salvífica de Deus, para mostrar sua potência (Ex 3; Is 63,15). O "debater-se em seu próprio sangue" retrata a violência, a humilhação e indica uma ação contra um inimigo (Is 14,19). No caso de Ez 16,6, simboliza alguém completamente incapaz de se salvar sozinho ou de se defender. Mas a intervenção de Deus abrirá uma nova possibilidade. As expressões pronunciadas por Deus (v. 6) remetem à criação, de forma especial, à bênção (Gn 1,22-28), e simbolizam os gestos do Senhor em benefício daquela criança destinada a morrer, mas que é chamada a viver pelo autor da vida. Esses aspectos estão presentes na história do povo de Israel, que pela sua condição precária não sobreviveria se Deus não o tivesse tratado com piedade e determinado sua vida e crescimento (vv. 6-7).

Uma grande dificuldade é entender o papel de Deus nesses vv. 6-7, sobretudo ao interligá-los com o v. 8, quando YHWH desposa essa mulher. De fato, não é claro se passa a ser pai adotivo da criança, a qual representa Jerusalém, ou seja, se há indícios de uma adoção ou se fica somente responsável por ela (tutor). Nos textos bíblicos do AT, há algumas ocorrências de paternidade e maternidade divinas. É notório em Dt 1,31; 32, 10-13; Is 1,2; Os 11; Jr 3 ou em Is 63–64, quando o povo, numa súplica, implora a Deus que assuma sua paternidade e o liberte da opressão em que vive nas mãos de seus inimigos, dado que os pais (Abraão e Jacó) não o reconhecem como filho. Encontram-se também textos nos quais Deus é representado como esposo, ao denunciar a idolatria do povo, mas que o exorta a recordar-se do amor originário, gratuito, oferecido por ele, identificando-se com a imagem paternal e maternal (Is 46,3 e Os 11,1-3). Deus também assume a tutela paterna dos órfãos, quando são abandonados (Sl 68,6), e há textos que expressam a confiança de não ser abandonado por Deus, mesmo quando os genitores o abandonarem (Sl 27,10). Com referência à adoção, alguns comentadores alegam a ausência desse procedimento na literatura judaica antiga e afirmam que a adoção não era uma instituição normal entre os judeus, visto que uma pessoa não poderia ser inserida na família de outra para continuar a linhagem familiar. Apesar de os judeus cuidarem das crianças órfãs, não há nenhuma prova de que elas eram adotadas, não obstante alguns autores defenderem a adoção de Ester por seu tio (Est 2,7.15).[9] No Judaísmo rabínico posterior, os mestres

[9] Os casos descritos em Gn 15,2; 48,5; Jr 3,19 e 1Cr 28,6 referem-se à adoção de escravos que já pertenciam à família.

eram considerados pais adotivos de seus discípulos, porém os discípulos não eram juridicamente considerados filhos adotivos.[10] Um argumento a favor da existência da adoção, nessa tradição, é a relação entre a "adoção" e a lei do levirato, com a finalidade de continuar a descendência. Todavia, alguns exegetas contrapõem essa proposta, visto que o levirato não é uma lei de adoção. Outros exemplos de uma possível adoção na Bíblia seriam aqueles casos relatados em Ex 2,10; 6,4-6; 1Rs 11,20; Est 2,7.15. A crítica contra essa hipótese está na constatação de que os contextos onde se desenvolvem essas narrativas são lugares estrangeiros.

Existe, em Gn 15,3, um caso inegável de adoção, quando Abraão pensa em deixar seus bens para um servo, revelando um costume proveniente da Mesopotâmia. Há, também, a expressão "nascer sobre os joelhos" ou "colocar no colo", que transparece indícios de adoção no interior dos grupos de parentesco (Gn 30,3-8; 48,5.12; 50,23 e Rt 4,6-17).[11] Há aqueles que defendem que essa prática é atestada,[12] mesmo diante da ausência de uma lei específica no Judaísmo. De fato, é verificável no uso da metáfora da "adoção", nos textos bíblicos e na literatura judaica, para expressar a relação entre Deus e Israel.[13] Isso se dá nas narrativas da experiência exodal, nas quais é relatada a Aliança entre Deus e o povo, reforçando sua pertença a ele. A

---

10 JACOBSON, H. Adoptive parents in rabbinic exegesis of the Bible. *VT*, Leiden, v. 49, n. 2, p. 261-262, Apr. 1999.

11 VAUX, R. G. de. *Instituições de Israel no Antigo Testamento*. São Paulo: Vida Nova, 2004. p. 75.

12 FEIGIN, S. Some cases of adoption in Israel. *JBL*, New Haven, v. 50, n. 3, p. 186-200, 1931. Nota-se também a adoção divina de um determinado rei (2Sm 7,14; Sl 2,7; 89,27; 1Cr 17,13; 22,10; 28,6).

13 Ex 4,22-23; Dt 32,6; Is 43,1-7; 63,16; 64,7; Jr 3,19; 31,9; Os 11,1; Sb 9,7; Livro do Jubileu 1,24-25.

paternidade e a filiação também são empregadas para designar a relação entre Deus e o rei, que era vista como adoção, como é o caso dos reis da dinastia davídica (2Sm 7,14; 1Cr 17,13; 22,10; 28,6; Sl 2,7; 89,27).[14] Além dessas citações de uma suposta prática de adoção na cultura judaica, verifica-se uma junção entre compra de escravos, adoção, resgate e herança, na cultura do Mediterrâneo, em casos de somas a pagar, quando o credor adotava o devedor, libertando-o de suas dívidas.[15] Diante disso, pode-se dizer que Deus se responsabiliza pela menina rejeitada e órfã, porque tem compaixão, assumindo uma imagem paterno-materna, por se tratar de uma narrativa alegórica. Com efeito, Jerusalém pertence a YHWH e está a seus cuidados, o qual, diferente dos genitores ou parentes descritos nos vv. 4-5, assume essa criança como filha e acompanha seu desenvolvimento.

Outra dificuldade é a de localizar esse período na história de Israel: acredita-se que seja no retorno à Terra Prometida, quando as pessoas libertadas da escravidão do Egito são adotadas por Deus como povo. O povo corresponde aos cuidados de Deus e cresce (v. 7). Isso simboliza o aumento da população, o ser constituído como povo. Mas, no período aludido, o povo novamente está desprovido, ao que o texto se refere como: "estavas nua e descoberta (completamente nua)" (v. 7), estabelecendo uma conexão com o v. 4, ao alegar que a criança não foi enfaixada e, nessa condição, foi jogada no campo (v. 5). Com isso, o autor cria a expectativa de uma nova intervenção de Deus em favor de Jerusalém, da mesma forma que ocorreu na primeira parte (vv. 6-7) em relação à criança.

---

14 VAUX, 2004, p. 76.

15 MALUL, M. *Studies in mesopotamian legal symbolism*. Neukirchen-Vluyn: Butzon & Bercker, 1988 (Alter Orient und Altes Testament, 221).

2.2.3 Jerusalém esposa e a benevolência de Deus (Ez 16,8-14)

O versículo anterior, quando se refere ao crescimento dos seios e cabelos da menina, já insere a fase de adolescência/juventude, isto é, da aptidão ao casamento. Por isso, o segundo período (Ez 16,8-14) é caracterizado pela fase adulta dessa moça, que se encontra numa situação desoladora novamente, e Deus de novo passa e salva essa mulher, acolhe-a e a elege como sua esposa. Segue a tradução:

> 8Passei junto de ti, e te vi. E eis teu tempo, o tempo de amores.
> Estendi sobre ti a orla de meu manto e cobri tua nudez. Fiz a ti um
> juramento e entrei em aliança contigo, oráculo do Senhor YHWH; e
> passaste a ser minha (e te tornaste minha). 9Então, te lavei com água,
> e te enxuguei de teu sangue (expurguei-te do sangue, que estava so-
> bre ti), e te ungi com óleo. 10Vesti-te de tecidos bordados, e te calcei
> com pele de delfim, e te cingi de linho, e te cobri de seda. 11Eu te
> adornei com ornamentos, coloquei braceletes em teus pulsos e um
> colar em teu pescoço. 12Coloquei um anel em teu nariz, brincos em
> tuas orelhas e uma coroa magnífica em tua cabeça. 13Assim, tu te
> adornaste de ouro e prata; tua veste era de linho, de seda e de tecidos
> bordados; te alimentei de flor de farinha (sêmola de trigo), de mel e
> azeite; tu te tornaste belíssima e eras digna da realeza. 14Teu renome
> (tua fama) chegou às nações, por tua beleza, pois era perfeita, por
> causa de meu esplendor, que em ti eu tinha posto, oráculo do Senhor
> YHWH.

O profeta se serve mais uma vez do verbo "passar" (v. 8) e estabelece uma conexão com o v. 6, demarcando uma nova fase na vida da mulher. Há o problema de relacionar esse texto com a imagem paterna retratada nos vv. 6-7, dado que o pai não pode casar-se com sua filha. Mas, ao afirmar no v. 7, que ela está "completamente nua", ele sinaliza uma nova fase na relação entre Israel e YHWH, nesse contexto literário alegórico. Os verbos no v. 8 são os mesmos do v. 6 ("passar" e "ver"), que expressam uma nova intervenção divina. A idade dos amores é a juventude, ou seja, após a menstruação, quando a mulher é apta para se casar e ter filhos. A expressão "estender a orla do manto" remete a Rt 3,9 e pode significar "proteger", porém, por causa do contexto, assume o sentido técnico de pedi-la em casamento, acolhê-la como esposa. A nudez expressa a condição de pobreza em que se encontra essa pessoa. Nessa condição precária de Jerusalém, Deus resolve elegê-la e estabelecer uma aliança com ela, eliminando qualquer mérito ou condição favorável para ser escolhida e ressaltando a gratuidade divina. Nesse trecho, o profeta descreve detalhadamente os preparativos para o casamento, tornando-a uma verdadeira noiva e rainha (vv. 9-14). Começa por descrever o banho nupcial, que está em contraposição com aquilo que os pais não fizeram com a filha recém-nascida: banhar, ungir, enfaixar. Esses detalhes dos preparativos para o casamento se unem ao rito de passagem da menina para a vida adulta. A única diferença, ao considerá-los como específicos do matrimônio, é que o banho nupcial é tarefa das amigas da noiva, de seus familiares (mãe, tias, irmãs), ou das servas, ao se tratar de um casamento real, mas nunca é realizado pelo noivo, que aqui é simbolizado por YHWH. Com esse pacto, ela se torna uma rainha, isso é visualizado nas vestimentas, nas joias, no tipo de comida que lhe são concedidos por Deus (vv. 9-12), e, também, pela afirmação no v. 13. Pelos detalhes, o texto remete ao Sl 45 e Ct 3,11, nos contextos nupciais, dado que as vestes e joias elencadas são aquelas que o noivo deveria dar como presente para a noiva (Gn 24,22.47; Is 3,21; Os 2,13). É interessante perceber que alguns aspectos remetem ao tabernáculo (Ex 25,5; 26,14; 35,7.23; Nm 4,6.8.10-12.14.25) e aos detalhes do Templo descritos em 1Rs 6–8, como os materiais das vestimentas, dos sapatos e das joias que lhe são concedidas. Também os alimentos, pois, se, por um lado, relembram a generosidade de Deus para com Judá (Dt 32,13-14), por outro, aludem ao que era oferecido para YHWH: a flor do trigo e o azeite (Ex 29,2.40; Lv 2; Ez 46,14), com exceção do mel.

É nesse período da história que Deus oferece a Judá o dom gratuito da Aliança (vv. 8-14), por eleição, por graça divina, dado que Jerusalém não tem nenhum mérito para receber tal privilégio (Dt 7,7-8; 32,10). No entanto, desde o início desse pacto, Deus é rejeitado pelo povo, como é descrito na passagem seguinte (vv. 15-52). Não se sabe ao certo a qual Aliança o autor se refere, se é aquela estabelecida com Abraão (Gn 12,1-20; 17) ou se a do pacto com Moisés, no Sinai (Ex 19–24). Pelos detalhes, parece aludir à Aliança que fez com Davi (2Sm 23,5; 2Cr 13,5; 21,7; Is 55,3; Jr 33,21; 2Sm 7,14).[16] De fato, há uma afinidade com a construção e a presença da glória de Deus no Templo construído e inaugurado por Salomão, da dinastia davídica, expressão da unificação cultual e religiosa do povo de Israel. Em 1Rs 6,11-13, há um pacto entre YHWH e Salomão, de que se o povo e os dirigentes cumprirem os mandamentos, Deus habitará no meio de Israel e não abandonará seu povo, recordando o pacto que fizera com Davi e cumprindo a promessa da Aliança descrita em Lv 18,4; 26,11; Dt 11,22; 28,9. O próprio Salomão, quando inaugura o Templo (1Rs 8,14-21), afirma que sua construção é a confirmação das promessas feitas a Davi (1Sm 7,4-16; 2Sm 24,18). Isso parece implícito em Ez 16,14, quando fala sobre a fama que chega até as nações pela beleza e pelo esplendor da cidade, não oriundos de Jerusalém em si, mas de Deus, que é colocado na cidade, provavelmente, fazendo alusão à "glória de Deus", que preenche o Templo com seu esplendor, com sua presença (Sl 96).

---

[16] TAYLOR, 1984, p. 124.

Mesmo não identificando qual aliança seria, provavelmente o profeta visa sublinhar a fidelidade, a compaixão e a benevolência divina para com seu povo, ao conceder-lhe todos os benefícios. Porém, a alusão à Aliança com Davi é interessante, pois os pecados descritos nos vv. 15-43 podem ser relacionados com a infidelidade dos vários descendentes de Davi que governaram o Reino de Judá.

Segue o comentário da segunda parte deste primeiro bloco do texto (Ez 16,15-34).

2.3 Jerusalém prostituta e adúltera (Ez 16,15-34)

Essa parte é marcada pelo elenco das infidelidades de Judá em contraste com a benevolência de Deus, descrita na perícope anterior. Jerusalém é acusada de esbanjar os dons que recebeu, para adorar os outros deuses e realizar práticas idolátricas (vv. 15-22), respondendo negativamente ao amor de Deus. Depois, o autor descreve as alianças firmadas com as nações estrangeiras (vv. 23-34) e ressalta o aspecto político.

O elenco de infidelidades, iniciando com a idolatria e o rompimento da Aliança com Deus, expressa a crueldade do povo em ser indiferente aos cuidados divinos e se servir dos dons recebidos de Deus para prestar culto aos deuses; fabricando estátuas para adorá-las, participando dos rituais da prostituição sagrada ou de atos de imoralidade sexual (vv. 15-19) e de sacrifícios humanos (vv. 20-21); construindo lugares de culto aos outros deuses (vv. 24-25); fazendo alianças com outras nações (Egito, Assíria e Babilônia) e pagando os tributos a essas nações, ou seja, era explorada por elas, por ter se afastado e esquecido de seu Deus (vv. 25-34). As imagens escolhidas são fortes e beiram à vulgaridade, com a função de ofender a acusada e fazer os leitores julgarem negativamente Jerusalém e seus dirigentes. Porém, percebe-se a dor de YHWH por dever exprimir essas acusações, que não têm a função de expor os pecados de forma objetiva para ajudar no julgamento e no veredito, mas sim de levar a acusada a tomar consciência de seu comportamento, pedir perdão e assumir a conversão.

2.3.1 As práticas idolátricas de Jerusalém (Ez 16,15-22)

Esta parte, como supracitado, concentra-se na esfera religiosa, na infidelidade à Aliança realizada com o Senhor:

> 15 Mas confiaste em tua beleza e por causa de teu renome, te prosti-
> tuíste; derramaste tuas prostituições a todo passante, quem quer que
> fosse. 16 Tomaste de tuas vestimentas, fizeste para ti lugares altos de
> diversas cores e te prostituíste sobre eles. Tal não tinha sucedido
> nem acontecerá jamais. 17 Tomaste as tuas joias de enfeite, feitos do
> meu ouro e de minha prata, que eu te tinha dado; fizeste para ti
> imagens masculinas e com elas te prostituíste. 18 Tomaste tuas ves-
> timentas de tecidos bordados e as cobriste; e colocaste diante delas
> meu óleo e meu perfume. 19 O meu pão, que te dei, a flor da farinha
> (a sêmola do trigo), o óleo e o mel, com que eu te sustentava, os pu-
> seste diante delas, em aroma agradável; e assim se fez, oráculo do
> Senhor YHWH. 20 Tomaste teus filhos e tuas filhas, que me geraste,
> e os sacrificaste a elas, para serem consumidos. Acaso, é pouca a tua
> prostituição? 21 Imolaste meus filhos e os entregaste a elas como ofer-
> ta pelo fogo. 22 Em todas as tuas abominações e prostituições, não te
> lembraste dos dias de tua juventude, quando estavas completamente
> nua, debatendo-te em teu sangue.

Esse bloco inicia por afirmar a confiança de Jerusalém em seu esplendor (beleza) e fama. Retoma os elementos mencionados no v. 14, porém com uma diferença: Jerusalém se esquece de que seu esplendor e seu reconhecimento entre as nações são reflexos da presença de Deus. Ao pensar que sua beleza provém de si mesma, iguala-se às nações inimigas, dado que a "beleza" é um dos motivos para acusar Tiro (Ez 27,3-4), que confia em seu comércio, nas estratégias econômicas e em seus reis, bem como ao faraó do Egito e à Assíria (Ez 31). Essa confiança em si mesma, em sua potência, ou em suas estratégias, conduziu Jerusalém à idolatria, simbolizada pela prostituição (vv. 16-22). Além dessa confiança em sua própria força, o Reino do Sul (Judá), diferentemente do Reino do Norte (Israel), alimentava uma pretensa confiança nas próprias instituições, visto que sua capital estava localizada na cidade santa: Jerusalém, escolhida pelo rei Davi, que fez uma Aliança com Deus; seu rei era da dinastia davídica; e tinha o Templo construído por Salomão. Por isso, gozava das promessas divinas de eleição, estabilidade e permanência para sempre, porque o próprio Deus escolheu essa cidade para habitar, o rei para governar o povo e o Templo como lugar onde ele seria cultuado. Dessa forma, Judá poderia confiar na assistência do Senhor, que concederia paz, prosperidade e todas as bênçãos a Jerusalém, seu rei e seu povo. Mas, a garantia da assistência e da proteção divina tinha uma exigência: manter fiel a Aliança, observar os preceitos dados por Deus. Essa exigência de fidelidade ao projeto de Deus era simbolizada pela arca da Aliança presente no lugar mais sagrado do Templo, que representava a eleição de Deus, sua fidelidade e a exigência de correspondência fiel do povo. Essa Aliança e a presença divina eram o esplendor de Jerusalém, de Judá. Judá promovia a concepção de que Deus manteria sua fidelidade, perdoaria, seria fiel à eleição e à Aliança, independentemente da conduta do povo e da de seus dirigentes. Com isso, o Templo passou a ser o lugar que mantinha o povo submisso numa concepção teológica errada; e a religião se tornou propagadora da injustiça. Desse modo, o povo continuava a prestar culto aos deuses cananeus e a promover práticas idolátricas. É importante ressaltar que idolatria não era simplesmente adorar imagens, mas promover uma religião que não levava a uma prática ética, a um comportamento, conforme aquilo que era prescrito nos mandamentos e nos códigos das leis da Aliança, Deuteronomista e de Santidade. Nessa concepção teológica e nessa religião, Deus tornava-se conivente com o pecado, sendo cúmplice da injustiça, satisfazendo a sede de poder e a ganância dos reis de Judá e legitimando a opressão e a violência contra o povo. Uma religião que estabelecia a dicotomia entre a fé e a prática da justiça. O baalismo, difundido em Judá, não fazia nenhuma exigência de justiça, de ética ou de respeito à pessoa, de modo especial daquelas mais vulneráveis (a viúva, o pobre, o órfão, o estrangeiro). Ao transformar a religião num instrumento legitimador do poder desses tiranos, tornava admissível a injustiça e a violência.

Se forem comparadas as acusações descritas nos vv. 15-22 com toda a história do reinado de Judá narrado nos Livros dos Reis, há vários pontos de contato. No entanto, percebe-se que também seria possível comparar com o Reino de Israel (Norte), dado que as histórias não foram tão diversas. Apesar de o Sul não ter recursos econômicos como o Norte, havia algumas vantagens, dado que o Norte não era governado por reis provenientes da dinastia davídica, sua capital não foi escolhida por Davi, não tinha o Templo construído pelo filho de Davi. Com a separação do reinado em dois, Jeroboão construiu dois santuários, o que dificultava ir a Jerusalém, mas, por outro lado, facilitava a propagação do culto aos outros deuses. O Reino do Norte, por sua prosperidade econômica, tinha maior capacidade de criar condições mais dignas para sua população. Porém, essa prosperidade era sua maior fraqueza, por legitimar a opressão, corrupção e injustiça, como é notório nos oráculos de Deus dirigidos aos profetas e profetisas para o povo, durante o reinado do Norte. Além da proliferação das práticas idolátricas durante a monarquia, elas foram ainda mais acentuadas após o exílio assírio (2Rs 17).

Mas, como o foco da atenção é o reinado de Judá e, de forma especial, a cidade de Jerusalém, sede do poder religioso, econômico e político, é importante perceber como essas acusações encontram respaldo no governo dos reis de Judá. Após a separação do reino unificado de Davi, Roboão, filho de Salomão, assume o poder e constata-se a construção de lugares de culto, altares e monumentos sagrados em todas as colinas e debaixo de toda árvore frondosa para os outros deuses, além do restabelecimento dos prostíbulos sagrados (1Rs 14,21-24). Seus descendentes fizeram o mesmo: Abiam (1Rs 15,3), Jorão (2Rs 8,8), bem como Ocozias (2Rs 8,27). Atalia, mãe de Ocozias, que assumiu o governo após sua morte, não foi uma boa rainha. Isso é perceptível desde o início, na forma como conseguiu assumir o poder, ou seja, assassinando seus filhos, herdeiros do trono (2Rs 11,1-3). Acaz foi capaz de sacrificar seu filho no fogo (2Rs 16,3; 2Rs 23,10; Jr 32,35; Ez 16,20) em homenagem aos deuses, bem como Manassés (2Rs 21,6). Aliás, Manassés foi aquele que mais promoveu os cultos cananeus em Judá, introduzindo-os no próprio Templo de Jerusalém (2Rs 21,2-9), bem como seu filho Amon (2Rs 21,21-22), sendo esses considerados os reis mais ímpios da história. Manassés exercia uma opressão pesada contra o povo (2Rs 21) e matou muitas pessoas (2Rs 21,16). Após Manassés e Amon, a religião do Senhor em Jerusalém ficou tão descaracterizada pelos cultos cananeus, que Judá já não se distinguia dos outros povos. As mulheres até teciam cortinas para Asherah (deusa da fecundidade) no recinto do Templo (2Rs 23,7). Asa, Josafá, Amasias e Ozias tentaram eliminar os cultos cananeus, porém continuaram a tolerar determinadas práticas idolátricas, como a existência de lugares altos, nos quais o povo continuava a oferecer incenso aos deuses. Os únicos que realmente tentaram promover reformas anti-idolátricas foram Ezequias e Josias.

O autor termina esse bloco, dos vv. 15-22, afirmando que além das práticas idolátricas e da injustiça, Jerusalém é acusada de não se recordar da Aliança e das tantas vezes que Deus interveio para libertar Judá (v. 22).[17]

2.3.2 As alianças com outras nações (Ez 16,23-34)

Na segunda parte da acusação contra Jerusalém, o autor ressalta as diferentes alianças realizadas com as nações, que nessa alegoria são vistas como prostituição (vv. 33-34) e adultério (v. 32). O texto diz:

> [23]Depois de toda tua maldade (Ai, ai de ti! – oráculo do Senhor YHWH), [24]edificaste prostíbulo de culto e fizeste elevados altares por todas as praças. [25]A cada canto do caminho, edificaste teu altar, e tornaste abominável tua beleza, abriste as pernas a todos que passavam, e multiplicaste tuas prostituições.
>
> [26]Tu te prostituíste com os filhos do Egito, teus vizinhos corpulentos, e multiplicaste tua prostituição, para irritar-me. [27]Por isso, estendi a mão contra ti e suprimi tua porção; e te entreguei ao desejo dos que te odeiam, as filhas dos filisteus, as quais se envergonhavam por teu proceder infame (caminho depravado). [28]Também te prostituíste com os filhos da Assíria, porquanto eras insaciável; e, prostituindo-te com eles, nem ainda assim te fartaste; [29]antes, multiplicaste tuas prostituições na terra de Canaã até a Caldeia e ainda assim não te saciaste. [30]Quão fraco é o teu coração, oráculo do Senhor YHWH, ao fazeres aquilo que fizeste: prostituta, arrogante. [31]Edificando tu

[17] SERVIÇO DE ANIMAÇÃO BÍBLICA (SAB). *Entre a fé e a fraqueza*: Reino de Judá. 6. ed. São Paulo: Paulinas, 2013. p. 14-43 (Bíblia em Comunidade. Série Visão global, 7).

teu prostíbulo de culto à entrada de cada rua e teus elevados altares em cada praça. Mas, ao desdenhar o pagamento, não era como uma prostituta; [32]foste como a mulher adúltera, que, em lugar de seu marido, acolhe os forasteiros. [33]A todas as prostitutas se dão presentes, mas tu dás presentes a todos os teus amantes; e lhes regalastes dons, para que viessem a ti de todas as partes, em tuas prostituições. [34]Contigo, em tuas prostituições, sucede o contrário do que se dá com outras mulheres, pois não te procuram para prostituição, porque, dando tu a paga e a ti não sendo dada, fazes o contrário.

O profeta continua acusando Jerusalém por confiar na própria fama e, para fazer isso, se serve de imagens rudes que beiram à pornografia. O tema central são as alianças estabelecidas com as nações estrangeiras. De fato, no decorrer da história de Judá, é possível encontrá-las no governo de Acaz, que fez aliança com os assírios (Ez 16,28) e se tornou vassalo do império mediante pagamento de tributos. Joaquim fez aliança com o faraó Necao, que o colocou no trono, usurpando o direito de seu irmão Joacaz. Nessa negociação, Judá perdeu a autonomia, ficando dependente do Egito. Sedecias também resolveu fazer uma aliança com o Egito contra a Babilônia, não ouvindo a advertência contrária do profeta Jeremias (Ez 16,26).

Há uma alusão à punição divina no v. 27, como uma "supressão da porção de Jerusalém", que não se sabe a que se refere, se é à privação de alimentos, a uma situação de carestia (Ez 14,13. 21-22) ou à falta de bens.[18] Por estar vinculado ao Egito, pode ser identificado com o conflito com o faraó Sesac, no governo de Roboão, quando Jerusalém foi atacada e saqueada (1Rs 14, 25-28; 2Cr 12,2.9-11), tendo sido roubados os escudos de ouro feitos por Salomão, sendo substituídos por outros de bronze, de

[18] PETTIGIANI, 2015, p. 224.

valor inferior (1Rs 14,26-28), o que demonstra a falta de recursos. Com relação aos filisteus, não é possível identificar a qual período histórico o texto se refere, dado que Israel teve vários problemas com os filisteus no período tribal (Jz 3,31; 13–16) e no início da monarquia, com Saul (1Sm 31,1-10). Alguns autores pensam que aluda às cidades que pertenciam a Jerusalém e que foram dadas ao rei dos filisteus, por Senaquerib, em 701 a.C.[19]

A prática de estabelecer alianças com as nações estrangeiras, para receber proteção dessas grandes potências, era reprovada pelos profetas do Sul, Isaías (Is 20,5-6; 30,1-5; 31,1) e Jeremias (Jr 2,18), pois eles sabiam que isso traria vantagens para essas nações potentes e a total submissão de Judá. Assim, quando Deus acusa Jerusalém de não ser igual às outras prostitutas, pois paga para se prostituir, refere-se às alianças com as nações estrangeiras, tornando-se vassala desses grandes impérios e coagida a pagar os impostos, submetida às exigências políticas, econômicas e, algumas vezes, também religiosas, dessas outras nações, sendo obrigada a cultuar os deuses das nações das quais era vassala. Os profetas também denunciavam a excessiva confiança que os reis e o povo depositavam no Templo e nas instituições. Ao se esquecerem das exigências éticas da Aliança com YHWH, transformavam o Templo num "covil de ladrões", numa religião que legitimava a exploração do povo, a violência, a injustiça e a corrupção (Jr 7,1-15).

Mormente, Ezequiel acusa "a casa de Israel" por seus pecados no âmbito cultual, pois o culto representa a manifestação visível da relação entre Deus e o povo. Quando se fala de culto, ou cultos aos outros deuses, percebe-se que há duas linhas nas quais seguem as acusações. A primeira é um culto inadequado, não no sentido de não seguir as normas cúlticas descritas nos códigos

---

[19] PETTIGIANI, 2015, p. 225.

de leis, mas em se servir do culto para acobertar a iniquidade ou quem a pratica. Desse modo, os profetas denunciam rituais que são perfeitos, com abundantes sacrifícios e oferendas, mas Deus não se agrada com a quantidade de incenso ou de animais sacrificados, mas sim com a prática da justiça e do direito (Mq 6,1-8; Is 1,10-17). A segunda linha é a idolatria, pois, de certa forma, é a submissão às outras nações, com seus deuses e religião, pois não basta um culto a determinada divindade, é necessário assumir um estilo de vida que condiz com aquele culto. Assim, o termo "culto", nesses contextos, não se refere a práticas rituais somente, mas a um estilo de vida, não perpassado pela vontade de YHWH, com suas exigências éticas, e, sim, submisso aos outros deuses, conduzindo o povo à injustiça e à imoralidade sexual.

2.3.3 Final trágico de Jerusalém (Ez 16,35-43)

Todo esse cenário político, econômico, religioso, é descrito de forma alegórica nas cenas referentes à prostituição (promoção de lugares sagrados e dos cultos aos outros deuses), ao pagamento (contrato de vassalagem com as potências estrangeiras), ao prostituir-se com as nações (diferentes alianças realizadas). Tudo isso, confiando em que sua segurança e suas instituições – a cidade santa, o Templo e a dinastia davídica – não seriam abaladas. Desse modo, alimentavam um culto superficial, sem uma verdadeira implicação na vivência ética do povo e de seus dirigentes. Por isso, seu final será trágico, como é retratado nos vv. 35-43:

> 35Portanto, ó prostituta, ouve a palavra de YHWH. 36Assim diz o
> Senhor YHWH: Porque tendo derramado teu encanto, foi descoberta
> a tua nudez em tuas prostituições com teus amantes; e por causa tam-
> bém das abominações de todos os teus ídolos e do sangue de teus fi-
> lhos a estes sacrificados, 37eis que ajuntarei todos teus amantes, com
> os quais te deleitaste, como também todos os que amaste, com todos

> os que odiaste; ajuntá-los-ei de todas as partes contra ti e descobrirei
> tua nudez diante deles, e eles a verão. [38]Julgar-te-ei como a sentença
> das adúlteras e as sanguinárias; e te entregarei ao sangue do furor e
> do ciúme (zelo). [39]Entregar-te-ei em suas mãos, e eles derrubarão teu
> prostíbulo e teus lugares elevados; despir-te-ão de tuas vestimentas,
> tomarão tuas joias e te deixarão completamente nua. [40]Farão subir
> contra ti uma multidão, apedrejar-te-ão e te traspassarão com suas
> espadas. [41]Queimarão tuas casas e executarão sentenças contra ti, à
> vista de muitas mulheres; farei cessar tua prostituição, e não mais
> tornarás a oferecer pagamento. [42]Desse modo, satisfarei em ti meu
> furor, meus zelos se apartarão de ti, aquietar-me-ei e jamais me irri-
> tarei. [43]Porque não te lembraste dos dias de tua juventude e me irri-
> taste com tudo isto, eis que também eu farei recair sobre tua cabeça o
> castigo de teu proceder, oráculo do Senhor YHWH. Mas, não cometi
> nenhuma infâmia, em comparação com todas suas abominações.[20]

Essa história parece ser contada por Deus num tribunal contra Jerusalém, no qual enumera os benefícios concedidos por ele à acusada (Ez 16,3-14). Nesse caso, Deus é o acusador e elenca as várias denúncias sobre o comportamento da acusada, que é Jerusalém ou o povo. As acusações vinculadas ao culto, ao âmbito religioso, trazem consequências políticas, sociais e econômicas, dado que as alianças com as nações estrangeiras e com as grandes potências, na ilusão de obter benefícios (Ez 16,23-30), geram a exploração do povo, conforme será retratado em Ez 23 e que será perceptível nas acusações ao povo de Israel no decorrer do

[20] Encontram-se vários problemas na *última frase do v. 43, o que resulta em* inúmeras propostas de tradução: "Não acrescente essa infâmia entre todas suas abominações"; "Sim: cometeste a infâmia muito além de todas as tuas abominações" (A BÍBLIA. São Paulo: Paulinas, 2023. p. 1371); "Acaso não cometeste essa depravação, além de todas tuas abominações?" (BÍBLIA TEB. Notas integrais tradução ecumênica. 3. ed. São Paulo: Loyola, 2020. p. 767).

livro desse profeta. De fato, o povo é acusado de ser indiferente às leis e aos decretos do Senhor (Ez 5,6), obstinado no pecado e afastado de Deus para aderir aos deuses de outras nações (Ez 6,4), insolente e cheio de maldade (Ez 7,10-11); um povo que não está sintonizado com a vontade de Deus. É um país perpassado pela injustiça nos tribunais, na dimensão social e política; com decretos criminosos ou sentenças de morte (Ez 7,23); é uma cidade sanguinária, cheia de violência (Ez 8,17; 9,9; 22,1-16). As autoridades políticas e religiosas, os proprietários de terra e os falsos profetas e profetisas exploram o povo, sobretudo os mais fracos (Ez 22,7.23-30; 34). As raízes dessas injustiças podem ser classificadas como de ordem pessoal: o esquecimento da Lei de Deus e do compromisso com a Aliança (Ez 18); a cobiça e o egoísmo que se propagam a todos os níveis; e aqueles de ordem estrutural: a organização das instituições perpassada pela ganância.

Após tantas tentativas de YHWH de uma conversão de Jerusalém sem efeito, é anunciada a última intervenção do Senhor: o castigo, a punição (v. 37). A sentença e o castigo (Ez 16,35-41) estão conforme a legislação bíblica em caso de adultério, que é o apedrejamento (Dt 22,21-24), mas a cidade simbolizada pela prostituta é acusada também de homicídio (v. 38). A diferença é que a sentença não será estabelecida pelo acusador, mas por aqueles que a exploraram, ou seja, as nações estrangeiras (vv. 36-37), seus amantes. O desprezo de Deus, nessa alegoria, representa o exílio do povo pelos babilônicos e a total destruição da cidade e do Templo de Jerusalém (vv. 39-41). Assim, o exílio é visto como um castigo de Deus, que fica irritado com o comportamento de Judá (vv. 42-43; cf. Is 1,24-25; Os 2; Am 4,12).

O autor também descreve a modalidade de punição. A primeira é a destruição dos lugares de idolatria (v. 39), que Jerusalém, ou melhor, seus dirigentes construíram e o povo frequentava (vv. 24-25.31). Depois, anuncia a espoliação (v. 39), pois, quando eram invadidos os lugares sagrados, de forma especial o Templo, eram saqueados os utensílios de ouro e prata e outros de igual valor, a ponto de nada restar. Desse modo, deve-se interpretar novamente a expressão "completamente nua", que remete à situação inicial na qual a menina nasceu e foi desprezada pelos genitores, ou seja, pelas nações que lhe deram origem, antes da eleição e da Aliança com YHWH. Porém, há um agravante, nas duas vezes em que Jerusalém ficou sem nada, tinha YHWH para salvá-la, mas agora não o tem mais. De fato, o estar completamente nua no v. 39 se refere a uma punição divina pela infidelidade de Judá. No v. 40, são introduzidos outros personagens que simbolizam um ataque militar ("farei subir"), que invadirá as casas e executará o povo.

Após esse fim trágico, Deus anuncia o motivo desse seu agir (v. 41b): acabar com a prostituição de Jerusalém, com sua idolatria e falsa concepção de Aliança com Deus, a qual a isentava das exigências em seguir os mandamentos divinos, em observar a lei. Apesar de ser fácil compreender, não é possível interpretar a que o autor deseja se referir quando afirma no v. 42: "desse modo, satisfarei em ti o meu furor, meus zelos se apartarão de ti, aquietar-me-ei e jamais me irritarei". Seria uma forma de possibilitar a renovação da Aliança, de dar uma segunda chance para Jerusalém? Ou seria a indiferença de YHWH, que não mais se preocupará com Jerusalém, dado que não tem mais interesse por ela? Fica em aberto, já que o v. 43 retoma o castigo que cairá sobre Jerusalém. Não há um consenso sobre como traduzir a última frase do v. 43, como mencionado em nota, e, por conseguinte, sobre como interpretá-la. Mas pode ser uma reivindicação de Deus diante de uma pretensa acusação de que agiu de forma injusta, por isso afirma que tudo o que fará é o mínimo em comparação a todas suas abominações.

A acusação poderia parar no v. 43, mas o autor resolve acrescentar outros personagens e não terminar a profecia com o anúncio da destruição, mas conceder uma nova chance a Jerusalém, oferecendo uma "luz no fundo do túnel". Há ainda a possibilidade de conversão e, nesse caso, Deus estará disposto a restabelecer a Aliança. Portanto, há uma esperança para Jerusalém pecadora.

2.4 Restabelecer a Aliança (Ez 16,44-63)

Esse bloco finaliza o capítulo 16 da profecia de Ezequiel e pode ser estruturado em três partes: 1) o provérbio (*māšāl*) relacionado à mãe e às irmãs, como acusação (vv. 44-52); 2) a promessa (vv. 53-58) e 3) o anúncio da Aliança eterna que o Senhor restabelecerá com Israel (vv. 59-63). A análise seguirá essa delimitação.

2.4.1 As irmãs de Jerusalém: Sodoma e Samaria (Ez 16,44-52)

Jerusalém é comparada com Sodoma e Samaria, dando continuidade às acusações contra essa cidade. Segue a tradução:

> 44Eis que todo aquele que se serve de provérbios usará contra ti este provérbio, dizendo: "Tal mãe, tal filha". 45Tu és filha de tua mãe, que tem aversão por seu marido e de seus filhos; e tu és irmã de tuas irmãs, que tiveram aversão por seus maridos e de seus filhos; vossa mãe foi heteia (hitita), e vosso pai, amorreu. 46E tua irmã maior é Samaria, que habita à tua esquerda com suas filhas; e tua irmã mais nova (caçula), que habita à tua direita, é Sodoma e suas filhas. 47Porém, não só andaste em seus caminhos, nem só fizeste suas abominações; como se fosse pouco. Mas te corrompeste mais do que elas em todos teus caminhos. 48Por minha vida, oráculo do Senhor YHWH, Sodoma, tua irmã, ela com suas filhas, não fez como tu fizeste e tuas filhas. 49Essa foi a culpa de Sodoma, tua irmã: orgulho, fartura de pão e próspera tranquilidade (tranquila indolência) tinha ela e suas filhas; e sua mão não sustentava o aflito e o indigente. 50Foram arrogantes (elas se exaltaram) e fizeram abominações

diante de mim. Então as eliminei quando as vi. [51]Também Samaria não cometeu metade de teus pecados; pois tu multiplicaste tuas abominações mais do que elas e assim justificaste tuas irmãs com todas as abominações que fizeste. [52]Tu, pois, carregas tua desonra, tu que advogaste a causa de tuas irmãs; pelos pecados que cometeste, mais abomináveis do que elas, mais justas são elas do que tu; envergonha-te logo também e leva tua desonra, pois justificaste tuas irmãs.

A segunda seção inicia-se com um provérbio popular breve (*māšāl*): "Tal mãe, tal filha", o qual constata a semelhança de alguém com a aparência, a personalidade ou o comportamento dos genitores. É como diz o povo brasileiro: "filho de peixe, peixinho é". O autor insere um provérbio dentro de uma grande parábola que também é um *māšāl*, mas que, nesse caso, está a serviço do *rîb*, uma acusação. Ele remete às origens de Jerusalém descritas em Ez 16,4-5, tanto que menciona sua origem gentílica (mãe heteia e pai amorreu), e a semelhança está no comportamento: "a aversão pelo marido e pelos filhos". A aversão pelos filhos ficou clara em Ez 16,4-5, quando descreve o total abandono e a ausência de cuidados dedicados à filha, bem como o fato de sacrificá-los aos deuses (vv. 20-21). Quanto ao marido, deve ser deduzido pela acusação de prostituição e adultério. Jerusalém também se assemelha ao comportamento de suas irmãs: Samaria e Sodoma (vv. 45-52). Samaria era uma cidade israelita, que, desde o tempo da monarquia dividida e depois da dominação assíria, era vista como cidade idólatra (2Rs 17,24-41). Ela é descrita como a irmã maior, que nesse contexto deve ser entendido como aquela que já fez a experiência de ser invadida, destruída, bem como de ter vivenciado a deportação de sua população pela potente Assíria. Samaria foi constituída capital do Reino do Norte, Israel, no governo de Amri (1Rs 16,23-26), conseguindo criar um governo dinástico por três gerações. O Reino do Norte era acusado de idolatria desde o início, quando Jeroboão resolveu instituir dois santuários nacionais, um em Betel, outro em Dã (1Rs 12,28-30), com suas festas, sacerdotes e culto próprio, e com a representação do Senhor por meio de um bezerro de ouro. Por isso, sempre foi comparada com a desobediência de Aarão ao produzir um bezerro de ouro na travessia do deserto (Ex 32). Essas atitudes não foram avaliadas somente como uma religião alternativa, dado que, com a divisão do reino, o povo não deveria mais frequentar Jerusalém, até mesmo por uma questão de estratégica política, mas isso resultava em uma forma diferente de concepção teológica e de se relacionar com Deus. Por sua localização geográfica, o Reino do Norte tinha mais recursos, se comparado com o Reino do Sul, e isso acabava gerando mais ganância e corrupção dos reis, como já foi mencionado. Após Amri, surge Acab, que é classificado como um rei que conduziu uma política de exploração e de violência (1Rs 21,1-19). Ele era influenciado por sua esposa Jezabel, filha do rei de Sidônia e a maior propagadora dos cultos idolátricos e do baalismo. Acab e Jeú foram reis violentos, que incentivaram as guerras de expansão. No governo de Jeroboão II, Israel prosperou economicamente, sendo a riqueza acumulada na Samaria. Porém, essa prosperidade foi fruto da exploração aos camponeses, da injustiça e da alienação religiosa. Além de proliferar a injustiça e a idolatria, a Samaria também fez alianças com as nações estrangeiras, gerando mais opressão para os habitantes de Israel: a submissão à Assíria e o pagamento de pesados impostos, até ser conquistada por esse império. Após a conquista, Samaria foi destruída e sua população, deportada para as nações vassalas do império assírio. Foram transportadas pessoas de outras nações para a Samaria, o que introduziu vários cultos nessa região. Deus também suscitou profetas para o Reino do Norte, como Elias, Eliseu, Amós e Oseias, mas eles não foram escutados. Todo esse panorama histórico também acontece com Jerusalém.

Sodoma era o paradigma da maldade, da injustiça em todos os âmbitos e do castigo definitivo (Am 4,11; Is 1,9-10; Jr 23,14; 49,18; Lm 4,6). Sua história é narrada em Gn 18–19, na qual se encontra o desejo de Deus de salvar a cidade, após a intercessão de Abraão. Infelizmente não foi possível, dado que estava mergulhada no pecado e na injustiça e fechada para qualquer possibilidade de mudança e conversão.[21] O profeta afirma que Jerusalém realizou mais abominações do que essas duas cidades. É uma declaração surpreendente, dado que, ao ser comparada a essas cidades, Jerusalém é sempre a eleita de Deus, a cidade de Davi que recebe todos os elogios. O profeta também assegura que Jerusalém não só seguiu o mesmo caminho de suas irmãs, Samaria e Sodoma, como em todos esses caminhos optou pelo pior. É possível interpretar essas afirmações ao ter presente que essa profecia não visa só a elencar os pecados e a infidelidade de Jerusalém, mas a fazer com que seus habitantes tomem consciência da gravidade de seus pecados e da possibilidade de ser totalmente destruída, de forma a se converter, pois é um capítulo da primeira parte do Livro de Ezequiel. Porém, essa avaliação negativa de Jerusalém, em comparação com Sodoma e Samaria, sendo considerada a pior, tem sentido, dado que Jerusalém tinha todas as possibilidades de seguir outro caminho e se tornar a melhor, visto que era a cidade escolhida por YHWH, era governada por reis da descendência de Davi, e era considerada cidade santa e próxima de Deus, por meio dos sacrifícios de culto realizado no Templo. Havia também a garantia da estabilidade, da proteção divina, da promessa da Aliança realizada com Davi, mas os habitantes da cidade não seguiram esse caminho. Por outro lado, ela poderia ter aprendido da história e, ao ver o exemplo de suas irmãs, ter trilhado outro caminho, mas decidiu pela pior

---

21 PETTIGIANI, 2015, p. 278-279.

opção. Não aprendeu com a história, foi insensível à eleição e à Aliança realizada com Deus, e não escutou suas mensagens enviadas por meio dos profetas e profetisas.

Aspecto que diferenciava o reino de Judá do Reino de Israel e de Sodoma. Sodoma é culpada de ser orgulhosa, arrogante (Pr 16,18), de não se sensibilizar com o aflito e o indigente, mas de esbanjar, em sua prosperidade (v. 49). O orgulho e a arrogância são vistos como motivos para a ira divina (Is 2,10-21; 13; Os 7,10; Am 6,8.12). O orgulho se configura como autossuficiência, que impede a abertura ao outro.[22] Assim, é acusada de total indiferença com o sofrimento das pessoas e de pensar que pode salvar-se por seus méritos e estratégias políticas. Quanto à Samaria, é acusada pelos "pecados e abominações" mencionados de forma genérica, que provavelmente podem ser identificados com a idolatria e a injustiça. Como esses aspectos podem ser relacionados com Jerusalém? Com relação à Samaria e à idolatria, não há nenhuma dificuldade, uma vez que Ezequiel, em cada momento, aponta esse pecado em Jerusalém, como é visível em todo o texto de Ez 16. Quanto à comparação com Sodoma, há uma relação estreita entre o que foi dito contra a cidade e contra Jerusalém em Ez 18 e 22. Essa dimensão dilata o conceito de pecado, até então concentrado na esfera cultual e religiosa, para os pecados sociais e estruturais.

Como Jerusalém pode justificar Sodoma e Samaria por terem cometido mais abominações do que essas (vv. 51-52)? Como o excesso de pecado de Jerusalém pode servir de sentença positiva para Sodoma e Samaria? Há comentadores que traduzem a última frase do v. 52 com o verbo "fazer parecer justas" e, assim, interpretam que, ao comparar Jerusalém com as duas cidades, pela quantidade de pecados cometidos por Jerusalém, os pecados de

[22] PETTIGIANI, 2015, p. 290-291.

Sodoma e Samaria são considerados poucos. Para interpretar esses versículos, alguns estudiosos propõem partir da decisão divina de perdoar os pecados de Jerusalém, por recordar-se de sua Aliança e da eleição e para dar uma oportunidade de mudança a Jerusalém. Se Deus perdoa aquela que tem mais pecados, também perdoará aquelas que cometeram menos pecados (Samaria e Sodoma). Mas o problema é que o texto diz que, pela vergonha e pela desonra de Jerusalém, Samaria e Sodoma serão consideradas justas. Não é um texto fácil de interpretar, mas uma tentativa é considerar o significado jurídico do termo "vergonha" como reconhecimento do próprio pecado, considerar-se culpada e, assim, se converter, levando também suas irmãs à conversão. Outra proposta de interpretação é a possibilidade que Jerusalém abre, por meio da quantidade de seus pecados, para uma aliança não mais condicionada, bilateral, contratual, como a do Sinai, mas para uma aliança incondicionada, unilateral, gratuita, característica da tradição sacerdotal.

2.4.2 A promessa do Senhor (vv. 53-58)

Diante da infidelidade de Jerusalém e da iminente destruição, Deus cessa as acusações e concede esperança a Jerusalém, Sodoma e Samaria: vai "restaurar a sorte" dessas cidades, fazê-las retornar à condição primitiva. Segue o texto:

> 53Restaurarei a sorte delas, a de Sodoma e de suas filhas, a de Sa-
> maria e de suas filhas e tua própria sorte entre elas, 54para que car-
> regues tua desonra e fiques envergonhada por tudo o que fizeste,
> servindo-lhes de consolação. 55Quando tuas irmãs, Sodoma e suas
> filhas, retornarem a sua primeira condição; a Samaria e suas filhas
> retornarem à sua primitiva condição; tu e tuas filhas retornareis à
> vossa primitiva condição. 56Não era Sodoma, tua irmã, como pro-
> vérbio em tua boca, no dia de teu orgulho, 57antes que fosse revelada
> tua maldade? Como naquele tempo, és agora opróbrio das filhas de

Aram e de todas as que estão ao seu redor, das filhas dos filisteus que te desprezam. [58]Tua infâmia e tuas abominações tu carregarás, Oráculo de YHWH.

Nota-se uma mudança no discurso, não predominando a acusação, mas sim a consolação, ao anunciar a restauração de Jerusalém, de Sodoma e da Samaria. Há uma retomada da temática da desonra e da vergonha (v. 53), que agora serve de consolação para Sodoma e Samaria. Transparece aquela sensação de que se a cidade escolhida por Deus, a eleita, a cidade santa, Jerusalém, está em condição tão deplorável de desonra e vergonha, então as demais cidades estão em condições melhores, por não terem recebido todos esses cuidados e, mesmo assim, terem conseguido realizar alguma coisa de bom; ou se sentirem na mesma condição, na qual uma não é melhor do que a outra. Por outro lado, ao estabelecer um grau de parentesco (as irmãs), o profeta supõe que a conversão de uma das irmãs e a possibilidade da ação salvífica de Deus proporcionarão consolo e salvação também para suas irmãs: Samaria e Sodoma. Outra possibilidade seria de elas se converterem, dado que não importa o passado, mas sim optar agora pelo bem (Ez 18,21-32).

É anunciada uma nova intervenção salvífica de Deus, que consiste em reconduzir às origens ou à condição primitiva. Há uma afinidade entre Ez 16; Jr 3,6-12 e Is 19,23-25. A expressão "restaurar a sorte", como possibilidade de renovação, não se refere só a Israel e Judá, mas também às nações estrangeiras como Amon (Jr 49,6), Moab (Jr 48,47), Elam (Jr 49,39) e Egito (Jr 46,26).[23] Desse modo, deixa-se transparecer o caráter universal dessa Aliança, dessa restauração. Há a repetição para cada cidade de um "retornar à condição primeira ou primitiva", porém não é

23 PETTIGIANI, 2015, p. 313.

especificado o que significa essa condição, sendo projetado para o futuro. Pode-se deduzir que seria uma nova criação (no caso de Sodoma) e uma renovação da Aliança com Deus, o retorno ao amor primeiro, como proclamava Oseias (Os 2,4-25), ou da condição original marcada pelo bem. Outra possibilidade seria de uma ação salvífica de Deus, renovando a Aliança, como se verá nos versículos posteriores. Assim, no caso de Samaria e de Jerusalém, seria o retorno à Terra Prometida e a unificação dos reinos, como nos tempos de Davi, tendo como centro a reforma religiosa e a distribuição da terra (Ez 40–48).

2.4.3 O anúncio da Aliança eterna (vv. 59-63)

A última parte representa a fase que Judá está vivendo, o exílio, e por isso é necessário não mais acusá-lo, e, sim, trazer uma mensagem de esperança e de consolação. Portanto, o texto sintetiza as acusações feitas a Jerusalém ("desprezaste o juramento, rompendo a Aliança") e reafirma a fidelidade de Deus ("lembrarei da Aliança").

> 59Porque assim diz o Senhor YHWH: Eu te farei a ti como fizeste, pois desprezaste o juramento, rompendo a Aliança. 60Mas eu me lembrarei da Aliança que fiz contigo nos dias de tua juventude e estabelecerei contigo uma Aliança eterna (perpétua). 61Então, te lembrarás de teus caminhos e te envergonharás quando receberes as tuas irmãs, tanto as mais velhas como as mais novas. E as darei a ti como filhas; não porém em virtude de tua aliança. 62Estabelecerei minha aliança contigo, e conhecerás que eu sou YHWH, 63para que te lembres e te envergonhes e, em tua desonra, não aconteça mais que abras a boca, quando eu me reconciliar contigo (purificá-la; perdoá-la), por tudo que fizeste. Oráculo do Senhor YHWH.

O autor enfatiza a situação desoladora de Judá. É desprezado pelas nações, violentado pelas grandes potências (seus amantes), exilado e espoliado de sua dignidade. Mas não é abandonado por Deus, que volta a procurá-lo, a fim de renovar a Aliança (Is 54,1-10; Ez 36,24-27), trazendo-o de volta, e esse, humilhado pelo exílio e perdoado por Deus, será fiel ao seu Senhor (vv. 61-63).

A punição e a humilhação sofridas no exílio servirão como uma purificação para Judá (vv. 58-59). Assim, Deus promete renovar a Aliança, pois ele é fiel às promessas e resolve estabelecer uma Aliança eterna (v. 60). O termo "aliança" recorre nos vv. 22 e 43 como acusação contra Jerusalém, que não se recorda do pacto estabelecido, mas também nos remete à cena do matrimônio (vv. 8-14), simbolizando a Aliança entre Deus e o povo, por um ato de benevolência divina, que concede vários dons à esposa Jerusalém. A cidade reconciliada receberá filhos (v. 61) e os povos redimidos, frutos da benevolência divina. Isso também aparece nas alianças retratadas em Is 49,21-23 e 54,1-10.

Percebe-se uma relação entre Ez 16,62-63 e Ex 6,2-8, na segunda revelação de Deus para Moisés, num momento de crise, por situar-se após o fracasso da primeira missão de Moisés e Aarão de dialogar e negociar com o faraó (Ex 5,1-23). Ambos falam de Aliança e em conhecer quem é o Senhor. A expressão "conhecerás que eu sou YHWH" (v. 62), que ocorre em Ex 6,7-8; 29,45-46; Nm 14,30; 20,12, parece típica da tradição sacerdotal. Essa tradição tem uma concepção clara do passado e do futuro de Israel, e a ênfase recai na promessa e na Aliança feitas com os patriarcas e matriarcas, pois há uma recordação da Aliança sinaítica, da promessa da posse da terra e da revelação do nome YHWH para Moisés (Ex 6,8). O que surpreende no documento-base sacerdotal é a ausência de um relato da conquista da terra, dado que esse tema é fundamental para essa tradição (Gn 17,8; 49,29-33; 50,12-13). O fracasso no cumprimento da promessa é explicado em Nm 13–14, mas provavelmente seu cumprimento será no retorno à Terra Prometida no pós-exílio.[24] Isso também é expresso em Ezequiel com o projeto de reconstrução, Ez 40–48, com a redistribuição da terra entre as tribos e a reconstrução do Templo. O verbo "conhecer" remete à experiência pessoal e íntima com alguém (Os 2,22; 4,1; 6,6; 12,10; 13,4; Ez 20; Jr 9,23; 16,21.22,16), e a expressão "conhecerás que eu sou YHWH" exprime essa relação estreita entre YHWH e o povo. "Eu sou YHWH"[25] é uma fórmula de autorrevelação e contém um caráter litúrgico.[26] Ela está presente nas teofanias (Gn 15,7; 26,24; 28,13; 46,3), nas promessas e nos juramentos, sublinhando o compromisso de YHWH e sua fidelidade.[27] Mormente é utilizada para reforçar o juramento que foi realizado com os patriarcas (Gn 22,16; Jr 22,24; Ez 16,48, 17,16; 18,3) e legitima a promessa de libertação da opressão no Egito (Jr 44,26; Ez 17,19; 20,5-6).[28] YHWH é também interpretado na tradição rabínica como a face

---

24 Esse argumento é desenvolvido em KILIAN, R. O documento sacerdotal: esperança de retorno. In: SCHREINER, J. (ed.). *Palavra e mensagem*: introdução teológica e crítica aos problemas do AT. São Paulo: Paulinas, 1978. p. 322-327 (NCB, 8) e em SKA, J.-L. Le récit sacerdotal: une historie "sans fin". In: RÖMER, T. (ed.). *The books of Leviticus and Numbers*. Leuven/Paris/Dudley: Peeters, 2008. p. 613-653 (Bibliotheca Ephemeridum Theologicarum Lovaniensium, 215).

25 Em escritos extrabíblicos, a fórmula "Eu sou + nome" é atestada nos textos egípcios. Esses textos são citados e comparados com Ex 6,2-8 por Propp (PROPP, W. H. C. *Exodus 1–18*: a new translation with introduction and commentary. New York: Doubleday, 1999. p. 270-271 (The Anchor Bible, 2).

26 CHILDS, B. S. *El libro del Éxodo*: comentario crítico y teológico. Estella (Navarra): Verbo Divino, 2003. p. 142 (Nueva Biblia Española. Pentateuco. Comentarios Teológicos y Literarios); DAVIES, G. I. The exegesis of the divine name in Exodus. In: GORDON, R. P. (ed.). *The God of Israel*. Cambridge: Cambridge University Press, 2007. p. 148.

27 Gn 41,44; Jr 16,21; Ez 5,11-17; 14,4-20; 17,16-24; 20,3-44; 33,27-29; 35,4-15; PROPP, 1999, p. 270.

28 OLIVA, M. Revelación del nombre de Yahweh en la "historia sacerdotal": Ex 6,2-8. *Biblica*, Roma, v. 52, n. 1, p. 13-19, genn./mar. 1971.

misericordiosa de Deus.[29] Sua função não é a de anunciar uma teofania, como em Ex 3,13-15, mas de garantir que a promessa será cumprida, que a recompensa será dada,[30] pois, quando uma divindade diz seu nome, isso equivale a afirmar seu poder, sua glória.[31] Apesar das inúmeras controvérsias sobre a origem e o significado do nome YHWH, uma das principais sugestões é de que esse nome divino se tornou significativo no tempo de Moisés, uma vez que alguns autores acenam para seu provável uso antes de Moisés, na região oriental do Sinai. Ao se considerar Ex 3,14-15, vê-se que YHWH é um Deus que manda, ordena, revela-se na missão de Moisés, e se identifica com a vontade de resgatar o povo. Assim, há uma correlação entre a revelação do nome YHWH, a experiência exodal e a história de Israel,[32] provavelmente por isso esse nome é utilizado em Ez 16,62. Quanto ao significado do Tetragrama, não há unanimidade. A primeira proposta é a de relacioná-lo com o verbo "estar",[33] como forma de certificar a presença de Deus junto ao povo, no sentido de "Eu estarei" ou "Eu estou convosco" (Ex 3,12). A segunda enfatiza o sentido existencial e o traduz com o verbo "ser", tendo por objetivo reafirmar o monoteísmo ("Ele

---

29 ÊxR VI, 1.3 e MidrTanh Ex II, 4 diz: "[...] é por meio da minha criação que eu me nomeio. [...] quando as minhas entranhas estremecem de compaixão pelo meu mundo, eu me chamo YHWH". Essa citação foi mencionada no comentário de CHOURAQUI, A. *Nomes* (Êxodo). Rio de Janeiro: Imago, 1996. p. 90 (Bereshit, 2).

30 CHUMASH com comentário de Rashi: Shemot. São Paulo: I. U. Trejger, 1993. v. 2, p. 24, e CHILDS, 2003, p. 143.

31 CHOURAQUI, 1996, p. 88.

32 SKA, J.-L. *Il libro sigillato e il libro aperto*. Bologna: Dehoniane, 2005. p. 315-326 (Biblica).

33 Fohrer afirma que a forma verbal YHWH "não representa nem um substantivo nem um particípio, nem uma forma do *hiphil* causativo desse verbo, sendo, em vez disso, uma forma de *qal* arcaico" (FOHRER, G. G. *História da religião de Israel*. São Paulo: Paulinas, 1982. p. 86-87 [NCB, 15]).

é quem existe e não há nenhum outro Deus")[34] ou testificar que seu nome representa seu ser, seu existir e seu agir[35] ("Eu sou quem sou") e que, assim, não existe divisão entre o ser e o agir libertador de Deus, portanto, é uma existência ativa e eficaz. Outra acepção provém do reconhecimento de que na tradição rabínica o Tetragrama é traduzido por "Eterno". Essa tradução é ratificada, dado que o tempo verbal presente no Tetragrama possibilita traduzi-lo como um ser, estar, torna-se e agir, é uma existência que está em constante devir e, ao mesmo tempo, permanece idêntica a si própria. Assim, pode ser traduzido com o verbo tanto no tempo presente ("sou") como no futuro ("serei"), e o passado é mencionado na referência à Aliança estabelecida com os pais e ao "ouvir o gemido do povo" (Ex 3,3-5). Desse modo, YHWH pode ser interpretado como um nome que se revela no decorrer do tempo, por ele ser o Senhor da História. No passado se revelou nas promessas feitas aos patriarcas e matriarcas e, no presente, manifesta-se em sua promessa de ação salvífica, que se cumprirá num futuro próximo, resgatando e libertando seu povo do exílio babilônico (Is 52,4-6; Ez 36,22-26). Outra proposta é a de unir esses significados, visto que a tradição sacerdotal sintetiza no nome divino sua ação e presença.[36] Isso é explícito no êxodo, na experiência de ser resgatado, e na Aliança realizada com os patriarcas. Essa fórmula também ocorre no Código de Santidade, em Isaías e, de forma especial, nesse caso, em Ezequiel.[37] Em Ez 16,62,

34 METTINGER, T. N. D. *O significado e a mensagem dos nomes de Deus na Bíblia*. Santo André: Academia Cristã, 2008. p. 80-81.

35 Conforme Barr, nem sempre o nome na Bíblia representa a existência de seu portador, mas é possível afirmar que, em alguns deuses, o nome reflete a "essência" (BARR, J. The symbolism of names in the Old Testament. *BJRL*, Manchester, v. 52, n. 1, p. 11-29, Feb. 1969).

36 DAVIES, 2007, p. 146-147.

37 Lv 18,2.4.5; 19,2.4.18; 20,8; Is 41,6-8; 43,3.15; 45,5-7; Ez 5,13; 6,10; 7,9.

tem-se o anúncio e a atividade salvífica de Deus, o restabelecer a Aliança, e nesse ato todos reconhecerão YHWH. Portanto, o uso do Tetragrama reafirma a ação redentora divina para com Jerusalém, parecendo sugerir que o poder de resgatar está incluído nesse nome (YHWH) e manifesta a soberania divina. A revelação do Tetragrama remete à narrativa da vocação de Moisés em Ex 3,1–4,18, que sugere duas formas de conceber a fé em Israel. De um lado, YHWH não é só dos patriarcas, da família, do pequeno clã, mas se torna o Deus do povo, o Deus de Israel (Ex 3,6.15-16). Isso se dá quando Deus liberta os israelitas, concedendo-lhes uma identidade e uma existência como povo. Por conseguinte, a revelação de um novo nome corresponde a uma particularidade de Deus e, nesse caso, ela está ligada à passagem da escravidão à liberdade (Ex 20,2; Os 13,4). Assim, Deus se revela na história de Israel, e a história desse povo se torna a revelação do Nome Divino.[38] É o que se verifica nessa perícope de Ezequiel.

Na última frase, no v. 63, o autor aborda a necessidade de Jerusalém se recordar de sua vergonha e desonra, de se reconhecer culpada, assim não tem mais o que argumentar ou defender. Essa seria uma das formas de interpretar a expressão "não aconteça mais que abras a boca" e simplesmente acolher o perdão que lhe é concedido. O silenciar diante de Deus também pode expressar o "estupor" com a benevolência divina, que, apesar das abominações de Jerusalém, perdoa e ainda renova sua Aliança com o povo. A raiz hebraica *KPR*[39] na forma verbal, geralmente em *piel*,

---

[38] SKA, J.-L. El êxodo, el nombre de Dios y la historia de Israel. *Cuest. Teol.*, Medellín, v. 31, n. 75, p. 127-139, enero/jun. 2004.

[39] ALONSO SCÖKEL, L. M. *KPR. Dicionário Bíblico Hebraico-Português*. 3. ed. São Paulo: Paulus: 2004. p. 324-325; LANG, B. *KPR* (kipper). In: BOTTERWECK, G. J.; RINGGREN, H.; FABRY, H.-J. (A cura di). *Grande Lessico dell'Antico Testamento*. Brescia: Paideia, 2004. v. 4, p. 508-526.

significa "ressarcir", "compensar", "expiar", "aplacar", "perdoar", "cancelar", "purificar", "tornar propício" e "cobrir". Quanto à origem, pode ser derivada dos verbos "cobrir", "expiar", "purificar". Ela muda de significado na tradição sacerdotal, podendo ser traduzida por "cancelar", no sentido de "purificar ritualmente", "expiar uma culpa". Portanto, poderá assumir tanto o sentido expiatório como o propiciatório. É típica da esfera cultual, mas está presente também na jurídica,[40] quando é necessário sublinhar o resgate no sentido de recuperar algo ou alguém que pertença a determinado grupo de parentesco, ou até mesmo no sentido teológico de resgatar o que pertence a Deus. É interessante a ocorrência desse verbo em Dt 32,43, quando Deus declara que purificará a terra e o povo, no contexto da libertação de Israel diante das nações, estabelecendo pontos de contato com Ez 16,63.

CONCLUSÃO

Entre os aspectos teológicos peculiares de Ezequiel, destaca-se a centralidade do culto e a ênfase na idolatria como um dos pecados principais de Judá. Junto a esses está a injustiça, dado que a idolatria não se restringe ao âmbito religioso, mas afeta a esfera política, econômica, social, como foi possível verificar em Ez 16. Essa infidelidade de Judá acarreta na destruição e no exílio babilônico. Nota-se que não há conversão por parte do povo, nem mesmo um reconhecimento de suas culpas, por isso a única possibilidade de salvação está em Deus, só ele é a esperança de Israel. Por ser fiel às suas promessas, ele renovará a Aliança com o povo (Ez 16,60-63).

Outro aspecto da profecia de Ezequiel é a releitura teológica da história, que tem como genuíno exemplo a bela alegoria de

---

40 Na LXX, é traduzida pelo termo "preço de resgate" em Ex 21,30; 30,12; Nm 35,31-32; Pr 6,35 e 13,8.

Ez 16, que assume o gênero literário *rîb*. Essa alegoria retrata o amor generoso de Deus, que faz de Judá um povo próspero e numeroso, e a ingratidão do povo, sua infidelidade, que o conduz ao exílio. É um texto que se articula entre a vida e a morte. Jerusalém sabe quem lhe dá a vida, mas opta por aqueles que a conduzem à morte. No entanto, o profeta não para no exílio, nem simplesmente acusa Jerusalém, mas anuncia uma renovação da Aliança, que será eterna, não por causa dos méritos de Judá, mas pela iniciativa gratuita e amorosa de Deus.

Capítulo 5

"AQUELE QUE PECAR, ESSE MORRERÁ": LIBERDADE E RESPONSABILIDADE INDIVIDUAL EM EZ 18

Jaldemir Vitório[1]

O profeta Ezequiel viu-se às voltas com uma problemática radicalizada no contexto do exílio babilônico. Sobretudo os nascidos no exílio, que não experimentaram a dor de serem arrancados da terra e levados para um país estrangeiro, já não aceitavam a interpretação teológica dos fatos que dizia deverem pagar pelos malfeitos de seus pais, punidos com o castigo divino. O Deus implicado nessa leitura da história lhes parecia injusto, pois os penalizava por algo que não fizeram. Eles não sabiam quem tinha contrariado YHWH, a ponto de se tornarem merecedores de castigo, apesar disso, estavam envolvidos numa relação conflituosa com Deus, sem possibilidade de se redimirem.

---

1 Presbítero jesuíta, obteve o mestrado em Ciências Bíblicas pelo Pontifício Instituto Bíblico de Roma e o doutorado em Teologia Bíblica pela Pontifícia Universidade Católica do Rio de Janeiro. Atualmente é professor do Departamento de Teologia da Faculdade Jesuíta de Filosofia e Teologia (FAJE), em Belo Horizonte (MG).

Ezequiel desponta como um sacerdote-profeta que se dispõe a desfazer o equívoco e a colocar as coisas nos devidos lugares. Ez 18 contém uma reflexão sistemática sobre o tema e apresenta uma pista para a superação da crise teológica, deixando de lado a tradicional doutrina da retribuição, acoplada à ideia da personalidade corporativa, em cuja base está uma "responsabilidade transgeracional", uma "retribuição transgeracional", uma "sanção transgeracional",[2] pela qual uns pagam pelas faltas alheias, nesse caso, o profeta apela para a responsabilidade individual. Esta nada tinha a ver com o individualismo moderno, pois, na ideologia da época, entendia-se o indivíduo em sua relação indissociável com a comunidade-sociedade. Logo, tudo quanto se fazia, de uma maneira ou de outra, tinha reflexos comunitário-sociais. "Não existe aqui qualquer indício de que Ezequiel pretendesse revogar a responsabilidade coletiva."[3]

> Sem renunciar ao princípio da solidariedade, [Ezequiel] admite que as ações do indivíduo particular podem tirá-lo do meio em que vive, bom ou mau. [...] Com a responsabilidade coletiva que une solidariamente os membros da comunidade entre si e com seus antepassados, anuncia-se, sem anular a anterior, a responsabilidade pessoal do indivíduo, dono e senhor de seu destino, por vontade de Deus. Não vale lançar a culpa aos pais e avós, e, muito menos, burlar a justiça divina.[4]

Toda pessoa, ao usar da liberdade, responderá por suas opções, seja na linha do bem, seja na linha do mal; da justiça

---

2 DUHAIME, J. Un appel à la responsabilité: "Retournez-vous et vivez" (Éz 18,32). Approche structurelle et théologique d'Ézéchiel 18. *Théologiques*, Montreal, v. 24, n. 1, p. 75.81.82.83, 2016.

3 PASKALIS, E. Individual responsability in Ezekiel 18,1-32, *Studia Philosophica et Theologica*, Malang (Indonésia), v. 7, n. 2, p. 189, out. 2007.

4 LAMELAS MÍGUEZ, 2004, p. 185.204.

ou da impiedade. Se os exilados, de alguma forma, sentem-se castigados por YHWH, devem buscar a causa em seu modo de proceder, em seu "agora", e deixar de lado a tentação de se sentirem punidos por castigos alheios. Donde serem chamados pelo profeta, com insistência, à conversão.

Nossa reflexão parte de um rápido esboço do impacto teológico do exílio babilônico na fé do povo de Israel e da resposta que corria entre os exilados e os que ficaram na terra, segundo a qual o exílio resultou do castigo de YHWH pela infidelidade de Israel, seu parceiro de Aliança (item 1). Com o passar do tempo, os nascidos no exílio se recusavam a carregar uma falta que não praticaram e a sofrer suas consequências (item 2). O profeta Ezequiel lança-se na tarefa de oferecer uma saída para o *imbroglio*, servindo-se de suas habilidades de sacerdote acostumado a lidar com casuística (item 3). E o fará de maneira muito didática e esquemática, no capítulo 18 de seu livro, onde oferece uma pista para a superação do impasse, apelando para a responsabilidade de cada indivíduo no bom ou no mau uso da liberdade (item 4). Por fim, mostrar-se-ão como os três filões – teológico, antropológico e ético – se interlaçam para tecer a mensagem do profeta (item 5).

1. O EXÍLIO BABILÔNICO: TEMPOS DE INCERTEZAS E DE CRISES

Duas datas foram marcantes para o povo da Bíblia, no período que chamamos AT: 597 e 587 a.C. Referem-se à primeira e à segunda deportação do povo de YHWH para a Babilônia, quando o Reino de Judá e suas instituições começaram a desaparecer. Na primeira onda (597 a.C.), o rei legítimo e a família real, com as pessoas de importância, são levados para o exílio (2Rs 24,10-16). Os babilônios colocam no trono um rei sem grande expressão (2Rs 24,17). Os que permaneceram em Judá começam a cultivar ideias independentistas, a ponto de interromperem o pagamento do tributo de vassalagem e se insurgirem contra os dominadores. A reação não se faz esperar! Os babilônios atacam Jerusalém (587 a.C.), destroem a cidade e o Templo (2Rs 25,8-21), e poupam apenas o povo pobre (v. 12).

Então, têm início tempos de pessimismo e de desolação, com o risco de desaparecimento do povo, que passa a viver num país estranho, numa terra que não é a sua (Sl 136). O Templo, lugar da habitação de YHWH com seu povo, já não existe. Tendo perdido o lugar de culto, o povo se perguntava: onde encontrar YHWH? A dinastia davídica estava arruinada, pois o rei também fora exilado, de modo a gerar suspeitas em torno da promessa de que sobreviveria apesar dos contratempos (2Sm 7,16). Os exilados estão, agora, sob o domínio de um rei pagão. Vivendo num país estrangeiro, em meio a muitos outros povos exilados, não se sentem estimulados a serem fiéis à Aliança, sob a influência das religiões pagãs. YHWH e sua Lei pouco contam!

O foco principal da crise referia-se à identidade do Deus de Israel. A tradição falava dele como "Deus dos deuses, Senhor dos senhores, o Deus grande, o valente, o terrível" (Dt 10,17), que se comprometera a defender seu povo, parceiro de Aliança. Na ideologia da época, cada povo possuía seu deus protetor. Por isso, as guerras eram entendidas, em última instância, como o combate entre duas divindades. A vitória das armas era a vitória do deus cultuado por aquele exército e aquele povo. Inversamente, a derrota no campo de batalha consistia na incapacidade de um respectivo deus de defender seu povo. Aplicado esse princípio a Israel, significava que YHWH fora vencido por Marduk, a principal divindade do panteão babilônico, e o povo estava largado à própria sorte, encontrando-se num beco sem saída.

O cenário de crise exigiu um repensamento da fé, para entender o que se passava e, de certo modo, fazer a defesa de YHWH, responsabilizado pela desgraça do povo. Um grupo de teólogos, conhecidos como deuteronomista, entendeu que o exílio decorria da ruptura da Aliança, porquanto Israel não fez sua parte, bandeando-se para outras divindades e assumindo comportamentos contrários ao que fora estipulado. Os profetas haviam denunciado o desfecho de tudo aquilo (Mq 3,9-12; Jr 7,1-15). A Historiografia Deuteronomista, uma grande teologia narrativa que vai do Livro de Josué ao Segundo Livro dos Reis, faz uma releitura da história e reconhece ser o exílio o castigo merecido, como previsto no Livro do Deuteronômio, no tocante às bênçãos e às maldições (Dt 27–28).[5]

O pano de fundo da interpretação deuteronomista aponta para a solidariedade no agir humano: a falta de um acarreta o castigo para todos. A coletividade toma o lugar do indivíduo, obrigado a pagar uma conta que não é sua. Essa mentalidade estava presente no tempo de Jesus, quando os discípulos lhe perguntam: "Rabi, quem pecou, ele ou seus pais, para que nascesse cego?" (Jo 9,1). No entanto, reaparece, aqui e acolá, em falas do tipo: "que mal você fez para Deus lhe dar um filho portador de síndrome de Down?". O jovem cego e o portador da síndrome de Down, nesse caso, haveriam de carregar nos ombros um peso que não lhes compete. Os exilados, nesse esquema, deveriam resignar-se a serem punidos por faltas que, necessariamente, não lhes diziam respeito.

2. A TEOLOGIA TRADICIONAL POSTA EM XEQUE

Os primeiros tempos devem ter sido muito difíceis para os exilados que foram transplantados, a contragosto, para a capital

5 RÖMER, Th. *La première histoire d'Israël*: l'école deutéronomiste à l'oeuvre. Genève: Labor et Fides, 2007.

do império hegemônico da época. Os babilônios não estavam interessados em impor castigos físicos violentos a essa faixa da população. Sua tática para desarticular qualquer tentativa de revolta dos povos vassalos consistia em criar uma mescla de povos, culturas, religiões e tradições, de modo a descaracterizá-los e torná-los sem identidade. Essa realidade torna-se perceptível nas grandes metrópoles de hoje que congregam pessoas de todas as partes.

Os exilados, pouco a pouco, foram se inserindo na nova realidade e muitos chegaram a se instalar, definitivamente, dando origem à chamada diáspora. Em face de quem propagava que o exílio seria breve, o profeta Jeremias escreveu uma carta aos exilados, recomendando-lhes: "construam casas e se instalem, plantem pomares e comam seus frutos. Casem-se e gerem filhos e filhas, tomem esposas para os filhos de vocês e deem vossas filhas em casamento, que gerem filhos e filhas, multipliquem-se aí e não diminuam" (Jr 29,5-6). Por consequência, os exilados cuidaram de buscar emprego, adquirir propriedades, casar-se e constituir famílias, enfim, de encontrar modos de sobreviver, na incerteza de quanto duraria a vida no estrangeiro. Tudo isso, devendo conviver com a dura realidade de famílias separadas dos que ficaram para trás, de cargos e funções perdidos, de rebaixamento de nível social, da necessidade de exercer atividades pouco convidativas e até repugnantes.

Enfim, o tempo foi passando e muitos dos que nasceram e se criaram na Babilônia começaram a não mais aceitar serem culpabilizados pela tragédia do exílio. O provérbio "os pais comeram uvas verdes e os dentes dos filhos ficaram embotados" (Ez 18,2) foi posto em questão.[6] Tratava-se de "uma justificação

---

[6] Esse provérbio aparece em Jr 31,29-30. "Deve ter sido uma compreensão comum da justiça divina" (BOADT, L. Ezekiel. In: BROWN, R. E.; FITZMYER, J. A.;

do passado; ao mesmo tempo, um protesto de inocência e uma censura velada a Deus. É justo o que ocorreu? Está de acordo com o direito que justos paguem pelos pecadores?".[7] Despontava a consciência de que os tempos eram outros, as pessoas eram outras, e não podiam ser penalizadas por acontecimentos de um passado distante, cujos responsáveis desconheciam e cujos detalhes fugiam de seu conhecimento.[8]

> O contexto do provérbio das uvas verdes mostra que a máxima foi citada pela comunidade exílica, que se considerava inocente. Ao citarem o provérbio, não só acusam YHWH de castigar os inocentes: "o caminho do Senhor não é justo" (18,25.29; 33,17a), mas também negam a responsabilidade pelo seu próprio destino. Portanto, o provérbio foi usado como justificativa para descarregar a culpa nas gerações anteriores e excluir a responsabilidade individual. Tal entendimento está de acordo com os muitos exemplos no Livro de Ezequiel (Ez 16; 20; 21,3.9; 23) onde o profeta admite que o exílio foi, em grande parte, a consequência dos pecados dos antepassados.[9]

Certa imagem de Deus mostra-se incômoda. Tem sentido punir os filhos pelos pecados dos pais? E o que dizer da punição infindável e ilimitada, dando a entender que Deus se mostrava injusto,

---

MURPHY, R. E. (eds.). *The New Jerome Biblical Commentary*. London: Geoffrey Chapman, 1993. p. 318.

7 SICRE DÍAZ, 2016, p. 262.

8 "Na falta de um rei e de outras autoridades às quais se pudesse imputar a responsabilidade 'pelas perversões da justiça social', os profetas do período exílico (século VI a.E.C.) apelaram para os indivíduos, prometendo vida aos que praticassem a justiça e o direito. Dessa forma, 'democratizaram', de certo modo, e individualizaram essa responsabilidade e a retribuição que lhe está associada. [...] Os profetas do exílio, em particular Ezequiel, tiveram um papel determinante nesta transformação" (DUHAIME, 2016, p. 74).

9 PASKALIS, 2007, p. 185.

insaciável em sua fúria de castigar o Israel pecador? Vale a pena insistir em acreditar num Deus assim? Essa profunda crise de fé poderia ter o efeito desastroso de levar os exilados a romperem com YHWH e se bandearem para as divindades dos povos com os quais conviviam, em muitos assentamentos na Babilônia. Por consequência, a crise exigiu que se pusessem a pensar, de modo a encontrar uma saída para o impasse. Continuar mergulhados nele seria um risco para a fé de Israel. Não se justificava que alguém fosse culpado por pecados alheios.[10]

3. O SACERDOTE SE TORNA PROFETA-TEÓLOGO[11]

Esse é o quadro da atuação de Ezequiel, no capítulo 18 de sua profecia. O texto bíblico apresenta-o como sacerdote, entre os exilados, num assentamento "junto ao rio Cobar", onde "pousou sobre ele a mão de YHWH" (Ez 1,1-2). Pode-se pressupor ter sido, também, deportado, depois de ser arrancado de suas funções no Templo, onde, com grande probabilidade, via-se envolvido com as múltiplas atividades típicas da função, atendendo as levas de peregrinos que vinham cumprir suas obrigações para com YHWH. A vida intensa em Jerusalém foi substituída pela vida monótona, longe da terra, onde nada lhe parecia fazer sentido. Parece ser essa a realidade que está por detrás de Ez 3,15, nas palavras do profeta: "cheguei aos exilados de Tel Abib, que habitavam junto ao rio Cobar – era aí que eles estavam – e demorei ali por sete dias, consternado, no meio deles". YHWH não abandonara seu povo, uma vez que escolhera Ezequiel como porta-voz junto aos desterrados. É como se YHWH tivesse sido expatriado junto com

[10] Há quem situe Ez 18 no período anterior à segunda deportação (587 a.C.), portanto, nos anos iniciais da tragédia que se abateu sobre "a casa de Israel" (PASKALIS, 2007, p. 184).

[11] MONLOUBOU, L. *Un sacerdote se vuelve profeta:* Ezequiel. Madrid: Fax, 1973.

o povo, sem qualquer intenção de puni-lo. E, sim, de se fazer solidário, desejoso de instruí-lo e ajudá-lo a se manter fiel à fé dos pais, tão abalada. YHWH se mostra diferente das demais divindades, presas a um espaço geográfico, pois ele está onde se encontra seu povo.

Destituído das funções sacerdotais, Ezequiel põe-se a ajudar os irmãos em suas dúvidas de fé. Quem "só sabia pregar como sacerdote, agora, é profeta. [...] será sempre procurado e dividido entre os gostos tradicionais do sacerdote e o apetite inovador que atormenta o profeta".[12] Sua veia sacerdotal leva-o a pensar a partir do crivo puro-impuro. Para ele, as causas do exílio não são tanto de ordem sociopolítica, ligadas à ruptura da Aliança e à consequente prática da justiça, ao trato misericordioso com os pobres e desamparados e à fidelidade ao querer de YHWH. Os pecados merecedores do exílio são de ordem cultual e dizem respeito à profanação do santuário (Ez 5,11), à adoção de cultos estranhos (Ez 8,7-18), à conversão do coração aos ídolos (Ez 14,3-5) e à mancha que causaram (Ez 36,17).[13]

A questão de culpabilizar alguém por faltas que não lhe dizem respeito foi-lhe também apresentada. E o sacerdote-teólogo deu-se ao trabalho de respondê-la, de maneira precisa e didática, típica de quem estava acostumado a lidar com situações semelhantes quando atuava no Templo. Por essa razão, ofereceu aos exilados uma chave de leitura teológica da realidade, chamando-lhes a atenção para a responsabilidade que lhes cabia quanto ao futuro pessoal e ao da "casa de Israel". Longe de se revoltarem contra os pecados de outrora, que estavam na raiz do exílio, deveriam

12 MONLOUBOU, 1973, p. 86.

13 Ezequiel denuncia, também, as injustiças sociais que acompanham os pecados cultuais: violência (Ez 7,11.23), falta de respeito à mulher do próximo, opressão, exploração, roubo (Ez 18,11-13), derramamento de sangue, exploração do órfão, da viúva e do estrangeiro (Ez 22,6-12.27-29).

tomar consciência do mau comportamento do presente e de seus efeitos nefastos.

> A ilusão de que Deus faz recair os pecados dos pais sobre os filhos inocentes é derrubada, e a verdade é claramente exposta: cada homem carrega a culpa e o castigo de seus próprios pecados.[14]

Trata-se de uma forma de exercer o papel de "vigia da casa de Israel", como lhe ordenara YHWH (Ez 3,16-21; 33,1-9).[15]

> Ezequiel devia se esforçar, vigilante, para levar aos exilados auxílio e instruções. É seu dever cuidar de cada um e confortá-lo com exortações e encorajamentos, num trabalho que se poderia chamar de pastoral. Ele deve reconfortar os que duvidam da graça de Deus (33,10) e ajudá-los a superar a sua falta de confiança. Deve ainda sacudir os indiferentes e admoestar os presunçosos.[16]

4. UMA SAÍDA PARA O IMPASSE: A RESPONSABILIDADE INDIVIDUAL

O sacerdote Ezequiel dedicou-se a ajudar os exilados em crise de fé a encontrarem uma saída para o impasse com Deus: como confessar a justiça de YHWH ("YHWH, nossa justiça", Jr 33,16), em face da punição sofrida por eles, responsabilizados

---

14 KEIL, C. F.; DELITZSCH, F. *Commentary on the Old Testament:* Ezekiel – Daniel. Peabody: Hendrickson, 2006. v. 9, p. 142.

15 FERNANDES, L. A. Ez 3,16-21: Ezequiel como sentinela e suas implicações sociorreligiosas, *Caminhando*, São Bernardo do Campo, v. 26, p. 1-12, jan./dez. 2021.

16 SCHREINER, J. Palavra – Espírito – Visão. Atividade profética de Ezequiel. In: SCHREINER, J. (org.). *Palavra e mensagem do Antigo Testamento*. 2. ed. São Paulo: Teológica/Paulus, 2004. p. 290.

por algo que não fizeram? Se YHWH era justo, por que não dava um basta ao castigo do exílio e levava seu povo de volta para a terra? Seria YHWH, realmente, inferior a Marduk, principal divindade do panteão babilônico, que o impedia de agir em benefício do povo? Essas e muitas outras questões circulavam pelo imaginário religioso dos exilados e precisavam ser elucidadas. Por outro lado, os exilados corriam o risco de levar um estilo de vida, de certo modo, fatalista – somos obrigados a pagar pelo que não fizemos – e irresponsável – somos impotentes para fazer algo que mude o rumo das coisas. Cabe-nos, apenas, submetermo-nos à realidade! Contra fatos, não existem argumentos!

Ez 18,1-32 corresponde ao esforço do profeta de lançar luzes no tenebroso universo espiritual e teológico em que se encontravam os exilados.[17] Será abordado em três passos. Será explicitado o gênero literário do texto profético, a seguir, será explicado o esquema literário muito claro com que foi construído, e será feita uma abordagem essencial do conteúdo de cada passo do esquema.

4.1 O gênero literário

O modo de falar, típico da linguagem sacerdotal, percebe-se no casuísmo presente em Ez 18.

> Precisamente porque sua profissão exige estar atento à minuciosa distinção entre quem é "justo" e quem não o é, o sacerdote não pode deixar de tender para a elaboração de uma moral pessoal.[18]

---

[17] O tema da responsabilidade individual ocorre, também, em Ez 3,16-21; 14,12-20 e 33,10-20. O segundo bloco é muito próximo de Ez 18,1-32. Aqui, deter-se-á, apenas, no capítulo 18, e não serão estabelecidos paralelos com as três perícopes referidas.

[18] MONLOUBOU, 1973, p. 147.

O linguajar casuístico serve-se das formas condicionais, de modo especial, a conjunção "se". Casuísmo diz respeito ao estabelecimento de preceitos e normas, válidos apenas em determinadas situações. Isto é, não têm valor absoluto, como as normas apodíticas, cuja validade independe das circunstâncias em que devem ser aplicadas. Eis um exemplo de casuísmo: "quando houver um pobre em teu meio [...] não endurecerás teu coração, nem fecharás a mão para com este teu irmão pobre" (Dt 15,7). Aqui um exemplo de lei apodítica, alusiva ao direito bíblico: "não perverterás o direito, não farás acepção de pessoas nem aceitarás suborno, pois o suborno cega os olhos do sábio e falseia a causa do justo. Busca somente a justiça" (Dt 16,19-20). Enquanto o casuísmo vale para situações específicas, as leis apodíticas têm validade permanente.

O casuísmo sacerdotal aplicava-se, também, ao âmbito do culto, em se tratando de verificar se os animais a serem oferecidos em sacrifício no Templo ou nos santuários satisfaziam ou não as regras litúrgicas (Lv 22,22), mas também no âmbito sanitário, quando se devia declarar se alguém havia sido curado ou não, como no caso das doenças de pele (Lv 13,9-16). Com certeza, havia muitas outras ocasiões em que a decisão dependia do discernimento sacerdotal, confrontado com múltiplas possibilidades.

O ensinamento praticado pelos sacerdotes chama-se *torá sacerdotal*. A palavra hebraica *torá* tem o sentido de instrução, orientação, balizamento ético. Ez 18 exemplifica o gênero literário *torá profético-sacerdotal*, com a novidade de ser tecido com duas séries de tríplices casuísmos para ilustrar o tema em foco. Ezequiel fala enquanto profeta – "a palavra de YHWH me foi dirigida nestes termos" (v. 1), "oráculo do Senhor YHWH" (vv. 3.9.23.30.31) – com o linguajar característico dos sacerdotes, hábeis na casuística. Todavia, na construção de seu ensinamento, serve-se de um modo de falar jurídico, embora o contexto não seja o de um tribunal, a ponto de Ez 18 ser classificado como "discurso jurídico".[19] Isso lhe permite elaborar o pensamento que se conclui com a declaração de inocência (18,5-9) ou de condenação (18,10-13),[20] perfazendo três passos: tese (v. 2), contratese (vv. 3-4) e contestação (vv. 5-29).[21]

> A singularidade do discurso de contestação em Ezequiel 18 mostra que o que está em causa já não é a validade da tese ou da contratese, mas algo que está fora do quadro do discurso de contestação, de modo especial, o arrependimento. O discurso de disputa foi formulado para provocar Israel ao arrependimento.[22]

4.2 A estrutura literária

Ez 18 chama a atenção para a clareza de sua estrutura, que assim se apresenta:

<table>
<tr><td colspan="2" align="center">vv. 1-2: o problema – o incômodo de pagar por faltas alheias
vv. 3-4: a solução – "aquele que pecar, esse morrerá"</td></tr>
<tr><td>1º bloco de casuísmos
• vv. 5-9 – a conduta do ser humano justo e sua retribuição
• vv. 10-13 – o violento e sanguinário filho de um homem justo e sua retribuição
• vv. 14-18 – o ser humano justo filho do violento e sanguinário e sua retribuição</td><td>2º bloco de casuísmos
• vv. 21-23 – a recompensa do ímpio que se converte
• vv. 24-26 – a recompensa do justo que passa a praticar o mal
• vv. 27-28 – a recompensa do ímpio que renunciou à impiedade</td></tr>
<tr><td>1ª conclusão
• vv. 19-20 – "O filho não sofre o castigo da iniquidade do pai, como o pai não sofre o castigo pela iniquidade do filho"</td><td>2ª conclusão
• vv. 29-32 – "Eu não tenho prazer na morte de quem quer que seja, oráculo do Senhor YHWH. Convertei-vos e vivereis!"</td></tr>
</table>

19 LAMELAS MÍGUEZ, 2004, p. 182.

20 SICRE DÍAZ, 2016, p. 91.

21 PASKALIS, 2007, p. 181.

22 PASKALIS, 2007, p. 184.

Os vv. 1-4 colocam o problema e, imediatamente, apontam a solução. Equivoca-se quem pensa em YHWH punindo alguém, responsabilizando-o por pecados que não cometeu. Cada qual responderá por seus atos.

Os vv. 5-18 contêm uma primeira série de casuísmos que confrontam a relação entre a piedade de um pai e a impiedade de um filho, em três distintas circunstâncias.

Os vv. 19-20 comportam uma primeira conclusão que, de certo modo, retoma, de maneira ilustrativa, a solução apresentada nos vv. 3-4.

Os vv. 21-28 contêm uma segunda série de casuísmos em torno das possibilidades na vida de uma pessoa, que pode transitar entre a impiedade e a piedade, dependendo de como faz uso de sua liberdade.

Os vv. 29-32 concluem a *torá sacerdotal* com um oráculo profético, no qual tem sequência a fala de YHWH, que, mais uma vez, revela seu modo de agir no trato com a humanidade, constituída de justos e de ímpios. Concentra-se, aqui, a teologia que fundamenta a reflexão profético-sacerdotal ao longo do capítulo 18.

4.3 A leitura do texto

Trata-se de perpassar os vários blocos de Ez 18,1-32, sublinhando os respectivos conteúdos e chamando a atenção para elementos merecedores de destaque. O objetivo passa longe de uma exegese minuciosa, com a aplicação de métodos histórico-críticos. A pretensão se configura bem modesta!

Os *vv. 1-2* dão a tonalidade profética ao texto, ao serem introduzidos com a fórmula típica do linguajar dos profetas: "a Palavra de YHWH me foi dirigida nestes termos". A expressão "oráculo do Senhor YHWH" ocorre no versículo seguinte (v.

3). O conjunto do capítulo corresponde a uma longa fala de YHWH, sem qualquer intervenção do profeta. Somente YHWH fala! No versículo final, o "Eu" de YHWH aparece com toda clareza – "Eu não tenho prazer na morte de quem quer que seja" – (v. 32), concluindo-se com um imperativo de conversão, penhor de vida.

YHWH inquire Ezequiel a respeito de um provérbio que corre entre os exilados. Deus "se opôs ao seu significado perverso e à sua utilização cínica pelas pessoas",[23] que "acusam o Senhor de comportamento injusto",[24] com "um ditado ofensivo contra a justiça divina".[25] YHWH tem informação sobre o que andam dizendo e se mostra contrariado com a *fake news* teológica, disseminadora de uma falsa imagem dele, pela aplicação distorcida de um dito corrente: "os pais comeram uvas verdes e os dentes dos filhos ficaram embotados". Afinal, isso passava adiante a imagem de um deus sem noção da realidade, que fazia uns pagarem pelos malfeitos dos outros, em todos os âmbitos, do político ao familiar. YHWH recusa-se a assinar abaixo dessa interpretação dos fatos e se apressa a explicar, com detalhes, seu modo de proceder. Provavelmente, os exilados se consideravam filhos justos de pais desviados da Lei de YHWH.

Os *vv. 3-4* comportam uma espécie de juramento solene de YHWH, "por minha vida, oráculo do Senhor YHWH", corrente em Ezequiel (5,11; 14,16.18.20; 16,48 etc.), a respeito de como age, no trato com a humanidade. Sua ação pauta-se pela justiça e pela equidade, de modo a nunca poder ser acusado de injustiça. A explicação deveria bastar para calar a boca de quem vivia

---

23 PASKALIS, 2007, p. 191.

24 ABREGO DE LACY, 2011, p. 116.

25 SAVOCA, C. *Guia espiritual del Antigo Testamento*: el libro de Ezequiel. Barcelona/Madrid: Herder/Ciudad Nueva, 1992. p. 107.

repetindo aquele provérbio, sem perceber que não se aplicava à situação dos exilados, e, de modo algum, deveria ser repetido em Israel para explicar a catástrofe nacional. YHWH mesmo o desautorizava! Cada geração e cada pessoa responsabilizam-se por suas decisões e seus atos. Cabia aos exilados se darem conta das experiências negativas que estavam vivendo, no presente, e da responsabilidade de cada qual por elas.

> Deus [pela boca do profeta], convidava, portanto, os deportados a interpretarem sua situação, não a partir de um ditado que os torna vítimas, mas transpondo para o registo da retribuição divina uma regra de direito criminal que limita ao infrator a responsabilidade por suas faltas.[26]

YHWH, então, revela, de maneira inequívoca, o princípio de seu agir: "todas as vidas me pertencem, tanto a vida do pai, como a do filho. Pois bem, aquele que pecar, esse morrerá".[27] O pensamento tradicional fica, pois, desautorizado: enganam-se os que imaginam YHWH punindo o pecador, até a terceira e a quarta geração, como se declara em Ex 20,5; 34,7. Urgia-se mudar o registro e pensar a ação de YHWH de maneira diferente: como respeitadora da liberdade de cada pessoa e responsabilizadora de cada uma por aquilo que faz. O princípio da *responsabilidade individual* "é um dos grandes progressos na história teológica de Israel" e corresponde a um enorme passo na concepção de quem

[26] DUHAIME, 2016, p. 84.

[27] "É com Jr (31,30) que esse individualismo religioso penetra o ensinamento profético. Ezequiel desenvolve longamente o novo dogma da responsabilidade pessoal. De agora em diante, o indivíduo é separado do destino da comunidade; ele é o único responsável pelo próprio caminho, só ele. Essas novas afirmações, indícios de notáveis avanços, não eram aceitas sem levantar novas dificuldades que apareceram com o passar do tempo e das quais um livro como o de Jó é o eco patético" (TEB, 2015, p. 832).

é YHWH, sendo necessária para os tempos em que os exilados estavam vivendo.[28]

Os *vv. 5-9* introduzem a primeira série de casuísmos, abrangendo três gerações, e partem do *ethos* do homem justo, que "pratica o direito e a justiça", tema bíblico recorrente (Sl 15,1-5; 106,3; 119[118],1-2).[29] Seu agir correto tem duas vertentes: a primeira volta-se para o trato com YHWH e a segunda, para as relações interpessoais. A rejeição à idolatria, em consonância com Ex 20, 3-5; Dt 5,7-9; 6,4-5, soma-se ao trato respeitoso com o próximo, em consonância com a Lei bíblica, a começar pelo Decálogo (Ex 20, 2-17; Dt 5,6-21). O justo respeita a mulher do próximo; não explora o semelhante, tampouco o submete a situações de sofrimento, caso não lhe devolva os objetos necessários para sua sobrevivência que tenham sido penhorados por dívida (Dt 24,6.12-13); não surrupia os bens alheios; partilha o pão com os famintos e veste os desnudos; não pratica a usura, antes rejeita emprestar a juros; julga as pessoas com equidade e imparcialidade. Em suma, "abstém-se do mal", pois, em tudo e sempre, se pauta pelos estatutos e pelas normas de YHWH, sendo verdadeiro no agir.[30]

---

[28] SICRE DÍAZ, 2016, p. 262. Dt 24,16 contém a fórmula da responsabilidade individual: "os pais não serão mortos em lugar dos filhos, nem os filhos em lugar dos pais. Cada um será executado por seu próprio crime"; bem como Eclo 15,17: "diante dos seres humanos estão a vida e a morte, ser-te-á dado o que preferires". Ez 18, simplesmente, a explicita e "lhe dá a formulação mais clara e exata" (LAMELAS MÍGUEZ, 2004, p. 204). No entanto, muitas passagens bíblicas insistem na responsabilidade coletiva, ao falar do YHWH que "pune a falta dos pais nos filhos e nos filhos de seus filhos" (Ex 20,5; 34,7; Lv 26,39-40; Dt 5,9). Lm 5,7 segue o mesmo rumo: "nossos pais pecaram: já não existem; quanto a nós, carregamos suas faltas".

[29] Mt 25,31-46 faz eco à temática veterotestamentária da vivência da fé como prática da justiça social (MARTINS, I. *A misericórdia como caminho de salvação*: uma análise exegético-teológica de Mt 25,31-46. São Paulo: Dialética, 2023).

[30] "Em cada uma das três descrições da primeira seção (vv. 5-18), a lista de atividades relacionadas com a justiça social é sempre mais elaborada do que as atividades relacionadas com o culto ou com as relações sexuais" (DUHAIME, 2016, p. 101).

Nesse primeiro caso, o veredito divino se mostra favorável a quem se comporta de tal modo: "este homem será justo e viverá, oráculo do Senhor YHWH". Portanto, a justiça divina se revela ao premiar com a vida quem adentrou o caminho da vida (Sl 1,1-6; Pr 4,18-19).

Os *vv. 10-13* dão uma guinada na reflexão, ao focarem a eventualidade de um ser humano justo ser o pai de um "filho violento e sanguinário", cujo comportamento segue a direção, diametralmente, oposta à de quem o gerou. Ele não só pratica a idolatria, mas também age em detrimento do semelhante. Além de desonrar a mulher alheia, explora o pobre necessitado; apropria-se dos bens de outrem; retém o penhor a ser devolvido; pratica a usura e cobra juros. A vida ilibada de seu pai de nada lhe serve, aos olhos de YHWH. A morte será seu destino "e seu sangue cairá sobre ele". O filho iníquo pagará por seus atos insensatos, ou seja, será responsabilizado pessoalmente por ter caminhado na contramão de YHWH. Deus considera, apenas, os frutos nefastos de suas decisões. Colocado diante da vida e da morte, preferiu a morte, embora YHWH recomendasse: "escolhe, pois, a vida, para que vivas tu e tua descendência" (Dt 30,19).

Os *vv. 14-18* colocam em pauta uma nova casuística que reverte a situação acima. Reportam-se ao "filho que vê todos os pecados cometidos por seu pai, os vê, mas não os imita". Antes, segue os passos de seu avô, numa vida de alto padrão ético, em tudo conformada com o querer de YHWH. Rejeita a idolatria; respeita a mulher do próximo; não explora ninguém nem exige penhor ou cobra juros, tampouco se apropria do que não lhe pertence; dá provas de compaixão em face do faminto e do desnudo. YHWH mesmo reconhece: "ele observa as minhas normas e anda em meus estatutos". Essa prática lhe garantirá a vida, enquanto o pecado de seu pai teve a morte por resultado. Uma vez mais, YHWH considerou, única e exclusivamente, as atitudes do ser humano justas e íntegras e lhe deu a devida retribuição.

Os *vv. 19-20* podem ser considerados a conclusão do primeiro bloco de casuísmos. YHWH questiona a mentalidade de quem pensa ser razoável punir no filho a maldade do pai. E, mais uma vez, pondera que, ao praticar o direito e a justiça, o filho merece viver, não obstante a conduta reprovável do pai. No v. 20, YHWH estabelece seu padrão de julgamento: "a pessoa que peca é a que morre. [...] A justiça do justo lhe será imputada, exatamente como a impiedade do ímpio será imputada a ele". Destarte, da mesma forma que o filho não sofre as consequências da perversidade do pai, esse nada tem a ver com a má conduta do filho.

Os *vv. 21-23* dão início ao segundo bloco de casuísmos, abordando o vaivém na vida de uma pessoa, cuja liberdade lhe permite transitar de um comportamento a outro que lhe é contrário, por ter aberta diante de si a possibilidade de fazer opções contraditórias. A série inicia-se com o caso do ímpio que se converte de sua má conduta e, como diz YHWH, "passa a guardar meus estatutos e a praticar o direito e a justiça". "Na realidade, a mudança não é fácil, mas é um caso hipotético. Se isso acontecer, o homem será julgado pela sua realidade no presente e não pelo seu passado."[31] Para ele, estará reservada a vida. Todo o passado de pecado desaparecerá do radar divino. Resultado: "nenhum dos crimes que praticou será lembrado". Importa, sim, o presente! Seu modo atual de viver, alicerçado na justiça, determina sua sorte. O v. 23 toca de cheio a lógica do agir divino: YHWH não se compraz com a morte do ímpio, por desejar que viva. Basta-lhe, somente, "se converter de seus maus caminhos".

Os *vv. 24-26* preveem a possibilidade de uma guinada na vida de quem optou pela justiça, em se tratando de ser humano

---

31 ABREGO DE LACY, 2011, p. 117.

livre, em face de seu futuro e de sua história. Tudo lhe é possível, inclusive abandonar o caminho da piedade e adentrar os caminhos tortos da desumanidade. Então, "toda a justiça que praticou já não será lembrada! Antes, em virtude da infidelidade que praticou e do pecado que cometeu, morrerá". A vida pregressa de fidelidade ao querer de YHWH não lhe garantiu créditos para praticar impunemente o mal. De novo, os fundamentos do padrão divino de agir são postos às claras: "ao renunciar o justo à sua justiça e ao fazer o mal, é em virtude do mal que praticou que ele morre". YHWH julga os seres humanos, com foco na realidade presente. O passado ficou para trás e os méritos de outros de nada valem! Portanto, se os questionadores da teologia tradicional sentem que algo em suas vidas, pessoal e coletiva, se configura como castigo divino, devem procurar a causa em seus próprios malfeitos e em suas faltas.[32] Em outras palavras, os exilados equivocavam-se ao se pensarem inocentes, isentos de culpa, atribuindo toda a responsabilidade pelos sofrimentos em terras babilônicas às gerações precedentes.

Os *vv. 27-28* evidenciam a mutabilidade da história humana, ao entreverem o caso de o "ímpio renunciar à sua impiedade, passando a praticar o direito e a justiça". Sem dúvida, salvará sua vida! "Viverá e não morrerá." A transformação pessoal passa por um processo de discernimento, quando o ímpio "cai em si" e se dá conta do quanto está errado.[33] Donde a decisão de "renunciar a toda iniquidade que havia cometido" e mudar de vida. Ninguém está fadado a viver em perene contraste com

---

[32] DUHAIME, 2016, p. 97.98. Alguns autores "argumentam que a preocupação central de Ezequiel não era a responsabilidade individual, mas a responsabilidade nacional" (PASKALIS, 2007, p. 180).

[33] Esse tópico leva-nos a pensar no filho desviado de Lc 15,11-32. O caminho de volta para a casa paterna começou, quando, "caindo em si" (v. 17), reconheceu o quanto estava sendo insensato.

YHWH; por outro lado, ninguém pode fiar-se de sua justiça e se considerar incapaz de caminhar na contramão de YHWH. A fidelidade tem sua fonte no esforço decidido de se pautar pelo querer de YHWH. A infidelidade, ao contrário, acontece como desdobramento de um viver leviano e egoísta, em que o indivíduo descarta YHWH e o próximo de sua vida.

Os *vv. 29-32* correspondem à conclusão do segundo bloco de casuísmos e a Ez 18, em seu conjunto. YHWH se mostra aborrecido com a má acolhida, por conta de sua pedagogia no trato com o pecador: "a casa de Israel diz: o modo de proceder de YHWH não está certo".[34] A falha dos críticos de YHWH consiste em considerar que o pecador, jamais, merece ser perdoado. O pecado teria a última palavra em sua vida. Embrenhar-se no mundo do pecado seria um caminho sem volta, mesmo com o esforço da conversão. De sua parte, YHWH se recusa a abrir mão de uma maneira de agir que lhe é tão cara: mirar o presente do ser humano, e não valorizar, de maneira absoluta, um passado de erros, como se a vida humana se limitasse à pecaminosidade, sem expectativa de conversão. O anseio divino expressa-se numa ordem peremptória: "convertei-vos e abandonai todas as vossas transgressões. [...] Convertei-vos e vivereis". Buscar a morte é pura insensatez. Donde o questionamento de YHWH: "por que haveis de morrer, ó casa de Israel? Eu não tenho prazer na morte de quem quer que seja!". YHWH aponta as condições para que a conversão se torne realidade: "não buscar pretexto para fazer o mal; lançar fora todas as transgressões; formar um coração novo e um espírito novo". Em última análise, YHWH propõe uma verdadeira revolução espiritual, com os devidos desdobramentos

[34] "Embora as pessoas a quem se dirige sejam provavelmente os deportados, entre os quais se encontra Ezequiel, representam todo o povo a quem a mensagem, em última análise, é dirigida" (DUHAIME, 2016, p. 80).

éticos, como pressuposto para se afastar do caminho da morte e trilhar o caminho da vida. A palavra de ordem é "conversão". YHWH mesmo convida cada ser humano a, continuamente, dar esse passo. A carência de dinamismo espiritual cotidiano pode ter como efeito afastar o justo do caminho da vida e lançá-lo no tenebroso caminho da morte. Todavia, o querer radical de YHWH aponta para a conversão e a vida. Cada ser humano deve se decidir! Entretanto, "o Senhor prefere dar a vida; é sua última palavra".[35]

> O contexto histórico dessa mensagem sugere tratar-se de um apelo ao arrependimento com a esperança de que Deus protegerá os exilados como um remanescente. Enquanto, ostensivamente, dirigido ao mal cometido na terra (v. 2), seu público-alvo são os exilados, e seu propósito é o de dar início a uma reforma que reforce a apropriação pessoal da Torá, ainda quando não exista terra tampouco uma comunidade bem definida que possa assumir coletivamente a responsabilidade por sua prática.[36]

5. TEOLOGIA, ANTROPOLOGIA E ÉTICA EM NOVA RELAÇÃO

Teologia, antropologia e ética entrelaçam-se para tecer a mensagem (semântica) de Ez 18. Quando puxado cada um destes fios, depara-se com a riqueza da mensagem profética.

5.1 O filão teológico

Todo o conteúdo do texto de Ezequiel é atribuído a YHWH, enquanto "Palavra de YHWH" (1,1), "Oráculo do Senhor YHWH"

---

35 ABREGO DE LACY, 2011, p. 118.

36 BOADT, 1993, p. 318.

(vv. 3.9.23.32). O profeta atua como intermediário no diálogo divino com a humanidade, omitindo-se de interferir na fala de YHWH. Alguns elementos da identidade de YHWH podem ser detectados.

A gramática de YHWH contém, apenas, o tempo presente, prospectando o futuro. Ele é o Deus do tempo atual, sem qualquer apego ao que já foi. O passado passou! Fica descartada toda forma de fatalismo ou determinismo, pela possibilidade de o ser humano continuamente recomeçar. Portanto, caso o justo enverede pelos caminhos da injustiça, o bem outrora praticado de nada lhe valerá. Na direção contrária, a conversão do ímpio encontrará Deus desinteressado do que antes fez ou deixou de fazer. Vale a opção do momento. A maldade caiu no esquecimento divino. Considerando a instabilidade do coração humano, Deus tem em conta cada pessoa na atualidade, com o desejo de que lance fora todas as transgressões cometidas e crie "um coração novo e um espírito novo" (v. 31). "Cada pessoa será julgada por Deus não com base na soma dos seus atos, mas em sua disposição e comportamento atuais."[37] Sua grande inquietação consiste em ver o ser humano trilhando o caminho da vida. Por isso, mostra-se, extremamente, misericordioso ao perdoar o pecador que se converte e retoma o bom caminho.

YHWH demonstra-se, inteiramente, conectado com a história, a ponto de ter conhecimento do "disse me disse" do povo. E leva a sério o que chega a seu conhecimento. YHWH sabe que "na terra de Israel" está correndo um provérbio, segundo o qual a falta dos pais é punida nos filhos (v. 2), e que é repetido como forma de criticá-lo. Porém, no v. 19, tem-se a impressão de que o povo considera justo que o filho sofra as consequências da desumanidade do pai. E, mais, não aceita que YHWH puna o

[37] PASKALIS, 2007, p. 182.

justo que abandonou a justiça e migrou para a injustiça, chegando a dizer, abertamente: "o modo de agir de YHWH não é justo" (v. 25a). YHWH dá-se ao trabalho de mostrar o quanto está errado esse modo de pensar: "meu modo de proceder será errado? Não será antes vosso modo de proceder que não está certo?" (v. 25b). YHWH enfrenta as inquietações do coração humano e lhe vem ao encontro, para colocar as coisas no devido lugar, apresentando seu modo de pensar e de agir com clareza meridiana.

Outra característica de YHWH é a de se apresentar como o senhor da vida e da morte. Ambas estão em suas mãos e são atribuídas ao ser humano, dependendo de suas opções. Tem-se a impressão de se estar diante de um determinismo teológico, na medida em que a decisão humana do momento permite deduzir o veredicto divino. Quem opta pela justiça pode contar com a vida; ao passo que, ao se decidir pela injustiça, o ser humano sabe que está fadado à morte. Tal esquema mecânico será questionado, por Jó e Qohelet, no confronto com a realidade de ímpios que gozam de saúde e bem-estar e a de justos às voltas com pobreza e doença.

O olhar de YHWH concentra-se nas práticas referentes à idolatria (religião) e às relações interpessoais (ética). No âmbito de sua atenção, está o perigo de ser substituído por outras divindades, com o risco de se descurar de sua Lei, onde a prática do direito, da misericórdia e da justiça é imperativo do agir de cada pessoa. Por outro lado, preocupa-o a sorte das mulheres, dos pobres e dos explorados. Daí a pedagogia divina de punir com a morte quem não tem escrúpulo em fazer o mal ao próximo, sendo insensível ao seu sofrimento. Os agentes da iniquidade deveriam conscientizar-se de que estão sob a mira divina, capaz de captar suas maldades e dar a devida paga. Entretanto, os agentes do bem, por sua vez, podem estar certos de serem acompanhados por YHWH, eternamente decidido a recompensar com vida a bondade praticada em favor dos irmãos e irmãs carentes.[38]

A ação divina pode passar a impressão de a imagem de YHWH se limitar à condição de juiz, aplicador inclemente do esquema falta-retribuição. Entretanto, sua preocupação última consiste em que todos os pecadores se convertam e se tornem merecedores de vida e não de castigo. A dimensão paterna e misericordiosa de YHWH está formulada nestes termos: "eu não tenho o prazer na morte de quem quer que seja, oráculo do Senhor YHWH. Convertei-vos e vivereis!" (v. 32). Trata-se da inquietação de um pai, não de um juiz.

5.2 O filão antropológico

A figura do ser humano pode ser esboçada pela leitura atenta das falas de YHWH, do começo ao fim de Ez 18. De pronto, destaca-se o tema do ser humano como ser de liberdade. Nada em sua vida pode ser considerado definitivo. A decisão por uma vida justa pode ser trocada por uma vida ímpia, com a marca da falta de entranhas de misericórdia no trato com o semelhante. Na direção contrária, a decisão por uma vida ímpia pode sofrer uma guinada que faz o ser humano reencontrar o bom caminho do cuidado com o semelhante. No decorrer de toda sua vida, ver-se-á confrontado com essa dupla possibilidade. Num piscar de olhos, pode-se passar da justiça para a injustiça e, também, da impiedade para a piedade. Tudo dependerá da capacidade de discernimento do ser humano, diante de Deus. A carência de discernimento pode ter efeitos catastróficos, quanto ao bom uso da liberdade humana. Para renunciar às injustiças cometidas, será

---

38 "Deus é, portanto, não só justo, mas também misericordioso e gracioso, e não pune com a morte senão aqueles que não desistem do mal, ou não perseveram no caminho de seus mandamentos" (KEIL; DELITZSCH, 2006, p. 147).

preciso o ímpio "cair em si" (v. 28), como condição para aplicar sua liberdade em vista de escolher o caminho da vida. YHWH, insistentemente, chama-o à conversão, por lhe interessar ver o ser humano trilhando o bom caminho.

Cabe ao ser humano estar muito atento ao seu presente, por ser decisivo para sua sorte no trato com YHWH. Na eventualidade de ter optado pela justiça, será preciso perseverar na fidelidade, não se afastando das "normas e estatutos" divinos (v. 17). Quem optou pela injustiça, ao contrário, vê-se motivado a colocar a mão na consciência e a se decidir por um processo de conversão, penhor de vida. Insistir na impiedade configura-se como insensatez, na medida em que se conhece o destino do ímpio. Volta, aqui, o tema do discernimento, porquanto a atenção se concretiza como exercício continuado de percepção de como a liberdade está sendo usada e seus desdobramentos. Afinal, escolher ser justo ou ser ímpio corresponde a escolher o modo correto ou incorreto de se colocar na presença de YHWH e ser julgado por ele.

> O ser humano se define sobretudo por sua atitude presente, por uma postura total diante de Deus. É certo que os atos do passado condicionam fortemente e influenciam a decisão presente, é difícil mudar. Porém, não é menos certo que o ser humano herda fatalmente seu passado. Embora não possa apagar o passado, pode liberar-se dele, superá-lo, frustrá-lo.[39]

O ser humano preocupado com a qualidade de sua relação com YHWH e o bom uso de sua liberdade cultiva uma relação de alta qualidade ética, mormente, no cuidado com as camadas sociais mais desprivilegiadas. Incluem-se, aí, as mulheres cujos

---

[39] ALONSO SCHÖKEL; SICRE DÍAZ, 1980, p. 745.

maridos não têm condições de defendê-las e, por isso, se transformam em vítimas de abusos sexuais; quem se vê obrigado a tomar emprestado, com o risco de cair nas mãos de usurários; os indigentes que carecem de alimento e de roupas para se protegerem do frio. O cuidado com os últimos leva o justo a "se abster da injustiça, não aceitar usura nem juros", atitudes possíveis apenas para quem se pauta pelas "normas e estatutos de YHWH (v. 17). Agir com misericórdia transforma-se em fonte de vida para o ser humano temente a Deus.

A consciência de usar a liberdade para a prática do bem descortina para o ser humano um horizonte sapiencial, que o distingue dos malévolos e de sua prontidão para fazer o mal, em detrimento dos semelhantes, fragilizados no confronto com os perversos. A opção pela sabedoria recomenda-se, por corresponder ao agir humano sintonizado com YHWH e sua Lei. Transformar o querer divino em estilo de vida revela-se como a escolha mais sensata do ser humano no uso de sua liberdade. Cada decisão e cada ação terão o selo da responsabilidade.

5.3 O filão ético

Um tema perpassa toda a fala de YHWH, referente à ação humana: a responsabilidade por todo ato decorrente da liberdade. Cada pessoa, confrontada com YHWH, responderá pelo que fez e faz. Fica descartada qualquer possibilidade de premiação ou punição por eventuais ações alheias; por outro lado, ninguém será premiado ou punido em decorrência de "minhas" ações. Será injusto imaginar YHWH punindo a falta dos pais nos filhos ou beneficiando os filhos ímpios, em respeito à conduta de alta qualidade ética de seus pais. YHWH mesmo formula o princípio de seu juízo: "eu vos julgarei a cada um conforme seu procedimento, ó casa de Israel" (v. 30).

A responsabilidade individual pelas ações realizadas implica que:

- O ser humano discernirá cada ação, pela qual prestará contas a YHWH, de modo a agir com sensatez e prudência, na linha da misericórdia e do direito. O discernimento configura-se como prática incontornável, quando se trata de encontrar a melhor maneira de internalizar o querer divino e se conformar com ele. A falta de discernimento terá como consequência o afastamento de YHWH e seus trágicos desdobramentos.
- O ser humano evitará cair no equívoco de contar seja com os atos justos dos pais, seja com os próprios atos justos, praticados no passado, como escudos para se defender do castigo de YHWH, quando confrontado com a realidade da morte. Ao se defrontar com YHWH, cada pessoa tem nas mãos apenas os frutos do uso, responsável ou não, de sua liberdade, no decorrer da vida. Está descartada qualquer possibilidade de contar com o bem praticado por outrem, até mesmo os pais. Além disso, está fora de cogitação pagar por malfeitos de outrem.
- O ser humano tem a capacidade de ponderar cada uma de suas ações com a medida oferecida pela Lei de YHWH, que serve de baliza para seu agir. Pautando-se por ela, caminhará com segurança. O longo Sl 119[118] tece elogios à Lei, referida pelo salmista como "lâmpada para seus pés e luz para o seu caminho" (v. 105).
- O ser humano mergulhado na perversidade, num momento de lucidez, poderá tomar consciência do quanto está enganado e, com alto grau de responsabilidade, dar o passo da conversão, em vista de se salvar e ter vida. Enquanto a passagem da piedade para a impiedade, do bem para a maldade, pode ser considerada fruto da irresponsabilidade, ou seja, da

inconsciência da dimensão última do agir humano, a passagem da impiedade para a piedade, da maldade para o bem, da mesma forma que a perseverança no caminho da piedade e da justiça, resulta da responsabilidade de discernimento de quem usa a liberdade em perfeita sintonia com YHWH.

- O ser humano tem sempre a possibilidade de começar de novo: tanto para o bem, ao passar da malignidade para uma vida justa; quanto para o mal, ao deixar o caminho do bem e se meter pelo mau caminho. Seu futuro está aberto e se constrói pelos atos livres que se sucedem, para além de qualquer determinismo, força oculta ou exterior ao indivíduo. Nada lhe está vedado! Nada se configura como impossível! "A mudança interior será a grande novidade."[40] Embora a decisão do justo de se bandear para a injustiça possa chocar ou o iníquo escolher o caminho da misericórdia, causar admiração, nenhuma das duas possibilidades pode ser descartada.
- O ser humano, no uso responsável de sua liberdade, terá uma enorme preocupação com o lado social de sua fé. A justiça social norteará sua existência, no esforço de caminhar na fidelidade a Deus. Pode-se falar que os castigos divinos decorrem da falta de misericórdia na relação com os pequeninos e os inaptos a fazerem valer seus direitos. Inversamente, as bênçãos divinas ligam-se à prática da justiça e ao agir compassivo, que leva as pessoas a se deixarem afetar pelo sofrimento do próximo e a virem em seu socorro. Por conseguinte, a responsabilidade se mostra, acima de tudo, num estilo de vida marcado pelo cuidado dos irmãos e irmãs carentes de ajuda. Cabe a cada pessoa adentrar tal caminho, que conduz à vida.

---

[40] ALONSO SCHÖKEL; SICRE DÍAZ, 1980, p. 746.

CONCLUSÃO

O confronto com a responsabilidade individual constitui-se em um desafio para o ser humano, tendente a se recusar a assumir a culpa pelo que fez ou cair na tentação de acusar os outros por seus malfeitos. Além do evidente desvio de caráter, constata-se a incapacidade de se reconhecer detentor de uma liberdade, cujo uso depende de suas decisões, nas quais estão implicados resultados indesejáveis.

O profeta Ezequiel ensinou os israelitas exilados na Babilônia a se desvincularem da culpabilidade pela tragédia da deportação para longe da terra. Especialmente, a geração nascida no estrangeiro, que, embora padecesse os efeitos do passado, de forma alguma deveria sentir-se culpabilizada pelo que aconteceu. A liderança do povo em Israel desviou-se dos caminhos de YHWH e viu onde a infidelidade o levou. Quem não estava diretamente ligado aos fatos que levaram ao exílio não tinha por que se considerar punido por malfeitos alheios. O problema era outro. Os exilados foram desafiados a olharem para si mesmos, de modo a detectarem as faltas que estavam cometendo no presente, dignas do castigo divino. Caso se empenhassem para ter "um coração novo e um espírito novo" (Ez 18,31), haveriam de experimentar a ação salvadora de YHWH.

> A mensagem principal [de Ez 18] é clara. Não se trata de oferecer uma nova doutrina da responsabilidade individual, mas de mostrar a necessidade urgente de assumir a responsabilidade e de se libertarem da escravidão do fatalismo prático, a fim de poderem arrepender-se e serem julgados de acordo com sua nova vida. Se os exilados abandonarem o caminho rebelde do passado, têm uma chance real de fazer parte do futuro de Israel.[41]

---

41 PASKALIS, 2007, p. 188.

Ezequiel põe às claras a atuação divina, frisando que YHWH retribui a cada um, na medida do uso de sua liberdade, em cada decisão e gesto. Nada de pagar por culpas dos outros e, também, nada de pensar que outros possam beneficiar-se de sua correção no agir. "A justiça do justo será imputada a ele, exatamente como a impiedade do ímpio será imputada a ele" (Ez 18,20). Logo, cada qual com o quinhão que lhe cabe!

Os versículos finais de Ez 18 passam a impressão de que o profeta aproveita a ocasião para um chamado à conversão. A ética dos interlocutores da profecia não parece recomendável. Por isso, o insistente chamado à conversão – "convertei-vos e abandonai vossas transgressões" (v. 30) – e a conclusão com um solene imperativo – "convertei-vos e vivereis" (v. 32). O trilhar o caminho da impiedade coloca o ser humano na contramão de Deus, pelo uso irresponsável da liberdade. Só a conversão verdadeira e o uso sensato da capacidade de ser livre, focados na prática da misericórdia e do cuidado com os pequeninos deste mundo, irão colocá-lo nos caminhos da vida. Eis uma exigência ética decorrente da fé, a ser transformada em estilo de vida por quem deseja caminhar na fidelidade a YHWH na estrada da existência.

Logo, pode-se suspeitar que o intento de Ezequiel superava o esforço de desconectar a responsabilidade de cada indivíduo da "responsabilidade transgeracional". Interessava-lhe, antes, motivar os exilados a se colocarem numa situação de contínua conversão, garantia de vida. Donde o "convertei-vos e vivereis", como apelo final (Ez 18,32).[42] Os exilados deveriam tomar consciência de que o futuro estava em suas mãos. Olhar para o passado e litigar com os fatos não era recomendável! Estavam em condições de transformar a história de morte em história de vida e prospectar para o povo um horizonte, no qual as antigas chaves de leitura teológica dessem lugar a novas, mais adequadas à fé no Deus de Israel.

---

[42] DUHAIME, 2016, p. 74-75.

Capítulo 6

O OLHAR INTERNACIONAL DO PROFETA EZEQUIEL (25-32) E O ORÁCULO CONTRA AMON

João Claudio Rufino Rodrigues Silva[1]

Todos os livros proféticos, exceto Oseias, têm profecias sobre as nações. Isso ressalta que os profetas não apenas estavam atentos aos desmandos e equívocos de suas autoridades locais e compatriotas, como também se constituíam em observadores internacionais, capazes de tecer suas críticas aos povos que perpetravam injustiças. Em Ezequiel, esses oráculos estão situados em oito capítulos (25–32), colocados num ponto estratégico do livro. Nesse conjunto, o profeta dirige sua atenção ao juízo sobre as nações vizinhas de Israel, em especial sobre Tiro.

Nesses capítulos, Ezequiel expressa esperança para esses povos? Em seus oráculos de julgamento, a sorte de Sodoma e de suas cidades-filhas será restaurada juntamente com a sorte

[1] Doutorando em Teologia pela PUC-SP, bacharel em Filosofia (PUC-SP) e em Teologia (PUC-SP) (na época da publicação já terei defendido a tese), professor de Disciplinas Bíblicas na Faculdade e de Teologia da PUC-SP.

de Samaria e Jerusalém (Ez 16,53-58). O Egito também será restaurado, embora despojado de qualquer poder, para que não tente Israel a confiar na força militar egípcia e, assim, subverta sua própria liderança moral (Ez 29,13-16).

É importante salientar que, para a batalha final travada contra a arrogância política e a propagação do terror, Ezequiel não utiliza qualquer inimigo histórico para colocá-lo como adversário de Deus. Ao contrário, fala de uma figura mítica distante denominada Gog, que catalisa a maldade de todos os povos (Ez 38–39). Desse modo, YHWH não é contra Judá ou qualquer outro povo em si, mas faz oposição à arrogância e à opressão perpetradas pelos tiranos de qualquer povo. Os oráculos contra as nações revelam qual é a posição do Senhor em relação à falta de irmandade universal entre os seres humanos.

1. O GÊNERO LITERÁRIO DE ORÁCULO CONTRAS AS NAÇÕES

Embora quase todos os livros proféticos apresentem oráculos contra as nações, a origem desse gênero literário é incerta. Segundo Gottwald, esse tipo de mensagem pode ter sido um dos primeiros contatos de Israel com a profecia.[2] Na literatura do Antigo Oriente Próximo (AOP), alguns paralelos com essa literatura são encontrados, datados por volta do segundo milênio a.C., tais como: o texto sumério *A maldição de Agade*, os vários textos de execração egípcios e alguns textos das tabuinhas de Mari, que não são tão diferentes dos muitos oráculos sobre nações estrangeiras presentes na Bíblia. Assim como os textos

---

[2] GOTTWALD, N. K. *All the kingdoms of the earth*: Israelite prophecy and international relations in the ancient Near East. Nova York: Harper & Row, 1964. p. 47-49.

das Escrituras, todos esses se dirigem às outras nações, ainda que essas nunca os tenham recebido.[3]

O contexto dessa literatura é, por vezes, ligado à guerra. No AT, a figura profética de Balaão, por exemplo, foi recrutada por Balac, o rei de Moab, com a finalidade de proferir maldições contra Israel e provocar sua ruína. Essa atuação é parecida com a de figuras proféticas no AOP. Tal concepção que liga os profetas aos assuntos de conflitos internacionais aparece também em profetas posteriores. Isaías é chamado pela divindade para tratar dos reis de Israel e da Síria que intentavam atacar Judá (cf. Is 7) e, num outro momento, durante o reinado de Ezequias, profere oráculos referentes à invasão de Senaquerib, quando a Assíria marchou sobre cidades do Reino do Sul (Is 36–39). Nos livros históricos, destacam-se aqui os da Obra Historiográfica Deuteronomista, em que, por diversas vezes, profetas estão ligados ao campo de batalha (1Sm 15,2-3; 1Rs 20,26-30; 2Rs 13,14-19).[4] Outro contexto que também pode ter sido base para essa literatura é o da adoração e do culto religioso de Israel. De acordo com Cook, Deus responde ao grito de angústia do salmista e anuncia a derrota de outras nações (Sl 60,6-8). Essa mesma temática se apresenta no Sl 108,7-9, atribuído a Davi, que fala a respeito da ação que o Senhor realizará, libertando o salmista e Israel das mãos dos povos inimigos. Nessa direção, Lm 4,21-22 revela que Deus julgou Edom culpado, pois escapou da destruição, aliando-se à Babilônia e incentivando esse império a destruir Judá.[5]

Diante do que foi exposto, é importante deixar claro que não se descartam outras possibilidades contextuais para o

---

3 COOK, P. M. Nations. In: BODA, M. J.; McCONVILLE, G. J. (orgs.). *Dictionary of the Old Testament*: Prophets. Downers Grove/Nottingham: IVP Academic/Inter-Varsity Press, 2012. p. 564-566.

4 COOK, 2012, p. 565.

5 COOK, 2012, p. 565.

desenvolvimento dos oráculos contra as nações. Há diversos tipos deles na Bíblia Hebraica. Os antigos compiladores e redatores da literatura profética reuniram esse material, situando-o dentro dos livros de acordo com a intencionalidade retórico-argumentativa, literária e teológica de determinada coleção de mensagens. A chave interpretativa é o propósito de cada livro. Em Amós (1,1–2,3), sua função principal é retratar Israel como pior do que qualquer um de seus vizinhos.[6] Is 13–23; Jr 46–52 e Ez 25–32 foram incluídos para funcionar como uma mensagem indireta de esperança para os israelitas, porque agora eles sabiam que Deus derrotaria esses inimigos poderosos que os ameaçavam.[7] Em alguns casos, o papel do profeta consiste na denúncia dos atos cruéis perpetrados pelos opressores de Israel durante seu processo de dominação e, nesse sentido, mesmo aqueles que não têm fé em YHWH concordariam que determinado comportamento é repreensível e que aqueles que cometem tais atrocidades deveriam ser responsabilizados (Is 13–23; Jr 46–51; Ez 25–32; Am 1–2; Na; Ab).[8]

Um tema teológico fundamental, relacionado aos oráculos contra as nações, é o senhorio de YHWH sobre o mundo e a história. Assim, as coletâneas desses oráculos que aparecem em Isaías, Jeremias e Ezequiel, bem como nos livros de Naum e Abdias, expressam essa realidade. Desse modo, se o mundo inteiro está sob o domínio do Deus do Antigo Israel, que para

---

6 CARVALHO, C. L.; NISKANEN, P. V. *Ezekiel & Daniel. The New Collegeville Bible Commentary*. Collegeville: Liturgical Press, 2012. v. 16, p. 67-69.

7 SMITH, G. V. I. *Interpreting the Prophetic Books:* An Exegetical Handbook: Handbooks for Old Testament Exegesis. Grand Rapids: Kregel Academic, 2014. p. 35-36.

8 CARROLL, M. D. R. Ethics. In: BODA, M. J.; McCONVILLE, G. J. (eds.). *Dictionary of the Old Testament*: Prophets. Downers Grove/Nottingham: IVP Academic/Inter-Varsity Press, 2012. p. 186-187.

os profetas é o único Deus, ele responsabilizará as nações pelas escolhas de violência que fizeram.[9]

Na literatura profética, os oráculos contra as nações aparecem tanto nos profetas maiores quanto nos menores, da seguinte forma:

Nação	*Isaías*	*Jeremias*	*Ezequiel*	*Profetas menores*
Assíria	14,24-27	–	–	Na (1–3); Sf 2,13-15
Babilônia	13,1–14,23; 21,1-10	50,1–51,64	–	–
Egito	19,1-25	25,19; 46,1-26	29,1–32,32	Jl 4,19-21
Amon	–	25,21; 49,1-6	25,1-7	Am 1,13-15; Sf 2,8-11
Moab	15,1–16,14	25,21; 48,1-47	25,8-11	Am 2,1-3; Sf 2,8-11
Síria/Damasco	17,1-6	49,23-27	–	Am 1,3-5
Tiro/Sidônia	23,1-18	25,22	26,1–28,26	Jl 4,4; Am 1,9-10
Filisteia	14,28-32	25,20; 47,1-7	25,15-17	Jl 4,4; Am 1,6-8; Sf 2,4-7
Cush	18,1-7	–	–	Sf 2,12
Edom	21,11-12; 34,5-17	25,20-21; 49,7-22	25,12-14	Ab; Jl 4,19; Am 1,11-12
Arábia/Cedar	21,13-17	25,23-24; 49,28-33	–	–
Elam/Média	–	25,25; 49,34-39	–	–

2. OS ORÁCULOS CONTRA AS NAÇÕES EM EZEQUIEL

Ezequiel leva as nações a sério. O seu livro o revela como alguém muito bem informado, não apenas sobre os antigos mitos do Oriente Próximo (Ez 28–29; 31), como também sobre o

9 OSWALT, J. N. God. In: BODA, M. J.; McCONVILLE, G. J. (eds.). *Dictionary of the Old Testament*: Prophets. Downers Grove/Nottingham: IVP Academic/Inter-Varsity Press, 2012. p. 288-289.

comércio e a política internacionais. Seu conhecimento profundo é mostrado em Ez 27,3, quando apresenta uma metáfora de um navio em alto-mar que está em plena atividade comercial. Esse navio representa Tiro. Em todo esse conjunto de Ez 27, são detalhados 34 nomes de lugares com os quais a cidade faz comércio.[10] Além disso, o Livro de Ezequiel expõe a imagem do profeta como uma sentinela atenta (Ez 3,16-27), que analisa a realidade e profere mensagens contra Judá (Ez 4–24) e contra as nações (Ez 25–32). Essa imagem é o vínculo unificador desses oráculos (Ez 3,16-21; 33,1-20).[11]

É importante situar os oráculos contra as nações na estrutura maior do Livro de Ezequiel. Embora existam várias propostas de se organizar a obra, uma divisão mais geral possibilita apontar quatro partes claramente diferenciadas: 1) oráculos contra o povo rebelde (1–24); 2) oráculos contra as nações (25–32); 3) oráculos de salvação para o povo (33–39); 4) o novo Templo, a nova cidade, o novo país (40–47). Abrego afirma que as três primeiras partes se parecem, do ponto de vista temático e estrutural, com a organização do profeta Isaías, com a do texto grego de Jeremias e de outros profetas. A única exceção é a quarta parte; ela é própria de Ezequiel. Um fato a sublinhar consiste em que os oráculos contra as nações estão situados no centro da estrutura.[12]

Desse modo, Ez 25–32 separa os oráculos que denunciam os pecados de Judá, em Ez 1–24, dos oráculos da restauração futura em Ez 33–48, formando uma transição que indica que todas as nações da terra responderão pelos atos de injustiça e impiedade do mesmo modo como Israel e Judá. O Livro de Ezequiel apresenta,

---

[10] LIND, M. *Ezekiel, Believers Church Bible Commentary*. Scottdale: Herald Press, 1996. p. 219-220.

[11] LIND, 1996, p. 16-18.

[12] ABREGO DE LACY, J. M. *Ezequiel*. Comentarios a la Nueva Biblia de Jerusalén Bilbao: Desclée de Brouwer, 2011. p. 24-26.

assim, três movimentos básicos, se forem unidos os oráculos de salvação para o povo (33–39) e as mensagens concernentes ao novo Templo, à nova cidade, ao novo país (40–47).[13]

No conjunto de Ez 25–32, o profeta profere uma série de oráculos contra as nações estrangeiras, a começar pelas nações vizinhas menores: Amon (Ez 25,1-7), Moab (cf. Ez 25,8-11), Edom (Ez 25,12-14) e Filisteia (Ez 25,15-17). Elas serão punidas, pois se alegraram com a destruição da cidade de Jerusalém e do Reino de Judá, além de se aproveitarem da situação para realizar pilhagens e violência contra os que sobreviveram.

Após se dirigir às nações menores, Ezequiel lança sua profecia contra duas potências do mundo antigo, situadas nas fronteiras com Israel: Tiro (Ez 26,1–28,19) e Egito (Ez 29–32). Para elas, a Palavra de Deus é dirigida na seguinte estrutura: primeiro, um oráculo de condenação e um lamento sobre a nação como um todo (Ez 26–27; 29,1–30,9); depois, um oráculo de condenação e um lamento sobre o rei da nação (Ez 28,1-19; 30,20–32,32).

A estrutura geral desses oráculos contra as nações em Ezequiel é a seguinte:

Oráculos contra as nações menores (Ez 25)	
Amon	25,1-7
Moab	25,8-11
Edom	25,12-14
Filisteia	25,15-17
Oráculos contra Tiro (e Sidon) e Egito (26–28)	
Oráculo contra Tiro	26
Lamentação sobre Tiro	27
Oráculo contra o rei de Tiro	28,1-10

[13] COOPER, L. E. C. *Ezekiel*: the New American Commentary. Nashville: Broadman & Holman Publishers, 1994. v. 17, p. 241-243.

Lamentação sobre o rei de Tiro	28,11-19
Oráculo contra Sidon	28,20-24
Bênção para Israel	28,25-26
Oráculos contra o Egito (29–32)	
Oráculo contra o Egito	29
Lamentação sobre o Egito	30,1-19
Oráculos contra o faraó	30,20–31,18
Lamentação sobre o faraó	32,1-32

2.1 Sobre a fórmula dos oráculos contra as nações em Ezequiel

Segundo Abrego, alguns elementos comuns se encontram na estrutura dos quatro primeiros oráculos contra as nações: primeiro, aparece a fórmula profética "assim diz o Senhor" (Ez 25,3.6.8.12.15); neles, apresenta-se a fórmula de reconhecimento divino com a construção "conhecereis/sabereis que eu sou YHWH" (Ez 25,5.7.14.11.17). Esses componentes assinalam a delimitação dos oráculos.[14] Ademais, como é comum nos oráculos de julgamento, esses também são escritos em dois blocos: a acusação; depois a sentença que essa culpa merece, iniciada pela partícula hebraica causal *lākēn*, traduzida geralmente por "por isso", "por essa razão" (Ez 25,4.7.9.13.16).[15] A estrutura segue idêntica nos quatro oráculos:

Começo	Assim diz o Senhor YHWH
Primeira parte	Por ter ou porque
Segunda parte	é por isso que... eu... + verbo hebraico no futuro
Final	Fórmula de reconhecimento: Sabereis que eu sou YHWH

14 ABREGO DE LACY, 2011, p. 149.

15 SMITH, 2014, p. 29-30.

Os outros oráculos contra as nações (Ez 26–32), de acordo com Abrego, têm suas seções inter-relacionadas pelo termo "vingança". Essa fórmula não deve ser compreendida como meramente uma expressão sentimental negativa de Deus, mas sim como uma vontade de se estabelecer a justiça diante das violências cometidas.[16]

Ademais, os oráculos contra as nações, em Ez 26–32, trazem um componente específico: a datação. Mesmo que no livro esses textos sejam datados sem estarem cronologicamente organizados em sequência, há sinais de que a edição final tenha passado por um processo consciente.[17] Os oráculos contra Tiro e Sidon (Ez 26–28) são introduzidos com uma datação "no décimo primeiro ano no primeiro mês" (Ez 26,1) e trazem a repetição da fórmula "veio a mim a Palavra do Senhor" (Ez 26,1; 27,1; 28,1.11.20). Os oráculos contra o Egito e o faraó (Ez 29–32), por sua vez, são datados em momentos diferentes: Ez 29,1: "o décimo ano, o décimo segundo dia no décimo mês"; 29,17: "no vigésimo sétimo ano, no primeiro dia no primeiro mês" (ano-novo); 30,20: "no décimo primeiro ano, no sétimo dia no primeiro mês"; 31,1: "no décimo primeiro ano, no primeiro dia no terceiro mês"; 32,1: "no décimo segundo ano, no primeiro dia no décimo segundo mês"; e 32,17: "no décimo segundo ano, no décimo quinto dia no primeiro mês".[18]

Por fim, todo o conjunto de Ez 25–32 é bem organizado em sua edição final e se constata que há uma correlação entre a datação, conforme visto acima, e o aspecto geográfico. Nesse sentido, as primeiras seis nações são condenadas em ordem

---

16 ABREGO DE LACY, 2011, p. 151.

17 CARVALHO; NISKANEN, 2012, p. 67-69.

18 ABREGO DE LACY, 2011, p. 27.

geográfica, começando com Amon e, depois, se movendo no sentido anti-horário ao redor de Judá, para terminar em Sidon.[19]

3. COMENTÁRIO AO ORÁCULO CONTRA AMON (EZ 25,1-7)

Nessa parte do artigo, será apresentada a tradução direta do hebraico, baseada na versão da *Biblia Hebraica Stuttgartensia*,[20] e o comentário ao oráculo contra Amon (Ez 25,1-7), por se tratar do texto de abertura desse bloco do Livro do profeta Ezequiel (Ez 25–32).

> [1a] Veio a mim a Palavra de YHWH, dizendo:

O oráculo contra Amon tem seu início com uma expressão profética comum (v. 1a), cuja forma similar aparecerá ao longo de Ez 25 (vv. 3b-5.6-7.8-11.12-14.15-17). Isso enfatiza, na estratégia comunicativa do livro, que a palavra de condenação que será proferida tem sua origem em Deus. Assim, YHWH, o Senhor do mundo, não se furta de observar atentamente as ações opressoras e injustas das nações estrangeiras. Sua justiça se fará.

> [2a] Filho do ser humano, [2b] volve tua face na direção dos filhos de Amon [2c] e profetiza contra eles. [3a] Dirás aos filhos de Amon:

O Senhor, mais uma vez, dirige-se a Ezequiel utilizando "filho do ser humano, uma expressão que ocorre 93 vezes em todo o livro. Refere-se à humanidade e dá ênfase à mera natureza mortal do profeta em contraste com a majestade de Deus que fala com

[19] CARVALHO; NISKANEN, 2012, p. 67-69.

[20] ELLIGER, K.; RUDOLPH, W.; WEIL, G. E. *Biblia Hebraica Stuttgartensia*. Electronic ed. Stuttgart: German Bible Society, 2003.

ele.[21] Depois disso, Deus lhe dá a primeira de duas ordens iniciais: "volve tua face em direção aos filhos de Amon" (v. 2b). Esse imperativo indica o ato do profeta de voltar sua atenção para o público a que se destina, como ocorre em outros de seus oráculos (Ez 6,2; 13,17; 21,2; 25,2; 28,21; 29,2; 35,2; 38,2).[22] Enfim, surge a segunda ordem: "profetiza contra eles". Nela está clara a posição que será tomada por Deus em relação a essa nação: será condenada (v. 2c).

Os destinatários da condenação têm seus nomes mais uma vez repetidos, não deixando dúvidas ao ouvinte-leitor do texto: são os filhos de Amon (v. 3d). Salienta-se que, no livro, Ezequiel já havia expressado a previsão de que o canto de Amon sobre a queda de Jerusalém não ficasse impune (Ez 21,33-34; e posteriormente nos capítulos 28–29). Agora, o profeta deve dirigir seu olhar simbólico para, em discurso retórico, emitir um oráculo formal de denúncia a fim de condenar o vizinho situado a nordeste de Judá.[23]

De acordo com informações de Gênesis, os amonitas eram parentes distantes dos israelitas, como descendentes de Ló, sobrinho de Abraão (Gn 19,38). O centro de sua área geográfica se dava ao redor de Rabá (atual Amã) e se estendia para o sul, até o rio Arnon na fronteira com Moab. A terra dos amonitas era limitada a leste pelo vasto deserto da Arábia, ao norte pelas montanhas de Galaad e a oeste pelo território ocupado pelas tribos israelitas presentes na Transjordânia.[24]

---

21 SENIOR, D. Son of Man. In: FREEDMAN, D. N.; MYERS, A. C.; BECK, A. B. *Eerdmans dictionary of the Bible*. Grand Rapids: W. B. Eerdmans, 2000. p. 1.242.

22 BARRY, J. D. et al. *Faithlife Study Bible*. Bellingham: Lexham Press, 2012, 2016; Ez 20,46.

23 ALLEN, L. C. *Ezekiel 20–48*: Word Biblical Commentary. Dallas: Word, Incorporated, 1990. v. 29, p. 67.

24 BLOCK, D. I. *The Book of Ezekiel, Chapters 25–48*: the New International Commentary on the Old Testament. Grand Rapids: Wm. B. Eerdmans Publishing Co., 1997. p. 16.

No período anterior à entrada na terra de Canaã, Amon era um país inimigo que representava muita dificuldade para o povo de Israel. As relações israelitas com eles foram tempestuosas desde o início. De acordo com Jz 10–11, pouco antes da chegada dos israelitas, a falta de fronteiras bem definidas levou a confrontos frequentes, especialmente para as tribos da Transjordânia.

No período da monarquia unida, Saul entrou em guerra contra Naás, um amonita (1Sm 11). Davi derrotou os amonitas (2Sm 10), e foi durante uma guerra contra eles que Davi caiu em adultério (2Sm 11). Salomão se casou com mulheres amonitas (1Rs 11,1) e isso o teria levado à perdição (1Rs 11,5.7.32). Tempos depois, durante o período do Reino Dividido, Josias é retratado como alguém que queria destruir os lugares sagrados dedicados aos deuses amonitas (2Rs 23,13). Josafá, Ozias, Joatão e Joaquim lutaram contra Amon (2Cr 20; 26–27; 2Rs 24). No pós-exílio, também houve luta contra a resistência e o sincretismo dos amonitas (Esd 9,1; Ne 2; 4; 13).[25]

Na literatura profética, esse país e sua capital, Rabá, são admoestados por terem procurado tirar partido das crescentes dificuldades políticas de Judá (Jr 49,2; Ez 21,25).[26] Na última parte do século VII a.C., os amonitas insultaram Judá (Sf 2,8) e quiseram tomar a tribo de Gad (Am 1,13; Jr 49,1; Sl 83,7). Com o final do Império Assírio, seu território foi atacado por grupos árabes e seu país se tornou vassalo da Babilônia em troca de proteção (2Rs 24,2). Porém, Amon se uniu aos territórios vizinhos numa revolta contra a Babilônia (Jr 27,3). Entre 587 e 586 a.C., Jerusalém caiu e os amonitas provocaram mais problemas. O rei

---

25 DODD, R. A. Ammonites. In: BARRY, John D. et al. *The Lexham Bible Dictionary*. Bellingham: Lexham Press, 2016.

26 DUS, R. A.; SIMIAN-YOFRE, H. Ezequiel. In: LEVORATTI, A. J. et al. *Comentario Bíblico Latinoamericano: Antiguo Testamento*. Estella: Verbo Divino, 2005-2007. v. 2, p. 445.

Baalis procurou assassinar o governador babilônico Godolias (Jr 40,14; 41,11-15). Isso gerou uma retaliação de Nabucodonosor (Ez 21,19-22), e possivelmente os amonitas foram exilados, deixando de ser um estado independente.[27]

> 3b Ouvi a Palavra do Senhor YHWH. 3c Assim diz o Senhor YHWH:

Os filhos de Amon são convocados a ouvirem a Palavra do Senhor. Para isso, o autor emprega mais duas fórmulas para declarar que a fonte do julgamento e da condenação é Deus (v. 3bc). Isso deixa implícito que os amonitas não devem ouvir seus deuses, mas sim YHWH.[28] A divindade predominante da religião amonita, Milcom, aparece nominalmente três vezes na Bíblia Hebraica, e todas as ocorrências estão num contexto de confusão (1Rs 11,5.33; 2Rs 23,13).[29] Dele, foram preservadas as impressões dos selos amonitas. Embora nenhum Templo amonita tenha sido encontrado, pequenos santuários foram documentados em Umayri e no palácio de Amã.[30]

> 3d Visto que disseste "Ah!", quando o meu santuário foi profanado
> 3e quando a terra de Israel ficou assolada 3f e quando a casa de Judá foi para o exílio,

Como já foi dito, essa é a segunda repreensão que Deus faz a Amon por sua hostilidade aberta e profecias de desgraça

---

27 MYERS, A. C. *The Eerdmans Bible dictionary*. Grand Rapids: Eerdmans, 1987. p. 50.

28 ALEXANDER, R. H. Ezekiel. In: LONGMAN III, T.; GARLAND, D. E. (orgs.). *The Expositor's Bible Commentary*: Jeremiah–Ezekiel. Grand Rapids: Zondervan, 2010. v. 7, p. 781.

29 PUECH, E. Milcom. In: TOORN, K. van der; BECKING, B.; HORST, P. W. van der (eds.). *Dictionary of deities and demons in the Bible*. Leiden/Boston/Köln/Grand Rapids/Cambridge: Brill/Eerdmans, 1999. p. 575.

30 DODD, 2016.

contra Judá (Ez 21,28-29).[31] Aqui tem início uma sequência com um padrão claro de causa e efeito. Primeiro, o profeta expõe a culpa e, depois, a punição.[32] Tudo isso se dará por meio de uma mudança importante: se até agora o oráculo foi construído em terceira pessoa do plural (vv. 1-3c: "eles"), a partir do v. 3b, YHWH fala diretamente aos amonitas; a construção passa a ser na segunda pessoa do singular até o final (v. 7: "tu"). Assim, os amonitas são entendidos como uma unidade que enfatiza a totalidade dos membros dessa nação. Diante disso, todos estão incluídos nesse juízo. Ninguém escapou.

No oráculo, o autor expõe a interjeição "ah" como parte do que teria sido dito pelos moabitas no momento do ataque dos babilônios a Judá (v. 3df). Esse termo aparece na Bíblia Hebraica 12 vezes (Jó 39,25; Sl 35,21.25; 40,16; 70,4; Is 44,16; Ez 25,3; 26,2; 36,2) e tem como um de seus sentidos a expressão de satisfação ou alegria, usualmente em resposta ao infortúnio de outro que é seu inimigo, sendo em alguns casos traduzido por "bem-feito!".[33] Ademais, é possível que essa palavra comunique um desejo negativo contra alguém: "isso é o que desejamos!".[34]

> [4a] por isso, [4b] eis que te entregarei como propriedade dos filhos do Oriente: [4c] eles estabelecerão os seus acampamentos no meio de ti [4d] e em ti farão a sua morada. [4e] Comerão teus frutos [4f] e beberão teu leite. [5a] De Rabá farei um pasto de camelos [5b] e das cidades de Amon um aprisco de ovelhas. [5c] Assim sabereis que eu sou YHWH.

---

31 COOPER, 1994, p. 246.

32 CARSON, D. A. (org.). *NIV Biblical Theology Study Bible*. Grand Rapids: Zondervan, 2018. p. 1.449.

33 CLINES, D. J. A. (Org.). "הֶאָח". In: CLINES, D. J. A. (org.). *The Concise Dictionary of Classical Hebrew*. Sheffield: Sheffield Phoenix Press, 2009. p. 85.

34 "הֶאָח". In: BROWN, F.; DRIVER, S. R.; BRIGGS, C. *Enhanced Brown-Driver--Briggs Hebrew and English Lexicon*. Oxford: Clarendon Press, 1977. p. 210.

Com a expressão "por isso", o profeta anuncia a sentença punitiva (v. 4a) composta por seis verbos no futuro: "entregarei" (v. 4b), "estabelecerão" (v. 4c), "farão" (v. 4d), "comerão" (v. 4e), "beberão" (v. 4f), "farei" (v. 5a). Na primeira parte, YHWH entregará os amonitas como "propriedade", termo que no hebraico significa um território controlado por um estado ou uma pessoa dominante.[35] Essa consequência se desdobra no segundo e no terceiro verbos, pois os inimigos "estabelecerão" seus acampamentos e, depois, "farão" ali sua morada. Há, portanto, uma progressão. A princípio, será acampamento, depois, morada dos filhos do Oriente.

Os "filhos do Oriente" são possivelmente as tribos nômades do deserto que se aproveitariam da derrota de Amon e se mudariam para a área.[36] Eles são grupos arameus vindos do sudeste de Damasco. Na tradição bíblica, são conhecidos. Jó está localizado nessa região (Jó 1,3). A Bíblia fala da sabedoria deles (1Rs 5,10). Além disso, são vistos como um grupo que faz ataques cruéis, sendo comparados a uma praga de gafanhotos, uma das mais temidas do Antigo Oriente (Jz 6,3.33; 7,12; 8,10). O profeta Isaías também os menciona dentro de um contexto de combate (Is 11,14). Nabucodonosor fez campanha militar contra eles (Jr 49,28).[37]

A imagem progressivamente vai ficando mais drástica. A consequência da conquista do território de Amon pelos filhos do Oriente é descrita por três sentenças duplas paralelas:

4c) eles *estabelecerão* **seus acampamentos** no meio de ti

4d) e em ti *farão* **sua morada**

4e) *comerão* **teus frutos**

---

35 BRANNAN, R. (org.). *Léxico Lexham da Bíblia Hebraica*. Bellingham: Lexham Press, 2020.

36 BARRY, 2012, 2016; Ez 25,4.

37 ZIMMERLI, W.; CROSS, F. M.; BALTZER, K. *Ezekiel*: a commentary on the Book of the Prophet Ezekiel. Hermeneia: a critical and historical commentary on the Bible. Philadelphia: Fortress Press, 1979. p. 13.

4f) e *beberão* **teu leite**

5g) de Rabá *farei* **um pasto de camelos**

5h) e das cidades de Amon **um aprisco de ovelhas**

Ao utilizar esses paralelismos, o autor enfatiza que o território de Amon se tornará o local dos currais de gado, dos acampamentos circulares murados por pedras, com as tendas desses grupos do deserto. E, para deixar a imagem mais aterrorizante, os frutos do solo e dos rebanhos dos habitantes derrotados serão seu espólio.[38] Sem liberdade sobre a terra e sem alimentos, a população é dizimada.

> 6a Porque, assim diz o Senhor YHWH: 6b Visto que bateste as palmas e bateste o pé 6c com toda alegria e com todo desprezo de tua alma contra a terra de Israel

O v. 6a dá início ao segundo oráculo (vv. 6-7), que forma unidade com o primeiro (vv. 1-5), mediante o emprego da fórmula introdutória de mensagens proféticas: "assim diz o Senhor YHWH". A mensagem anterior é robustecida por essa que lhe é complementar. Essa nova etapa no julgamento e condenação dos atos injustos dos amonitas não é independente da anterior, visto que se inicia com "porque", uma conjunção empregada para mostrar que o orador está fornecendo os fundamentos ou a base para uma declaração ou grupo de declarações anteriores. Assim, trata-se aqui de uma continuidade.[39]

É apresentada a razão para a punição: a alegria maliciosa do povo amonita. A descrição inicial desse sentimento se dá por meio de duas metáforas: "bater palmas" e "bater os pés" (25,6b). A primeira consiste num aramaísmo, ou seja, uma influência da

---

38 ZIMMERLI; CROSS; BALTZER, 1979, p. 14.

39 BLOCK, 1997, p. 18.

língua aramaica sobre a linguagem, a forma e o conteúdo dos textos hebraicos.[40] Desse modo, "bater palmas" aparece no AT por duas vezes e, além de Ez 25,6, apenas em hinos que se constituem como uma explosão de alegria (Sl 98,8; Is 55,12). Gestos parecidos, mas utilizando verbos diferentes, apareceram antes em Ez 6,11; 21,19.22. Nesse sentido, é importante compreender a expressão dentro do universo linguístico desse profeta; isso aponta para o fato de que está em jogo uma ação de zombaria, de alegria maliciosa e de desprezo dirigido à terra e ao povo de Judá.[41]

Além da descrição dos movimentos das mãos e dos pés, cuja gestualidade expressa um comportamento insultuoso, o profeta afirma que o ser interior ("alma") dos amonitas estava todo tomado por desprezo ao povo de Judá. Nesse sentido, o exterior e o interior uniram forças para manifestarem sua oposição.

> 7a por isso, eis que estendi a minha mão contra ti, 7b a fim de entregar-te ao saque das nações, 7c extirpando-te dentre os povos 7d e fazendo-te perecer dentre as terras. 7e Sim, eu te destruirei

Em represália à dureza da sentença, corresponde a profundidade do sentimento despertado pela acusação.[42] Nesse oráculo, Deus continua emitindo sua punição na primeira pessoa do singular ao "tu" dos amonitas e afirma que estendeu sua mão contra eles. O verbo traduzido por "estendeu", no hebraico, está no perfeito; isso corresponde à ação que pode ser vista ou concebida como completa, mesmo que ainda não tenha ocorrido. Nesse sentido, o Senhor não volta mais atrás. A ação de YHWH de "estender

---

40 PATZIA, A. G.; PETROTTA, A. J. *Pocket dictionary of biblical studies*. Downers Grove: InterVarsity Press, 2002. p. 15.

41 ZIMMERLI; CROSS; BALTZER, 1979, p. 14.

42 ALLEN, 1990, p. 67.

a mão" aparece como uma expressão comum para o julgamento divino. Ela é usada com frequência por Ezequiel, mas tem sua base em Ex 7,5, cuja dependência é ainda demonstrada pelo uso da fórmula de reconhecimento divino.[43] Diante disso, a punição consistirá numa obra de YHWH muito parecida com a que realizou contra o Egito, com a finalidade de exterminá-lo e puni-lo (Ex 3,20; 7,5; 2Rs 21,13; Sl 138,7; Ez 6,14; 14,9).[44] Amon se tornará presa de povos estrangeiros, e serão completamente destruídos como nação (vv. 7b-7e).[45]

[7f] e saberás que eu sou YHWH.

O oráculo é finalizado de maneira abrupta com a fórmula de reconhecimento (v. 7f). Pode ser que conhecer YHWH seja uma experiência que se dará para os amonitas apenas com sua destruição, em meio à calamidade. Isso não significa que os filhos de Amon se converterão, mas que o Deus verdadeiro fará justiça, quando não há solidariedade com quem está com sua sobrevivência ameaçada. Para aqueles que se alegram com a morte do povo oprimido e zombam dele, não há misericórdia.[46]

CONCLUSÃO

As potências mundiais não podem oprimir. Deus não aceita isso. Assim, os profetas manifestam a posição de YHWH perante

---

43 BARRY et al., 2012, 2016; Ez 14,9.

44 FREDENBURG, B. *Ezekiel*: the college press NIV Commentary. Joplin: College Press Pub. Co., 2002. p. 231.

45 TAYLOR, J. B. *Ezekiel*: an Introduction and commentary. Tyndale Old Testament Commentaries. Downers Grove, IL: InterVarsity Press, 1969. v. 22, p. 184.

46 BLOCK, 1997, p. 18.

a realidade internacional complexa. Esses porta-vozes da divindade não se furtam de observar, julgar e agir no processo de denúncia e anúncio. Eles mostram como, mediante uma série complexa de acordos negociados ou impostos à força, as nações atuam dentro do contexto histórico. Com tudo isso, os profetas prezam pela paz entre os seres humanos. Gritam para que não haja, entre os povos, guerra, lutas e conflitos, que apenas trazem destruição e morte. Os oráculos contra as nações estrangeiras revelam de forma contundente a preocupação de Deus e de seus mensageiros por um mundo verdadeiramente universal, de paz e justiça.

Capítulo 7

DENÚNCIA, JULGAMENTO E ESPERANÇA PARA O REBANHO DE YHWH (EZ 34)

Sue'Hellen Monteiro de Matos[1]

O conteúdo da profecia do Livro de Ezequiel abrange um período maior do que os anos iniciais do exílio do Reino de Judá na Babilônia, tempo no qual atuou o profeta. Conforme já observado nos capítulos anteriores, esse livro possui várias camadas redacionais, escritas em diferentes contextos histórico-sociais. Esse é um pressuposto fundamental para se fazer a análise exegética de qualquer texto de Ezequiel, incluindo o capítulo 34, objeto dessa análise.

De modo geral, o Livro de Ezequiel é porta-voz dos interesses da primeira deportação, em 597 a.C., além de toda influência babilônica nele encontrada. Portanto, pode-se considerar que os inícios de Ezequiel se dão na época babilônica, e não somente

1 Doutora em Ciências da Religião pela Universidade Metodista de São Paulo (UMESP). Professora de Teologia na Universidade Metropolitana de Santos (UNIMES). Membro do Grupo de Pesquisa "Arqueologia do Antigo Oriente" (UMESP). Associada ABIB.

na época persa. De acordo com Schmid,[2] Ezequiel foi profundamente babilonizado e direcionado para o ano de 597 a.C., apresentando Jerusalém e toda a Judá como totalmente devastadas, sem qualquer perspectiva de futuro que fosse independente do regresso dos exilados à terra, além de todo aspecto sacerdotal do livro. Essa perspectiva é fundamental para compreendermos os detalhes do capítulo em análise.

O conteúdo profético dos capítulos 1–37 traz novas características da profecia. Já não há a figura do profeta e o discurso/mensagem para as autoridades e os diversos grupos sociais, conforme os moldes da profecia pré-exílica. Agora, o profeta apresenta-se como "filho do ser humano", o qual recebe a ordem divina para ir até o povo e anunciar suas palavras. Ademais, a profecia de Ezequiel é marcada por visões e ações simbólicas.

Neste ensaio exegético, analisaremos o capítulo 34, cujo conteúdo é a denúncia contra "os que apascentam", bem como um projeto de reconstrução político-religiosa do povo de Israel. Para esta análise exegética, seguir-se-ão os seguintes passos: tradução literal, delimitação, coesão interna, estrutura e análise de conteúdo.

1. TRADUÇÃO DE EZ 34

1A Palavra de YHWH aconteceu para mim, dizendo:

2Filho do ser humano, profetiza contra os que apascentam Israel,
profetiza, e dize-lhes, para os que apascentam: Assim diz o Se-
nhor YHWH: Ai dos que apascentam Israel, que apascentavam a
si mesmos. Acaso não é o rebanho que os que apascentam devem
apascentar? 3A gordura comeis e a lã vestis, o gado gordo abateis,

[2] SCHMID, K. *História da Literatura do Antigo Testamento*: uma introdução. São Paulo: Loyola, 2008. p. 168.

mas o rebanho não apascentais. [4]As que estavam enfraquecidas
não fortalecestes e a que estava doente não curastes e a que estava
quebrada não atastes e a que estava desgarrada não trouxestes de
volta e a que estava perdida não buscastes, mas com força violenta
as dominastes e com tirania. [5]E se espalharam por falta de quem as
apascenta e tornaram-se alimento para todo o vivente (animais) do
campo e se espalharam. [6]Meu rebanho vagueia por todas as monta-
nhas e sobre toda colina elevada e sobre toda a face da terra espa-
lharam meu rebanho e não há quem o procure, nem quem o busque.
[7]Portanto, os que apascentam, ouvi a Palavra de YHWH: [8]Como
eu vivo, oráculo do Senhor YHWH, já que meu rebanho tornou-se
presa, e minhas ovelhas tornaram-se alimento para todo vivente
do campo. Por não haver quem o apascente, e meus pastores não
buscaram meu rebanho e os pastores apascentaram-se a si mesmo
e não apascentaram meu rebanho. [9]Portanto, os que apascentam,
ouvi a palavra de YHWH: [10]Assim diz o Senhor YHWH: Eis-me
contra aos que apascentam. Demandarei o meu rebanho de suas
mãos e os farei cessar de apascentar o rebanho. Não apascentarão
mais os que apascentam, e arrancarei meu rebanho de sua boca,
de modo que não será alimento para eles. [11]Eis! Assim diz Senhor
YHWH: Eis que eu, eu, procurarei meu rebanho e as inspeciona-
rei. [12]Como um pastor segue o rastro de seu oviário no dia em que
está no meio de seu rebanho disperso, assim seguirei o rastro de
minhas ovelhas, então inspecionarei meu gado pequeno e o arran-
carei de todos os lugares que foram espalhados, no dia de nuvem e
trevas. [13]E os farei sair dentre os povos e os reunirei das terras e os
trarei para sua terra cultivável e os apascentarei nas montanhas de
Israel, nos canais e em todos os lugares da terra. [14]Em pasto bom os
apascentarei e em montanhas altas de Israel estará suas pastagens,
deitarão em pastagem boa e pasto farto se apascentarão nas monta-
nhas de Israel. [15]Eu apascentarei meu rebanho e eu as farei repou-
sar, oráculo do Senhor YHWH. [16]A que está perdida buscarei, e a

que está desgarrada, trarei de volta, e a que está quebrada atarei, e a que está fraca, fortalecerei, e a cevada e a forte, "guardarei" as apascentarei com direito. 17E vós, meu rebanho, assim diz o Senhor YHWH: Eis que eu, o que julga entre cabrito para cabrito, entre carneiros e bodes. 18Parece-vos pouco que vos apascenteis em um bom pasto, e o restante de vossos pastos pisoteeis com vossos pés, bebeis a água límpida e o que restou turveis com vossos pés? 19Mas meu rebanho pastará do que foi pisoteado com vossos pés, e beberá da poça de lama, turvada por vossos pés? 20Portanto, assim lhes diz o Senhor YHWH: Eis que eu mesmo julgarei entre cabrito cevado e entre cabrito magro.

21Porque empurrais com os lados e com os ombros, e com os chifres derrubais todas as que estão fracas até que as dispersais para longe, 22eu salvarei meu rebanho e não se tornará mais saque e julgarei entre cabrito e cabrito.23Suscitarei para elas um único pastor, que as apascentará: meu servo Davi. Ele as apascentará, ele será seu pastor. 24E eu, YHWH, serei seu *'Elōhîm* (Deus), e meu servo Davi será chefe em meio delas. Eu, YHWH, falei. 25E cortarei para elas aliança de paz e farei desaparecer da terra vivente ferozes. Habitarão em segurança no deserto e dormirão nos bosques. 26E presentearei elas e aos arredores de minha colina com uma bênção, e farei descer a chuva em seu tempo, chuvas de bênção acontecerão. 27A árvore do campo presenteará seu fruto, e a terra presenteará seu produto do campo (sua colheita); estarão em segurança em sua (terra) cultivável e conhecerão que eu sou YHWH, quando quebrar os jugos de sua canga, e as tirarei da mão dos que as escravizam. 28Não mais serão saque para nações e os viventes da terra não as devorarão. Habitarão em segurança e não haverá o que as assuste. 29Eu lhes suscitarei plantações prósperas e não mais as consumirá a fome na terra, nem terão mais que carregar a desgraça (desonra) das nações. 30Então conhecerão que eu, YHWH, seu *'Elōhîm* (Deus), estou com eles, e elas, a casa de Israel, são meu povo, oráculo do Senhor YHWH. [31]E vós, meu rebanho, rebanho de meu pasto vós sois, e eu sou vosso *'Elōhîm* (Deus), oráculo do Senhor YHWH.

2. DELIMITAÇÃO

A perícope em análise se encontra numa unidade literária maior, o bloco dos capítulos 34–37, os quais apresentam um projeto de restauração e reconstrução do povo. Entretanto, não há consenso na pesquisa sobre a divisão deste bloco do Livro de Ezequiel. Por exemplo, Eichrodt[3] apresenta o grande bloco de 33–48, cujo tema é "o tempo de salvação". Todavia, os capítulos 40–48 abordam uma temática específica: a reconstrução do Templo. Por isso, há propostas de dividir esse grande bloco de promessas de salvação. Schmidt,[4] por exemplo, aponta o bloco dos capítulos 33–39 como palavras de salvação e o dos capítulos 40–48 como palavras sobre o Templo. Por sua vez, Almada[5] propõe o bloco de 34–39 e 40–48. De todo modo, incluindo ou não os capítulos 33 e 38–39, o texto em análise se encontra nesse bloco literário sobre palavras de salvação.

O capítulo anterior, 33, inicia-se com uma parábola sobre a função do vigia, tornando o profeta a sentinela de Israel para anunciar as palavras de YHWH, mais especificamente sobre os anúncios de destruição (vv. 1-9). Depois o texto aborda a questão do pecado como consequência dos acontecimentos, ao mesmo tempo que propõe o caminho da mudança (vv. 10-20).

---

3 EICHRODT, W. *Ezekiel*: a commentary. The Old Testament Library. Philadelphia: The Westminster Press, 1970. p. 21.

4 SCHMIDT, W. H. *Introdução ao Antigo Testamento*. São Leopoldo: Sinodal, 2009. p. 239-241.

5 ALMADA, S. La profecía de Ezequiel: señales de esperanza para exiliados – oráculos, visiones y estructuras. *RIBLA*, Quito, n. 35-36, p. 109-113, 2000.

Nos vv. 21-29, a profecia refere-se à destruição de Jerusalém, e nos versículos finais fala sobre a pregação do profeta.

Nesse capítulo de Ezequiel, observa-se uma característica importante de sua profecia: ele não faz distinção entre os donos do poder e da religião em Jerusalém e os camponeses dependentes, especialmente no que se refere aos que permaneceram em Jerusalém e Judá, após 597 a.C. Para o profeta, todos serão aniquilados, como evidenciam os vv. 23-29, os quais devem ser datados após 587 a.C.[6]

O capítulo posterior, 35, traz o oráculo contra o monte Seir, localizado em Edom. Pode parecer estranho um oráculo de destruição no bloco de salvação, entretanto, tem seu objetivo nesse contexto literário: elimina o oponente que pode tentar impedir a nova criação da casa de Israel, tentando ocupar e tomar posse do território temporariamente sem dono que Israel deve herdar. Em 33,24, aqueles que permaneceram na terra reivindicaram o direito de possuí-la, recusaram-se a sair e a reconhecer que os deportados para a Babilônia também tinham o direito de voltar ao seu lar ancestral. Agora, o mesmo tratamento é dado às ameaças de violência dos povos vizinhos, que afirmam que devem herdar o que Israel deixou.[7] Diante disso, é plausível considerar a proposta de divisão literária formulada por Schmidt: 33–39. Sendo assim, considerando o texto que antecede e o que sucede, o capítulo 34 aborda a temática do pastoreio. Nele, YHWH faz uma denúncia contra "os que apascentam" o povo de Israel e se identifica como um bom pastor, que se responsabilizará pelo rebanho. No entanto, há dois versículos que apontam para a mediação davídica, como "o que apascenta" e também o "chefe"

---

6 SCHWANTES, M. *Sofrimento e esperança no exílio*: história e teologia do povo de Deus no século VI a.C. São Leopoldo: Oikos, 2009. p. 80.

7 EICHRODT, 1970, p. 486.

no meio de Israel. Os detalhes desses versículos serão analisados no decorrer desta exegese.

O capítulo 34 se inicia com a expressão "a Palavra de YHWH aconteceu para mim" (v. 1), tal como nos capítulos 33 e 35, indicando que o texto que seguirá faz parte do dito profético, o qual se encerra com a expressão "oráculo do Senhor YHWH" (v. 31), reforçando a mensagem divina de todo o texto.

3. COESÃO INTERNA

A perícope apresenta coesão interna, cujo tema principal refere-se a apascentar, seja a denúncia contra os que não apascentam o rebanho de YHWH, seja o próprio YHWH se apresentando como o bom pastor, e até mesmo indicando Davi como aquele que apascentará o rebanho de YHWH. Portanto, o verbo que amarra toda a perícope é "apascentar" (31 vezes), e o principal substantivo é o "rebanho" (20 vezes) e um substantivo sinônimo "oviário" (1 vez).

Entretanto, nos vv. 24-30 não há o verbo "apascentar" nem o substantivo "rebanho". O v. 24 está diretamente ligado ao v. 23, pois ambos abordam a esperança davídica com relação ao que apascentará Israel e ao que será chefe no meio deles. A partir do v. 25, há uma leve mudança na promessa de salvação. Agora está diretamente relacionada com a terra e sua produtividade: "árvore do campo presenteará com seu fruto", "seu produto do campo", "suscitarei para eles plantação"; e também com o findar da desolação: "não acontecerão mais saques para as nações"; "não mais os consumirá a fome na terra"; "nem terão mais que carregar a desgraça das nações". São afirmações que remetem ao fim do cativeiro na Babilônia. Seriam, então, esses versículos acréscimos posteriores? É possível! Verificar-se-ão com mais detalhes na análise de conteúdo.

Todavia, mesmo considerando o acréscimo desses versículos, o texto permanece coeso com o restante da perícope, pois há outros elementos que se repetem, ou se complementam. Primeiro, os vv. 5-6 abordam o tema da dispersão do rebanho de YHWH, já os vv. 27-29 tratam da promessa de quebra do jugo, o tirar das mãos dos que escravizam, e também de que não haverá mais "desgraça das nações", uma nítida referência ao fim do exílio babilônico. Em segundo, há a repetição da expressão "não acontecerão mais saques", nos vv. 22 e 28, mas também há a afirmação de que houve o saque do rebanho de YHWH, no v. 8. Portanto, mesmo com as camadas redacionais, trata-se de uma perícope coesa.

4. ESTRUTURA

Estruturar a perícope é imprescindível para a discussão de conteúdos da análise exegética, uma vez que não se faz exegese de palavras, mas sim de frases e de como essas se estruturam e se relacionam.

O capítulo 34 do Livro de Ezequiel, conforme observado na coesão interna, evidencia um processo de desenvolvimento redacional até chegar ao texto de hoje. De acordo com Lyons,[8] o material desse capítulo consiste em três unidades (vv. 11-16; 23-24; 25-31), as quais não se sustentam por si mesmas, mas pressupõem a camada básica (vv. 1-10), a partir da qual se desenvolveram. As numerosas repetições, diferenças de perspectiva e extensão de ideias nessas unidades apontam para um processo de desenvolvimento literário, o qual ficará evidente na análise de conteúdo. Assim como Lyons, Eichrodt[9] também estrutura o capítulo em

---

8 LYONS, M. A. Extension and Allusion: the composition of Ezekiel 34. In: TOOMAN, W. A.; BARTER, P. *Ezekiel*: current debates and future directions. Tübingen: Mohr Siebeck, 2017. p. 141.

9 EICHRODT, 1970, p. 468-484.

quatro unidades: a) os falsos pastores e sua punição (vv. 1-10); b) o resgate pelo verdadeiro pastor (vv. 11-16); c) o julgamento de triagem (vv. 17-22); e d) o reino de paz (vv. 23-31). No entanto, as mudanças de assuntos no decorrer da perícope levam às discussões acerca das divisões estruturais do capítulo. Para Sicre,[10] a princípio, pode-se dividi-la em três grandes blocos: vv. 1-16; vv. 17-22 e vv. 23-31. Entretanto, no primeiro bloco notam-se duas partes (vv. 1-10 e 11-16). Além disso, o autor destaca a discussão da inclusão dos vv. 23-24, especificamente: se esses deveriam estar junto ao segundo ou terceiro bloco. De modo semelhante, Almada[11] estrutura a perícope em três unidades: a) julgamento contra os maus pastores (vv. 1-16); b) julgamento contra as más ovelhas (vv. 17-22) e c) promessa e bom pastor (vv. 23-30).

Observa-se, portanto, que a proposta de estrutura da perícope não está fechada. Pode-se fazer a análise a partir da temática dos conteúdos, ou pelas marcas textuais de fala divina. Nesse caso, partindo da tradução literal do texto hebraico, opta-se por ter como parâmetro, para divisão das unidades, os ditos proféticos marcados pela expressão "assim diz Senhor YHWH", "oráculo de YHWH", ou até mesmo o uso do pronome pessoal de primeira pessoa do singular no início da frase, evidenciando a fala divina. Sendo assim, propõe-se a estrutura a seguir.

a) 1º Dito profético: denúncia contra os que apascentam (vv. 1-6)

A unidade se inicia com a expressão "e veio até mim a Palavra de YHWH", a qual serve tanto para início do dito quanto para todo o capítulo. O encerramento dessa unidade se dá pela

---

10 SICRE DÍAZ, J. L. *Com os pobres da terra*: a justiça social nos profetas de Israel. São Paulo: Paulus, 2011. p. 509-510.

11 ALMADA, 2000, p. 122.

frase do v. 7: "Portanto, os que apascentam, ouvi a Palavra de YHWH". O conteúdo desse dito consiste na denúncia das más ações "dos que apascentam Israel", as quais tiveram como uma das consequências a dispersão do rebanho de YHWH (vv. 5-6).

b) 2º Dito profético: declaração de YHWH a respeito de seu rebanho (vv. 7-8)

Essa seção inicia-se com "portanto, os que apascentam, ouvi a Palavra de YHWH" (v. 7). O início do v. 8 reforça a ideia da fala divina com a expressão "como eu vivo, oráculo do Senhor YHWH". No versículo seguinte, é introduzido outro momento de fala divina: "portanto, os que apascentam, ouvi a Palavra de YHWH" (v. 9) e, por conseguinte, o terceiro dito profético. O conteúdo desse dito refere-se ao rebanho de YHWH que foi feito para saque e para comida, pois não houve quem o apascentasse.

c) 3º Dito profético: intervenção de YHWH (vv. 9-10)

A unidade se inicia com a frase "portanto, os que apascentam, ouvi a Palavra de YHWH" (v. 9), a qual é reforçada no versículo seguinte pela expressão "assim diz o Senhor YHWH" (v. 10). O conteúdo profético aponta a intervenção divina para resgatar seu rebanho das mãos dos que apascentam, além de fazer cessar a atividade dos pastores.

d) 4º Dito profético: YHWH apascentará o seu rebanho (vv. 11-16)

Esse dito é introduzido com a expressão: "eis! Assim diz o Senhor YHWH" (v. 11), e se encerra com a afirmação de que YHWH apascentará seu rebanho com direito (v. 16). Todo o conteúdo dessa unidade discorre sobre YHWH como aquele que apascentará seu rebanho. O texto também faz referência à destruição de Jerusalém (v. 12), bem como apresenta esperança da reunião do rebanho que havia sido espalhado pela terra (v. 13). Reunião essa que aconteceria em "sua terra cultivável". Seria essa unidade um desenvolvimento literário dos primeiros anos do período persa ou dos anos após a destruição de Jerusalém, em 587 a.C.? Questão para refletir na análise de conteúdo.

e) 5º Dito profético: julgamento do rebanho de YHWH (vv. 17-22)

Começa com o endereçamento do dito profético, "vós, meu rebanho"; seguido da locução "e assim diz Senhor YHWH" (v. 17), finaliza com a salvação do rebanho de YHWH e retoma o julgamento "entre cabrito e cabrito" (v. 22). O conteúdo dessa unidade aborda o julgamento de triagem do rebanho de YHWH, pois no próprio rebanho há ovelhas que oprimem outras ovelhas (vv. 19.21).

f) 6º Dito profético: esperança davídica (vv. 23-24)

Essa seção é marcada pelo uso do verbo em primeira pessoa do singular, "e suscitarei", e finaliza com a fórmula típica de dito profético: "eu, YHWH, falei". Essa pequena unidade nitidamente é um desenvolvimento literário posterior, pois, no 4º dito profético, YHWH é quem apascentará seu rebanho e, agora, ele suscitará alguém para apascentar: Davi, seu servo (v. 23). Além de apascentar, Davi é colocado como chefe no meio do povo de Israel. Ademais, é a única vez em que a raiz verbal *DBR*, "falar", é usada em toda a perícope, o que sugere uma camada redacional.

g) 7º Dito profético: YHWH, *'Elōhîm* deles e suas promessas (vv. 25-31)

O último trecho da perícope começa com o uso do verbo na primeira pessoa do singular: "e cortarei", e termina com a locução "oráculo do Senhor YHWH", a qual serve para a unidade, como também para toda a passagem. Até mesmo porque no v. 30 há o uso dessa mesma expressão para finalizar o dito, que tem por principal assunto apresentar YHWH como *'Elōhîm* de seu povo e suas promessas. No entanto, a temática do apascentar aparece apenas no v. 31, sugerindo ter sido inserido como modo de concluir todo o capítulo para amarrar a temática principal. No restante da unidade, o foco está em anunciar as promessas de YHWH para seu povo, todas relacionadas com a questão da terra e do campo.

Portanto, conhecer essas nuances das estruturas desse trecho é fundamental para discutir a análise de conteúdo, bem como para argumentar sobre o desenvolvimento literário de Ez 34.

5. ANÁLISE DE CONTEÚDOS

A partir das estruturas definidas na seção anterior, será examinado o conteúdo do texto propriamente dito, visto que uma análise exegética não se faz apenas de palavras, que soltas podem significar muitas coisas. São as frases e os parágrafos que exprimem o significado dentro daquele contexto literário específico, dando pistas para a discussão do contexto histórico.

5.1 Primeiro dito profético: denúncia contra os que apascentam (vv. 1-6)

O texto se inicia com o acontecimento da Palavra de YHWH, uma introdução a esse dito profético, como também para todo o capítulo, indicando que tudo o que seguirá faz parte desse evento que é a Palavra de YHWH. Esse acontecimento da Palavra de YHWH é para o profeta, chamado por "filho do ser humano", conforme a tradução literal do termo, uma vez que o sentido do substantivo hebraico é "ser humano" e não "homem" do sexo masculino. Ao filho do ser humano é dada a ordem para profetizar contra "os que apascentam Israel". Quem são esses? A imagem de pastor de rebanho é bem conhecida em todo o Antigo Oriente. *Hammurapi*[12] (1792-1750 a.C.), em seu código de leis, se apresenta como "pastor dos homens", "fornecedor de pasto e água", e afirma que foi designado "para destruir os impiedosos e perversos e para impedir que os fracos sejam roubados de seus justos direitos pelo forte". De modo similar, as inscrições reais de Merodach Baladan II (710 a.C.) também descrevem o pensamento do governante no papel de pastor. Essas inscrições expressam que o rei tem o dever, como pastor, de recolher aqueles que estão dispersos. Ademais, há antigos hinos reais egípcios que falam sobre a necessidade de amar sinceramente o rei, que é chamado de o pastor, e por meio do qual os súditos vivem e respiram. Em suma, o ideal do verdadeiro pastor, aplicado ao governante, é aquele que conduz o rebanho ao pasto, fornecendo alimento e bebida, encontrando pastagens e locais de segurança.[13]

Esse imaginário está presente entre o povo de Israel e Judá. O rei protetor é o representante do pastor divino que o nomeou. Logo, o oráculo é a denúncia da má conduta dos governantes, uma vez que o particípio está no plural, "os que apascentam". A fala do profeta contra os que apascentam inicia-se com a fórmula de mensageiro "assim diz o Senhor YHWH", que é uma variação de "assim diz YHWH". Possivelmente, essa variação se dá pelo fato de se estar em outro momento da profecia e da religião israelita e judaíta, na qual o epíteto "Senhor" passa a ser utilizado. Ainda assim, trata-se da fórmula de mensageiro. Ela é característica de um dito profético, indicando que a palavra da divindade dada ao

---

[12] É utilizado "Hammurapi" e não "Hamurabi", conforme o estudo de SAPORETTI, C. *Abolire le carceri*: un'idea dalla Mesopotamia. Roma: Aracne, 2010. p. 25 (Saggistica, 127).

[13] EICHRODT,1970, p. 469.

profeta é a verdadeira Palavra de Deus, além de outorgar ao profeta a autorização para proferir as palavras de YHWH.[14]

Nesse sentido, quem fala por meio do profeta é YHWH. Quanto o verbo "dizer" (*'MR*) tem como sujeito Deus, implica que a fala divina pode ser ouvida e compreendida na natureza e na história, abrangendo também a experiência e o entendimento humano.[15] Isto é, quando Deus fala, o ser humano pode ouvi-lo e compreendê-lo dentro de sua realidade. Desse modo, esse primeiro dito profético é para ser compreendido pelas pessoas que estavam exiladas na Babilônia, possivelmente, por se tratar do que poderia ter sido o dito original, que depois foi desenvolvido literariamente, sendo destinado aos deportados em 597 a.C. A denúncia aos que apascentam refere-se aos governantes que não cuidaram do rebanho de YHWH e que, por suas péssimas ações, levaram o povo ao exílio. Essa é a explicação teológica dada pela profecia ao acontecimento histórico da invasão e deportação pelo império neobabilônico. De acordo com Duguid,[16] essa condenação dos pastores governantes, por não terem cumprido seu papel, possivelmente, foi influenciada por Jr 23 e ampliada por Ezequiel. A mesma ideia central de Jeremias permanece aqui: os antigos reis de Judá, Joaquim e Sedecias, são responsabilizados pela deportação de 597 a.C. e pelos eventos subsequentes por causa de seus erros. Eles governaram com dureza e brutalidade, alimentando apenas a si mesmos, não o rebanho, e até mesmo abatendo os animais mais seletos (vv. 2-4). Para esses que apascentam, a palavra é de morte. A interjeição "ai" é utilizada em

---

[14] WESTERMANN, C. *Basic Forms of Prophetic Speech.* Louisville/Cambridge: Westminster John Knox Press/The Lutterworth Press, 1991. p. 149.

[15] BOTTERWECK, G. J.; RINGGREN, H.; FABRY, H.-J. (eds.). *Theological Dictionary of the Old Testament.* Grand Rapids: William B. Eerdmans Publishing Company, 1990. v. 1, p. 335.

[16] DUGUID, I. M. *Ezekiel and the leaders of Israel.* New York: Brill, 1994. p. 39.

ritos fúnebres para lamentar a morte. Quando usada na profecia, a interjeição aponta para o ato simbólico de falar sobre a morte dos sistemas de opressão. Verifica-se nitidamente em Is 5,8-24 e Mq 2,1-5. Portanto, nesse primeiro dito profético, a morte é direcionada para a monarquia, pois não cumpriu com sua responsabilidade de apascentar o rebanho de YHWH.

O v. 3 aponta para os benefícios que aquele que apascenta obtém do rebanho, que é o vestir-se da lã e o beber o leite, mas também denuncia o não cumprimento de seus deveres para com o rebanho.[17] Nesse sentido, denuncia o contraste entre os benefícios obtidos por meio do povo pela monarquia, porém, sem oferecer nenhum cuidado. O v. 4 esmiuçará a falta de cuidado dos que apascentam. Eles não restauram, curam, enfaixam, reconduzem ou buscam. Perverteram o apascentar. Ao invés de proteger e cuidar do rebanho, puseram-se a devorá-lo, tornaram-se seus inimigos,[18] e, principalmente, o dominaram com "força violenta" e "tirania". A formulação "os dominastes com tirania" (v. 4) só é encontrada em duas outras passagens do AT: em Ex 1,13-14, para referir-se à maneira como os egípcios tratavam os hebreus que haviam sido escravizados, e em Lv 25,43.46, na proibição de tratar um companheiro israelita dessa maneira. Desse modo, o profeta acusa os governantes de fazerem aquilo que sua própria história deveria ter-lhes ensinado a abominar.[19]

A denúncia das injustiças cometidas pelos monarcas e por suas cortes acarretou, segundo a denúncia profética, a dispersão do rebanho (vv. 5-6), e não há quem o busque nem procure. E, assim, encerra-se o primeiro dito profético de denúncia contra os que apascentam.

---

17 SICRE DÍAZ, 2011, p. 511-512.

18 ALMADA, 2000, p. 122.

19 DUGUID, 1994, p. 195.

5.2 Segundo dito profético: declaração de YHWH a respeito de seu rebanho (vv. 7-8)

Esse segundo dito profético começa com "portanto, os que apascentam, ouvi a Palavra de YHWH" (v. 7). O conteúdo principal desse dito está no v. 8, que se inicia com "por minha vida, oráculo do Senhor YHWH", reforçando a ideia de que se trata de uma fala divina. Sua fala demonstra a preocupação de YHWH com as consequências da dispersão de seu rebanho, que antes foi vítima dos governantes, e que agora foi lançado para saque e se tornou comida para todos os animais do campo. Estão dispersos e desamparados, e não há quem os apascente, pois os que eram para apascentar, só apascentavam a si mesmos.

Esse é um dito que poderia estar junto ao primeiro, porém, considerando os critérios de fórmulas de mensageiros, optou-se por separá-lo, até porque a ênfase recai no rebanho de YHWH que está desamparado. Mas há esperança! Isso é o que mostra o próximo dito profético.

5.3 Terceiro dito profético: intervenção de YHWH (vv. 9-10)

O terceiro dito profético traz esperança ao rebanho de YHWH, pois a própria divindade irá intervir e procurará por seu rebanho (v. 10). O dito é dirigido aos que apascentam (v. 9), porém o alvo da ação divina é o rebanho. Tudo o que YHWH fará será para livrar o rebanho das mãos dos que o apascentam. Para isso, YHWH demandará seu rebanho, fará cessar a função dos que apascentam e arrancará o rebanho de sua boca para que não mais lhes sirva de comida. Demandar implica requerimento, exigência de algo.[20] Não há opção para os que apascentam, a

[20] KIRST, N. et al. *Dicionário Hebraico-Português e Aramaico-Português.* São Leopoldo/Petrópolis: Sinodal/Vozes, 1988.

não ser entregar o rebanho para YHWH. Fazer cessar, o *hifil* do verbo *ŠBT*, expressa a ação causativa. Seu significado básico é "fazer cessar", "chegar ao fim", tanto no modo de conjugação *qal* como no *nifal* e no *hifil*. Contudo, o verbo tem o significado especializado de "celebrar" em conexão com a observância do sétimo dia (Ex 34,21). No sentido empregado nesse texto, refere-se ao cessar de uma atividade que acontecia, ou ao encerramento de um processo que chegou à conclusão, e não apenas a uma interrupção temporária.[21]

A esperança nesse dito é o fim dos governantes que apascentaram a si próprios, e não ao rebanho de YHWH. E é por essa razão que YHWH arrancará da boca deles seu rebanho. Eles não mais serão alimento dos governantes e de suas cortes, ou seja, o povo não mais financiará os luxos da monarquia, pois YHWH o arrancou das mãos dos reis. Possivelmente, esse dito, assim como os dois anteriores, seria da época do exílio na Babilônia, quando a monarquia desaparece. Sicre[22] afirma que os vv. 9-10, assim como vv. 1-2, fariam parte do oráculo original de Ezequiel, a partir do qual se desenvolveram os vv. 3-8, pois o elo de desenvolvimento é a opressão no exílio. A partir da próxima profecia, a esperança em YHWH se intensifica.

5.4 Quarto dito profético: YHWH apascentará o seu rebanho (vv. 11-16)

O autor descreve YHWH como aquele que apascentará seu rebanho, ocupando o lugar deixado pelos pastores. Assim, colocará fim ao exílio e trará o rebanho para sua terra, a fim de

---

21 BOTTERWECK, G. J.; RINGGREN, H. (eds.). *Theological Dictionary of the Old Testament*. Grand Rapids: William B. Eerdmans Publishing Company, 2004. v. 14, p. 382-385.

22 SICRE DÍAZ, 2011, p. 511.

apascentá-lo nas montanhas de Israel.[23] Essa imagem de YHWH como pastor é antiga na história de Israel e conduz para diferentes tradições, seja a profecia descrita aqui em Ez 34 e em Jr 23, seja a sabedoria observada no Sl 23. Ambas as tradições remetem a YHWH como a divindade que orienta, conduz, guia e cuida de seu povo.

O início desse dito se dá pelo uso da interjeição "eis". Segundo Wolf,[24] o uso de *kî*, "eis", indica, além do início de um oráculo de YHWH, uma chamada de atenção para o que será anunciado. Em alguns casos, a interjeição se refere à cena da entrega oral. Isto é, o mensageiro que ia de porta em porta proclamando o dito. Nessa perícope, a interjeição funciona tanto para indicar o início do oráculo como para chamar a atenção de seus ouvintes para o que será pronunciado, especialmente porque se trata de uma fala de YHWH: "eis! Assim diz Senhor YHWH" (v. 11). Nesse versículo, YHWH afirma que procurará e inspecionará seu rebanho. O verbo utilizado para refletir a ação de procura divina sugere que isso é feito com cuidado,[25] o que é reiterado no início do v. 12. O verbo "inspecionar" é empregado para o culto,[26] no sentido de avaliar as ovelhas a fim de escolher qual deverá ser ofertada. Sentido que terá afinidade com o próximo dito, no qual YHWH julgará "o cabrito e cabrito, carneiros e bodes" (v. 17).

O v. 12 alude à destruição de Jerusalém em 587 a.C., ao servir-se da expressão "dia de nuvem e trevas" para relatar quando o rebanho havia sido dispersado. Entretanto, Eichrodt[27] defende

---

23 SICRE DÍAZ, 2011, p. 513.

24 WOLF, W. H. *Joel and Amos*. Philadelfia: Fortress Press, 1977. p. 231-233.

25 KIRST et. al., 1988.

26 KIRST et. al., 1988.

27 EICHRODT, 1970, p. 471.

que essa expressão refere-se ao dia do julgamento de YHWH, representado por características que retratam o desastre cósmico. Pode-se até compreender essa questão do julgamento de YHWH, se for considerada a interpretação teológica que o texto fez nos três primeiros ditos sobre o exílio na Babilônia. De todo modo, é inegável a alusão à catástrofe de 587 a.C., em que YHWH arrancará seu rebanho de todos os lugares em que foi espalhado.

O versículo seguinte reitera a promessa de reunião do povo disperso, o qual será levado para sua "terra cultivável". O termo hebraico utilizado é *'ădāmâ*, traduzido por terra cultivável, e não terra em um sentido político, geográfico. A esperança para o rebanho, portanto, não consiste em apenas retornar para Judá, mas em voltar a cultivar a terra que foi de seus antepassados (v. 13). Nessa terra cultivável, YHWH apascentará seu rebanho, com pasto farto e pastagem para descanso, e o fará descansar (vv. 14-15).

O v. 16 apresenta um contraponto ao v. 4. Lá, os que apascentavam não cuidavam das ovelhas e cabras que estavam fracas, doentes, quebradas, nem procuravam as desgarradas. Agora, no v. 16, YHWH irá procurá-las e cuidará de todo o seu rebanho. De acordo com Sicre,[28] é plausível considerar que o v. 16 foi adicionado posteriormente, visto que os vv. 11-15 focam no tema da dispersão, inclusive se encerram com a fórmula "oráculo do Senhor YHWH". Isso demonstra que todo o capítulo teve diversos momentos de desenvolvimento literário, sendo essa unidade, provavelmente, do início do período persa, no qual é forte a esperança dos que voltaram do exílio babilônico para Judá, mas ainda não se depararam com as complicações do que seria a dominação persa. Por isso, a esperança reside em YHWH como pastor, aquele que apascentará seu rebanho com direito,

[28] SICRE DÍAZ, 2011, p. 513.

com "aquilo que cabe a cada pessoa: a casa, a terra de plantio, a palavra, enfim, a vida".[29]

5.5 Quinto dito profético: julgamento do rebanho de YHWH (vv. 17-22)

É endereçado ao rebanho de YHWH (v. 17), e seu conteúdo geral é sobre o julgamento de triagem que YHWH fará "entre cabrito e cabrito, carneiros e bodes" (v. 17), pois no próprio rebanho há ovelhas que oprimem outras ovelhas (vv. 19.21).

Após o endereçamento e a apresentação do tema central, segue o questionamento do comportamento das ovelhas e cabras de YHWH (v. 18), pois nada parece suficiente para algumas dessas ovelhas e cabras, e precisam enlamear o terreno. Com efeito, o rebanho de YHWH acaba se alimentando em terrenos espezinhados e bebendo de poça de lama que foi pisoteada por algumas dessas ovelhas e cabras. Diante disso, o dito reitera o julgamento de YHWH, agora entre cabrito cevado e cabrito magro (v. 20), denunciando as ações dos cabritos cevados que oprimem os que estão fracos, a ponto de dispersá-los. Observa-se, em toda a perícope, que não são apenas os reis que levaram às deportações, mas também as outras lideranças do povo de Judá.

De modo geral, essa unidade, de acordo com Duguid,[30] critica líderes leigos. Para o autor, seriam lideranças da comunidade que não possuíam título oficial, mas ocupavam posição de poder entre o povo. Para ele, os termos "carneiros e bodes" (v. 17) e "cabrito cevado" (v. 20) fariam referência aos líderes vorazes e egoístas da comunidade. A acusação contra eles é de má conduta social: oprimir os fracos com violência e se apoderar dos

---

29 SCHWANTES, M. *Da vocação à provocação*: estudos exegéticos em Isaías 1–12. São Leopoldo: Oikos, 2011. p. 454.

30 DUGUID, 1994, p. 121-122.

recursos limitados em detrimento dos que não têm influência ou poder. Ademais, o autor ressalta que a denúncia desse mau uso da posição de poder desses líderes assemelha-se com as acusações das lideranças leigas encontradas nos capítulos 11 e 22, nos quais são acusadas, numa linguagem mais concreta, de terem usado de violência em busca de seu próprio engrandecimento.

Sicre[31] defende que o julgamento do rebanho, mais especificamente das ovelhas fortes que se aproveitam das fracas, reflete o conflito entre ricos e pobres dentre o povo de Judá. Ao acrescentar carneiros e bodes, amplia o sentido desses relacionamentos e ressalta o problema na relação de autoridades e súditos.

O texto permite questionar diversos aspectos desse julgamento do rebanho de YHWH. De todo modo, a denúncia presente é precisa ao expor as injustiças e opressões que ocorriam no meio do próprio povo. Por fim, o dito profético se encerra com a promessa de salvação do rebanho de YHWH e, novamente, o anúncio do julgamento "entre cabrito e cabrito", reforçando a intervenção de YHWH.

5.6 Sexto dito profético: esperança davídica (vv. 23-24)

É um desenvolvimento literário posterior, pois, no 4º dito profético, YHWH é quem apascentará seu rebanho e, agora, suscitará o "um" ou "único" para apascentar: Davi, seu servo (v. 23). Além de apascentar, Davi é colocado como chefe no meio do povo de Israel (v. 24). Verifica-se que é a única vez em todo o capítulo que o verbo *DBR,* "falar", é empregado. Entretanto, para Duguid,[32] esses versículos seriam a solução para o problema dos maus pastores. Para o autor, Davi é o bom pastor que atua

---

31 SICRE DÍAZ, 2011, p. 241.

32 DUGUID, 1994, p. 47-48.202.

como um verdadeiro representante terreno do pastor divino. O futuro Israel será liderado por um pastor, como supostamente era o caso no passado, contrapondo os pastores que falharam com o rebanho repetidamente ao longo da história. Por isso, a importância do uso da tradição davídica. Ademais, o autor[33] destaca a associação do nome de Davi com os preparativos para a construção do primeiro Templo, bem como sua descrição como um rei forte que governou com justiça e imparcialidade. Todavia, esses apontamentos sobre a figura de Davi já ocorrem em algumas narrativas bíblicas, especialmente nas redações tardias ligadas à construção do segundo Templo, o que traz o indício de que esses versículos possam ter sido acrescentados nesse período.

De acordo com Schwantes,[34] o novo Davi, descrito como "chefe", seria o regente de um novo estado. Para esse autor, o projeto ezequielano, termo utilizado por ele, contava com a criação de um novo estado autônomo, não mais como nas tradições antigas da monarquia, mas destinado a apascentar o rebanho, com nítidas raízes camponesas. Essa expectativa de um novo estado de Judá, bem como a esperança messiânica davídica, encontra-se no Livro de Ageu (2,10-23), o que reitera nosso argumento de que estes versículos são inclusões do período de reconstrução do Templo de Jerusalém.

5.7 Sétimo dito profético: YHWH (*'Elōhîm* deles) e suas promessas (vv. 25-31)

Por fim, o último dito profético reflete sobre as promessas de YHWH, agora denominado como "*'Elōhîm* deles". Nitidamente, trata-se de um desenvolvimento literário desse capítulo. Os

---

33 DUGUID, 1994, p. 243.

34 SCHWANTES, 2009, p. 89-90.

vv. 25-31 concluem todo o capítulo, conforme foi discutido na seção 4, sobre a estrutura da perícope analisada. O foco desses versículos não reside no rebanho de YHWH, pois este é mencionado apenas no v. 31, assim como o verbo "apascentar". O texto se inicia com "e cortarei para eles a Aliança". Até então, em nenhum momento houve qualquer menção da Aliança entre YHWH e seu povo, apenas no v. 25. Além da alusão à Aliança, o texto coloca o deserto como lugar "para segurança" (v. 25). Seria o deserto, como lugar de segurança, uma referência a um novo êxodo? Ao se considerar os contextos do desenvolvimento, nesse oráculo de Ezequiel, é possível. Há também outros lugares indicados como locais "para segurança": a "terra cultivável" (v. 27) e o assentamento do povo (v. 28). Esse caminhar pelo deserto até o assentamento reitera essa alusão a um novo êxodo, no qual YHWH é quem garante a segurança para seu povo.

O verbo recorrente nessa unidade é o *NṮN*, "presentear", o qual também pode ser traduzido por "dar", porém, entendendo o contexto de promessas de salvação, a tradução por "presentear" se faz mais coerente, visto que o verbo, quando empregado em contextos literários acerca de promessas, tem o significado de "dar presentes".[35] Então, YHWH presenteará o povo com bênção, com os frutos da árvore, produto do campo, além de fazer descer a chuva e crescer a plantação (vv. 26-27.29). A bênção, portanto, é: habitar numa terra cultivável, na qual se plante e se colha os frutos da terra. YHWH também quebrará "seu jugo de cangas", bem como tirará o povo das mãos dos que o escravizam (v. 27). Esse trecho se aproxima de Jeremias, que fala sobre quebrar o jugo de Nabucodonosor ou da Babilônia de modo geral

---

[35] BOTTERWECK, G. J.; RINGGREN, H.; FABRY, H.-J. (eds.). *Theological Dictionary of the Old Testament.* Grand Rapids: William B. Eerdmlans Publishing Company, 1999. v. 10, p. 96-101.

(Jr 28,2.4.11.14; 30,8). Destarte, considerando também o uso da expressão "da mão dos que escravizam", a quebra do jugo pode referir-se ao império neobabilônico.

Possivelmente, essa unidade é um desenvolvimento literário dos anos finais do exílio da Babilônia, por mencionar a quebra do jugo dos que escravizam o povo, bem como por pontuar o deserto como lugar seguro, e, principalmente, pelas afirmações de YHWH como "*'Elōhîm* deles". Aliás, a formulação apresentada no v. 30: "eu YHWH, *'Elōhîm* deles, com eles, e eles povo meu", também aparece no Livro de Jeremias (24,7; 31,1.33; 32,38). Seriam os mesmos redatores bíblicos de Jeremias aqui em Ezequiel? É possível.

Por fim, o v. 31 foi adicionado nesse final para encerrar toda a perícope e ressaltar a pertença do rebanho a YHWH, "*'Elōhîm* vosso", garantindo a unidade de todo o capítulo, e também por mencionar "*'Elōhîm* vosso", pois, antes desse dito, não havia sido mencionado "*'Elōhîm*", apenas YHWH, e diversas vezes com o epíteto "Senhor".

CONCLUSÃO

Ez 34 se desenvolve literariamente a partir das denúncias das ações dos maus pastores, traz o julgamento de YHWH e sua salvação. A esperança reside na intervenção de YHWH. Num primeiro momento, a própria divindade se tornará aquela que apascentará o rebanho, visto que os governantes não cumpriram com sua tarefa e, ainda, exploraram e dominaram com força violenta e tirania. Essa intervenção divina resultará no julgamento do próprio rebanho, pois nele há ovelhas e cabritos que oprimem os seus. Num segundo momento, plausivelmente adicionado no período persa, próximo da reconstrução do Templo de Jerusalém, a esperança encontra-se na figura de um novo Davi, servo de

YHWH, que apascentará o rebanho e que será chefe no meio do povo. A esperança está voltada para um novo projeto político e de governo, ainda que traga a tradição messiânica davídica. Por fim, a esperança do último dito profético consiste no conjunto de promessas de YHWH para seu povo, todas relacionadas com a questão da terra e do campo. De acordo com o texto bíblico, a bênção divina é habitar numa terra cultivável, na qual se plante e se colha os frutos da terra. E, hoje, quiçá todas as pessoas pudessem desfrutar dessa bênção!

Capítulo 8

JUSTIÇA E SANTIDADE DE YHWH CONTRA EDOM (EZ 35), A FAVOR DE ISRAEL E EM HONRA DE SEU SANTO NOME (EZ 36)

Leonardo Agostini Fernandes[1]

O Livro de Ezequiel, no capítulo 34,23-31, atesta que YHWH, além de reconduzir os exilados de Israel para Canaã, suscitaria um pastor que, eficazmente, os apascentaria e que seria designado: "Davi, meu servo" (v. 24).[2] Na sequência, o juízo que YHWH decidiu fazer recair sobre o "monte Seir" (Ez 35) é o oposto do que decidiu sobre os "montes de Israel" (Ez 36). Esses

---

1 Pós-doutorado e doutorado em Teologia Bíblica pela Pontifícia Università Gregoriana di Roma. Docente de Sagrada Escritura nos cursos de graduação e pós-graduação do Departamento de Teologia da PUC-Rio.

2 Essa referência a Davi é metafórica, visto que, aproximadamente, quatro séculos separam o "histórico" monarca (1010-970 a.C.) do profeta Ezequiel e do povo exilado (597-538 a.C.). Subjaz à referência, a "ideologização" de Davi como servo e monarca que teve um "coração" capaz de agradar YHWH. Assim, o rei Davi teria sido assumido como parâmetro para julgar os reis de Judá e suas ações (1Rs 3,3; 15,3.11; 14,3; 18,3; 22,2).

capítulos formam os dois lados do juízo divino, desfavorável para o "monte Seir" e favorável para os "montes de Israel".

Se, em Ez 34, YHWH optou por defender seu povo, como o bom pastor defende seu rebanho, em Ez 35–36, ele resolveu demonstrar sua soberania sobre a terra, defendendo, em particular, os "montes de Israel". O ápice dessa decisão aparece na revitalização do povo eleito no cativeiro, representado pelos ossos ressequidos que, pela profecia da efusão do Espírito de YHWH, retornam à vida (Ez 37,1-14), em função da reunificação de Israel e Judá (Ez 37,15-28).

A restauração dos filhos de Israel, pela justiça aplicada ao "monte Seir" (Ez 35) e aos "montes de Israel" (Ez 36,1-15), atesta a glória do nome de YHWH (Ez 36,16-38). O ódio de Edom, pelo que fez à "casa de Israel" e por se apossar de Canaã, feriu o direito de YHWH. Constata-se uma aplicação do zelo de YHWH pelo que lhe pertence: sua terra e seu povo.

Sob tal lógica, é possível ver a forte relação que existe entre Ez 35,1-15 e 36,1-15. Juntos, esses textos formam os dois lados de um painel pautado na palavra profética de YHWH.[3] Ao "para mim", a respeito do "monte Seir" (Ez 35,1), corresponde a designação "filho do ser humano", com relação aos "montes de Israel" e da "casa de Israel' (Ez 36,1.16). Além das fórmulas do mensageiro e do conteúdo oracular, a relação entre as partes é mantida pela terminologia: "monte Seir", "montes de Israel", "casa de Israel", "desolação", "ermo", "terra", "cidades", "montes", "vales", "colinas" etc. Verifica-se a força da retórica semítica,

[3] Esse díptico atesta a retórica original do profeta ou uma brilhante ação editorial. As duas partes revelam o olhar atento de YHWH e sua divina preocupação. Enquanto Ez 35, por meio de um oráculo de condenação, foca na terra desolada e no livramento da mão de seus usurpadores, Ez 36,1-5, por meio de um oráculo de restauração, foca na reversão da desoladora e triste situação (BLOCK, D. I. *The Book of Ezekiel*: chapters 25–48. Grand Rapids/Michigan/Cambridge/U.K.: William B. Eerdmans Publishing Company, 1998. p. 310).

persuadindo o ouvinte-leitor a admitir a presença viva de YHWH e de sua ação eficaz por Israel e por Canaã, sua herança.[4]

1. EZ 35: JUÍZO CONTRA EDOM

O presente comentário exegético-teológico de Ez 35–36 segue a lógica interna. Para cada uma das partes (Ez 35,1-15; 36,1-15.16-38), adotou-se o mesmo critério: tradução, articulação textual e comentário. Nas abordagens, foram usados elementos diacrônicos e sincrônicos, a fim de melhor elucidar a mensagem presente nos textos.

1.1 Tradução e articulação textual[5]

1E a Palavra de YHWH aconteceu para mim, dizendo: 2"Filho do ser
humano, coloca tua face na direção do monte Seir e profetiza contra
ele; 3e dirás para ele: Assim disse meu Senhor(6) YHWH: Eis-me

---

4 A ação revitalizadora de YHWH, como uma "nova Aliança", pode ser entendida em chave ecológica pela mudança que propôs operar em favor de Canaã (BRIGGS, W. Idols and Land Grabs, Ancient and Modern: Creation and Ecotheology in Ezekeil 6; 35:1-36:15. *Horizons in Biblical Theology*, Leiden, v. 40, n. 1, p. 41-64, Apr. 2018).

5 Tradução feita a partir do Texto Massorético Leningradense (TM^{L}), reproduzido na *Biblia Hebraica Stuttgartensia* (*BHS*). ELLIGER, K.; RUDOLPH, W. (eds.). Stuttgart: Deutsche Bibelgesellschaft, 1977. p. 961-962.

6 Em hebraico, *'ādôn* indica relação de superioridade de uma pessoa sobre outra, um povo ou grupo de pessoas (ALONSO SCHÖKEL, L. M. *Dicionário Bíblico Hebraico-Português*. São Paulo: Paulus, 1997. p. 26). A formulação "*Adonay* YHWH" (Teônimo + Tetragrama Sagrado) é bastante usual no AT. No Livro do profeta Ezequiel é indiscutivelmente predominante, com cerca de 220 ocorrências, ora na fórmula "oráculo de *Adonay* YHWH", ora na fórmula "assim disse *Adonay* YHWH". Não é fácil identificar a razão para um uso tão intenso. Visto que, literalmente, *Adonay* significa "senhores de mim", usado antes do Tetragrama Sagrado poderia ser uma forma de submeter a YHWH tanto os seres humanos proeminentes como as divindades cananeias (FRANCISCO, E. de F. *Tetragrama, Teônimos e Nomina Sacra.* Os nomes de Deus na Bíblia. Santo André: Kapenke,

em tua direção, monte Seir; estenderei minha mão contra ti, e te renderei desolado e abandonado. [4]Farei de tuas cidades um ermo e tu serás desolado e saberás porque eu sou YHWH. [5]Visto que houve para ti um ódio eterno e dispersaste os filhos de Israel sobre as mãos da espada (sobre o poder da espada), no tempo da calamidade, no tempo da iniquidade extrema; [6]por isso, como eu vivo, oráculo de meu Senhor YHWH, ao sangue te darei e o sangue te perseguirá; porque não odiaste o sangue, o sangue te perseguirá. [7]Renderei o monte Seir desolado e abandonado. Eliminarei do meio dele quem for e quem vier. [8]Encherei os montes dele(7) com os cadáveres dele. Em tuas alturas, em teus vales e em todos teus canais, cadáveres de espada cairão neles. [9]Te renderei uma desolação eterna e tuas cidades não serão habitadas. Sabereis porque eu sou YHWH. [10]Visto que disseste: 'Duas nações e duas terras são para mim e as herdaremos'; porém, lá estava YHWH! [11]Por isso, como eu vivo, oráculo de meu Senhor YHWH, farei conforme tua ira e tua inveja, que fizeste, pelo teu ódio, contra eles; e será conhecido entre eles o modo como te julgarei. [12]Saberás porque eu sou YHWH. Ouvi todos teus insultos, que disseste contra os montes de Israel, dizendo: 'Estão devastados; para nós foram dados por pasto'. [13]Vos engrandecestes contra mim; em vossa boca multiplicastes palavras contra mim. Eu ouvi! [14]Assim disse meu Senhor YHWH: Ao regozijar de toda a terra, uma desolação farei a ti! [15]Como te regozijaste pela herança da casa de Israel, que foi desolada, assim farei a ti. Uma desolação será o monte Seir e a todo o Edom com ele, e saberão porque eu sou YHWH".

2018. p. 1-6). Existe uma hipótese, sem grandes aprofundamentos, que liga YHWH a Edom (RÖMER, T. *A origem de Javé*: o Deus de Israel e seu nome. São Paulo: Paulus, 2016. p. 72-73).

7 O plural "montes" pode se referir à cadeia montanhosa que forma o "monte Seir"; "cadáveres dele" seria uma alusão aos transeuntes que passaram no local e morreram. Isso permite compreender a mudança nos sufixos pronominais, da terceira pessoa do masculino singular dos vv. 7-8 para a segunda pessoa do masculino singular no v. 9.

A referência ao "monte Seir", nos vv. 2.15, funciona como moldura do texto, aberto pela fórmula do mensageiro: "e a palavra de YHWH aconteceu para mim" (v. 1), e fechado pela fórmula declarativa na oração explicativa: "porque eu sou YHWH" (v. 15).

Entre a *petûḥa'*, presente em Ez 34,31, e a que está em Ez 35,15, há uma *setûma'* no final de Ez 35,13. A marcação massorética indicaria que um novo parágrafo foi aberto em Ez 35,1 e que prosseguiu até o v. 13, dando a entender que Ez 35,14-15 poderia ser admitido como um novo e breve parágrafo;[8] na verdade, um oráculo com início, meio e fim. A *petûḥa'*, em Ez 35,15, indicaria que um novo parágrafo está sendo aberto em Ez 36,1.

Os vv. 1-3a funcionam como fala introdutória; contêm o agente do evento, o destinatário (vv. 1-2a), e o que este deve fazer (v. 3a). Dois oráculos de juízo estão em sintonia, pela forma como foram abertos e fechados (vv. 3b-4 e 14-15). Entres esses dois oráculos, encontram-se duas seções, elaboradas de forma semelhante (vv. 5-9 e 10-13). Ambas foram introduzidas pela partícula adverbial causal *ya'am* (vv. 5.10), seguida da articulação do conteúdo pautado numa fórmula de juramento pessoal: "por isto, como eu vivo, oráculo de meu Senhor YHWH" (vv. 6.11). Se a fórmula de reconhecimento, usada no início do v. 12a ("saberás porque eu sou YHWH"), estivesse no final do v. 13, apareceria devidamente correlacionada à fórmula do final do v. 9 ("sabereis porque eu sou YHWH").

Por essas breves, mas consistentes considerações, pode-se admitir cinco seções em Ez 35: a) seção introdutória (vv. 1-3a); b) oráculo de juízo (vv. 3b-4); c) primeira justificativa sobre o reato do "monte Seir" (vv. 5-9); d) segunda justificativa sobre o reato do "monte Seir" (vv. 10-13); e e) oráculo de juízo (vv. 14-15).

---

8 Sobre as funções atribuídas pelos massoretas à *setûma'* e à *petûḥa'*, veja-se: KELLEY, P. H.; MYNATT, D. S.; GRAWFORD, T. G. *The Masorah of Biblia Hebraica Stuttgartensia*. Grand Rapids/Michigan/Cambridge/U.K.: William B. Eerdmans Publishing Company, 1998. p. 155-156.167.

1.2 Comentário

O uso do verbo *hāyâ*,[9] nas fórmulas que introduzem oráculos proféticos, indica que a Palavra de YHWH é um acontecimento, um evento em função da história salvífica. Por meio de sua palavra, YHWH irrompe na vida do profeta e confia uma mensagem a ser dirigida a uma pessoa, aos líderes de seu povo, ao povo em geral ou aos outros povos.[10]

O monte Seir estava situado no território de Edom, que se estendia desde o lado sudoeste do mar Morto, fronteirando ao sul com o deserto da Judeia, até o golfo de Áqaba (mar Vermelho). É admissível, porém, que "monte Seir" se refira a uma cadeia montanhosa; região que, segundo Gn 36,8-19, foi habitada por Esaú e sua descendência, bem como pelos horreus, segundo o que consta em Gn 36,20-30. Contudo, os horreus, de acordo com Dt 2,12.22, teriam sido expulsos pelos edomitas. Isso daria base para uma ampla alusão não apenas a Edom, mas a todos os inimigos dos filhos de Israel que habitavam nessa cadeia montanhosa.[11]

De forma metafórica, o "monte Seir", em razão de suas florestas, teria sido ligado a Esaú, o filho peludo de Isaac e Rebeca (Gn 25,25; 27,11.23). Seir ainda poderia ser a associação de *śēʿār,*

---

9 O verbo *wayhî*, no modo ativo, significa: *et evēnit, et factum est*; no modo estativo: *et erat, et fuit* (JOÜON, P.; MURAOKA, T. *Gramática del Hebreo Bíblico*. Villatuerta/Navarra: Verbo Divino, 2007, § 112, p. 373). Na fórmula de comunicação divina, é traduzido, comumente, pelo sentido de movimento da palavra que é enviada ao mensageiro: "veio" (1Sm 15,10; 2Sm 7,4; Is 38,4; Jr 1,4; Jn 1,1).

10 A expressão *debar* YHWH é uma terminologia técnica e particular nos anúncios proféticos e é uma parte essencial da fórmula que indica um acontecimento: *wayyehî debar* YHWH *'el/'al* + N/Pronome. Essa fórmula, cuja função é introduzir uma mensagem, assinala a irrupção da palavra de YHWH/*'Elōhîm* para seu mensageiro (BRETÓN, S. *Vocación y missión*: formulario profético. Roma: Pontificio Istituto Bíblico, 1987. p. 31-49).

11 GREENBERG, M. *Ezekiel 21–37*. New York: Doubleday, 1997. p. 712; ABREGO DE LACY, J. M. *Ezequiel*. Bilbao: Desclée de Brouwer, 2011. p. 194-195.

śā'îr, "peludo", com *śa'ar*, "espanto, tempestade" (Jó 18,20; Is 28,2; Ez 27,35; 32,10),[12] sinais de uma pessoa violenta. Esaú, de fato, é descrito como um habilidoso caçador, enquanto Jacó é dito pacífico. O motivo da preferência de Isaac por Esaú está afirmado: "apreciava a caça", mas nada se diz sobre o motivo de Rebeca preferir Jacó (Gn 25,27-28).[13]

Ao que tudo indica, a origem da rivalidade entre Edom e os filhos de Israel foi transferida para os tempos patriarcais (Gn 25,22-23), a fim de que constasse na Torá uma base legal para explicar a origem dessa rivalidade (Nm 21,4). Em contrapartida, o deuteronomista atestou uma relação relativamente amigável entre Edom e os filhos de Israel (Dt 2,1-12; 23,8).[14]

O profeta Ezequiel, desde seu lugar em Babilônia, recebeu a mensagem de YHWH; teve que se voltar na direção do monte Seir e proferir um oráculo de condenação duplamente justificado

---

12 ALONSO SCHÖKEL, 1997, p. 647; WALTKE, B. K. "*śē'ir*". In: HARRIS, R. L.; ARCHER, Jr. G. L.; WALTKE, B. K. *Dicionário Internacional de Teologia do Antigo Testamento*. São Paulo: Vida Nova, 1998. p. 1.487.

13 A interceptação da bênção destinada a Esaú por Jacó não coloca os meios acima dos fins. Pelo relato, Esaú já tinha renunciado ao direito da primogenitura (Gn 25,29-34). Parece que a intenção foi a de evidenciar a eleição do segundogênito no lugar do primogênito. Como Sara interveio para que Isaac não perdesse o lugar para Ismael, o primogênito de Abraão, que se tornou um hábil arqueiro (Gn 21,20), de igual modo, Rebeca interveio para que Jacó precedesse Esaú. Pela lógica e finalidade da narrativa, mais importante que a astúcia humana (some-se o desgosto de Isaac e Rebeca por Esaú ter tomado para si mulheres fora do âmbito familiar – Gn 26,34-35) é salvaguardar o direito de YHWH de conduzir os rumos da história, pois nada acontece sem seu consentimento (LOZA, J. *Génesis 12–50*. Bilbao: Desclée De Brouwer, 2007. p. 103-107).

14 As referências aos edomitas na Torá refletem o ponto de vista dos filhos de Israel. Mesmo tendo admitido laços de parentesco, nem por isso deixaram de acentuar os conflitos com esse povo vizinho. Assim, a experiência do "presente histórico" entre os edomitas e os filhos de Israel ficava fundamentada e exemplificada nas rivalidades entre seus respectivos antepassados: Esaú e Jacó (KNAUTH, R. J. D. Esaú, edomitas. In: ALEXANDER, T. D.; BAKER, D. W. [eds.]. *Diccionario del Antiguo Testamento* – Pentateuco. Barcelona: Clie, 2012. p. 288-293).

(vv. 5-9.10-13).[15] Na verdade, Edom já se tornara alvo de condenação ao lado de outras nações (Ez 25,12-14),[16] mas apenas em Ez 35 tornou-se alvo central do juízo divino em função da reversão que será anunciada em Ez 36.

No decorrer do texto, os destinatários do oráculo são referidos no singular, "monte Seir", ou na voz verbal no plural, dando a entender que faz referência aos que nele habitam. A região e seus habitantes formam uma unidade de significado. O "monte Seir", com seus habitantes, conhecerá YHWH por seu feito, o justo juízo, que causará desolação e abandono do local sobre o qual cidades estavam construídas (vv. 4.9). A destruição de um local habitado e não mais reconstruído sinalizava a perda e a eliminação de tudo o que havia sido feito em prol da busca de estabilidade, tornando-se um símbolo da esterilidade, sinal de extinção e de maldição (Js 6,26; 1Rs 16,34).

Verifica-se um paradoxo! Edom, que se aproveitou da invasão e destruição de Judá-Jerusalém, uma consequência das infidelidades

---

15 BRIGGS, 2018, p. 55. A demonstração da absoluta soberania de YHWH sobre o "monte Seir" e, por conseguinte, sobre os demais povos não é uma ação arbitrária, mas aparece devidamente regida pela aplicação da justiça vigente na região e pelas alianças estabelecidas (EICHRODT, W. *Ezechiele*: capitoli 25-48. Brescia: Paideia, 2001. p. 596).

16 A intervenção de YHWH contra Edom está justificada com base na maldade que fez contra Israel. Como YHWH interveio a favor de seu povo, desde o Sinai contra o Egito, de igual modo, desde seu lugar santo se colocou contra Edom. A ação revela a onisciência de YHWH pelo que os povos fazem, em particular em detrimento de seu povo. Apesar de ser rebelde e de dura cerviz (Ex 33,5; 34,9; Dt 9,6.13; 31,27; 2Rs 17,14; Jr 7,26; 17,23; 19,15; Br 2,30), YHWH sempre deixou um resto, como nos tempos do dilúvio com Noé, sua família e as espécies de animais que pôs na arca (Gn 6,5–9,17), para nunca abrir mão de sua íntima relação com o povo que decidiu estabelecer como reino de sacerdotes e nação santa, povo da Aliança (Ex 19,5-6). YHWH é o Deus da história, controla e tem o domínio sobre todos os acontecimentos, não permitindo que sua transcendência e a glória de seu nome sejam violadas. Chama a atenção o fato de Edom não vir ao conhecimento de YHWH, mas apenas de sua ira, por meio do que fez a Israel (MONARI, L. *Ezequiel, um sacerdote profeta*. São Paulo: Paulinas, 1992. p. 86).

de seus líderes e habitantes para com YHWH e sua Aliança, tornou-se alvo de condenação, sem direito à apelação ou perdão pelo mal que fez. O Sl 137,7 atesta que Edom colaborou com a destruição de Jerusalém. Em contrapartida, Judá-Jerusalém, totalmente arrasada pelos babilônios, será repatriada e reedificada no tempo devido.

Parece, então, que Ez 35,1-15 não estaria deslocado dos oráculos contra as nações, mas sua função seria a de evidenciar o favor divino a Israel como dito em Ez 36,1-15, bem como de exaltar a glória de YHWH pela restauração da terra e do povo eleito como descrito em Ez 36,16-38.[17]

À diferença de Ez 25,14, não coube aos filhos de Israel a vingança pelo que Edom fez, mas a YHWH, justo juiz, que não tolera oportunismos e excessos, pois é quem conduz a história.[18] Subjaz a Ez 35 a lógica do tipo judicial. YHWH não apenas entrou em litígio com o "monte Seir", mas decretou sua sentença. À acusação dos crimes, ação de Edom, segue-se a condenação, reação de YHWH. Na base dessa reação está o oportunismo dos edomitas, por três motivos: a) auxiliaram na destruição e no espólio de Jerusalém em 587/586 a.C. (vv. 5-9); b) desejaram se apoderar do território (vv. 10-12); c) tornaram-se arrogantes e insolentes (v. 13).[19]

---

17 A retomada de um oráculo contra Edom não contradiz a lógica interna do livro, mas serviu para acentuar o feito de YHWH a favor da restauração de Israel enquanto propriedade territorial e demográfica (ALONSO SCHÖKEL, L. M.; SICRE DÍAZ, J. L. *Profetas II*: Ezequiel, profetas menores, Daniel, Baruc, Carta de Jeremias. São Paulo: Paulinas, 1991. p. 840; EICHRODT, 2001, p. 596).

18 "A punição de Israel vem de Deus, mas se realiza sempre na história e, portanto, por meio do concurso de forças históricas: povos e exércitos, batalhas e mortes [...], Israel é enfim, de modo definitivo, 'o povo do Senhor'; uma derrota sua parecerá inevitavelmente derrota do Senhor. Eis por que a punição de Israel não pode ser a última palavra de Deus, não pode marcar a conclusão do drama da história" (MONARI, 1992, p. 106).

19 A maldade de Edom é o particular conteúdo da profecia de Abdias, pautada no anúncio e aplicação do *yôm* YHWH. "O elemento central do *yôm* YHWH em

Nota-se que a sentença, na primeira justificativa (vv. 6-9), contém a pena de morte, devida à culpa que recaiu sobre Edom por causa do sangue derramado. A imagem evoca o crime cometido por Caim contra Abel (Gn 4,10)[20] e o decreto de YHWH após o dilúvio (Gn 9,5-6). Ambos se tornaram episódios aptos a legitimar e a fundamentar o máximo da aplicação da *lex talionis*:[21] "vida por vida", como referido no *corpus* legislativo da Aliança sinaítica (Ex 21,23). Na visão bíblica, essa legislação atesta que a justiça divina, protetora do dom da vida, deveria estar sempre na base das relações e da promoção da justiça entre os seres humanos (Jó 16,18).

A insistência no sangue talvez seja etimológica, a fim de criar uma ligação entre *'ĕdôm*, povo violento, que "descende" de Esaú, e *dām*, que, primariamente, significa sangue, mas que,

---

Abdias revela que, através deste castigo divino, acontecerá a restauração de Judá-Jerusalém. Isso se torna possível graças aos supérstites e à sublimidade de Sião (Ab 16.17.21). O *yôm* YHWH é concebido, então, como uma justa sanção nos moldes da 'lei do talião', porque Edom foi conivente com as nações no momento da desgraça de seu irmão Jacó. A pior atrocidade não foi aquela realizada pelos povos estrangeiros, mas está na maldade que os edomitas ajudaram a praticar contra a cidade santa e o povo eleito diante da sua angústia" (FERNANDES, L. A. *O anúncio do Dia do Senhor*: significado profético e sentido teológico de Joel 2,1-11. São Paulo: Paulinas, 2014. p. 361-362).

20 A ação contra Edom é semelhante ao que YHWH indagou de Caim referente ao sangue de Abel derramado sobre o solo (OLLEY, J. W. *Ezekiel*: a commentary based on *Iezekiēl* in codex vaticanus. Leiden: Brill, 2009. p. 476; EICHRODT, 2001, p. 596).

21 A *lex talionis* veio para suplantar o desequilíbrio que existia na "lei de Lamec" (Gn 4,24). Não se desejava evitar o conflito, mas regulamentar o "direito da vingança", a fim de que a reação fosse proporcional ao dano causado (DEIANA, G. *Levitico*: nuova versione, introduzione e commento. Milano: Paoline, 2005. p. 259-263; OWENS, J. E. *Leviticus*. Collegeville/Minnesota: Liturgical Press, 2011. p. 84-85). Pode-se admitir que a *lex talionis* ficou na metade da estrada entre a vingança e o amor ao próximo. Segundo a fé cristã, a *lex talionis* só será superada pela nova legislação do amor, dada por Jesus de Nazaré em Mt 5,38-42 (PAPOLA, G. *Deuteronomio*: introduzione, traduzione e commento. Cinisello Balsamo/Milano: San Paolo, 2011. p. 227-230).

dependendo do contexto, pode assumir diferentes sentidos.[22] O ápice da sentença, "o sangue te perseguirá", pode ser uma alusão a YHWH como *gōʼēl*, isto é, o único que poderia vingar o sangue derramado dos filhos de Israel (Nm 35,16-22; Dt 19,6-12).[23]

Então, a reação de YHWH surge justificada pelo direito divino de aplicar a *lex talionis*, mas com uma dupla finalidade: testemunha que YHWH é o Deus vivo (vv. 6.11) e mostra que, por meio de sua reação, será reconhecido como YHWH (vv. 4.9). Isso invalida o fato de ter sido ignorado pelos edomitas, quando se aproveitaram da invasão babilônica e saquearam Jerusalém: "lá estava YHWH" (v. 10).[24]

A *lex talionis* ecoa ainda nas consequências da ação judicial de YHWH contra Edom, por ter desejado tomar posse do território dado por YHWH aos filhos de Israel. A destruição de Jerusalém e o consequente exílio dos filhos de Israel não significam que YHWH renunciou à posse da terra que lhes deu como herança (Dt 1,26; Js 14,9; Jr 3,19).

---

22 ALONSO SCHÖKEL, 1997, p. 156-158; JENNI, E.; WESTERMANN, C. *Diccionario Teologico Manual del Antiguo Testamento*. Madrid: Ediciones Cristiandad, 1978. t. 1. colunas 635-638. O derramamento de sangue (*dām*) de forma violenta embasaria a relação com a atestação da índole violenta de Edom (*ʼĕdôm*), descendente de Esaú, o homem (*ʼādām*) caçador, razão da assonância (GREENBERG, 1997, p. 713; BLOCK, 1998, p. 315).

23 No AT, a ação de resgatar ou de vingar o sangue de um familiar cabia ao parente próximo, chamado *gōʼēl*. É uma terminologia que pertence ao foro jurídico de cunho familiar no tocante à remissão da escravidão, da alienação de propriedades e do resgate dos direitos da viúva e do órfão (HUBBARD JR., R. L. גאל (*gʼl* I). In: VanGEMEREN, W. A. *Novo Dicionário Internacional de Teologia e Exegese do Antigo Testamento*. São Paulo: Cultura Cristã, 2011. v. 1, p. 765-769; METTINGER, T. N. *O significado e a mensagem dos nomes de Deus na Bíblia*. São Paulo: Academia Cristã, 2008. p. 233-237).

24 Essa presença de YHWH torna-se fundamental para a boa-nova a favor dos "montes de Israel" em Ez 36,1-15, pois YHWH surge como defensor e protetor de sua terra e de seu povo contra Edom (BRIGGS, 2018, p. 55).

Edom, tendo ofendido YHWH e o seu divino direito de dispor da própria terra (v. 14), não só perderá seu território, mas este se tornará um local desolado, um ermo inabitável. A vantagem que Edom quis para si foi uma usurpação dos bens alheios. De certa forma, repetiu-se a usurpação de Jezabel sobre a vinha de Nabot para favorecer seu marido Acab (1Rs 21).

2. EZ 36,1-15: FAVOR PARA ISRAEL

Como YHWH ouviu a aflição dos filhos de Israel no Egito e decidiu agir (Ex 2,23-25; 3,7), de igual modo ouviu os insultos de Edom e tomou providências a favor de Israel (v. 12). Essa ação atesta que YHWH é o Deus vivo e não um ídolo cego, surdo, mudo e inerte (Sl 115,4-8), pois ouve, estende a mão e executa a sentença (vv. 3.12.13 estão conforme Ex 3,19).

2.1 Tradução e articulação textual[25]

1E tu, filho do ser humano, profetiza para os montes de Israel e dirás:
Montes de Israel, ouvi a palavra de YHWH. 2Assim disse o meu
Senhor YHWH: Visto que, sobre vós, o inimigo disse uma exclama-
ção para as alturas eternas: "Uma herança será para nós!"; 3por isso,
profetiza e dirás. Assim disse meu Senhor YHWH: Visto que, ao
vos desolar e perseguir em torno, para ser uma herança do resto das
nações, e andais (fazer subir) em lábios de um povo difamado; 4por
isso, montes de Israel ouvi a Palavra de meu Senhor YHWH. Assim
disse meu Senhor YHWH aos montes e às alturas, aos canais e aos
vales, aos ermos desolados e às cidades abandonadas, que foram
espólio e motivo de riso do resto das nações que estavam em torno.
5Por isso, assim disse meu Senhor YHWH: No fogo de meu zelo,

[25] Tradução feita a partir do TM^L, reproduzido na *BHS*, 1977, p. 962-963.

falei sobre o restante das nações e sobre o inteiro Edom, pois deram para eles minha terra em herança, com júbilo de todo o coração e desprezo de alma, a fim de extrair pilhagem dela. [6]Por isso, profetiza sobre a terra de Israel e dirás aos seus montes e às alturas, aos canais e aos vales. Assim disse meu Senhor YHWH: Eis-me com meu zelo e meu ardor, visto que suportastes uma ignomínia das nações. [7]Por isso, assim disse meu Senhor YHWH: Eu ergui minha mão! Por certo, as nações, que estão ao vosso redor, serão elas que suportarão a ignomínia delas. [8]Mas vós, montes de Israel, dareis vossos ramos e produzireis vossos frutos para Israel meu povo, porque estão próximos a vir. [9]Porque eis que estou convosco e me voltarei para vós, sereis lavrados e semeados. [10]Eu multiplicarei pessoas para toda a casa de Israel, cidades serão habitadas e ermos desolados serão edificados. [11]E multiplicarei para vós pessoas e animais, que se multiplicarão e frutificarão. Como outrora, vos farei habitar e, como no princípio, vos farei o bem, e sabereis porque eu sou YHWH. [12]Farei andar pessoas sobre vós, Israel meu povo, te possuirão e serás a herança deles. Nunca mais deixareis de crescer para privá-los de prole! [13]Assim disse meu Senhor YHWH: Por causa do que disseram para vós: "Tu devoras pessoas e privado de nações serás!" [14]Por isto, não devorarás mais tuas nações, não mais as privarás de prole. Oráculo de meu Senhor YHWH. [15]Não farei de ti outra vez o insulto das nações e o opróbrio dos povos não carregarás outra vez, e não devorarás outra vez tuas nações. Oráculo de meu Senhor YHWH.

Após Ezequiel proferir o oráculo de juízo contra Edom, sentença pelo mal que praticou a Jerusalém (Ez 35), YHWH dirigiu ao profeta sua palavra de restauração para os "montes de Israel".[26]

[26] Embora "montes de Israel" possam ser uma referência aos aspectos geológicos da região de Canaã, em particular o monte Sião, onde estava o Templo de Jerusalém, nada impede que sejam uma alusão às fronteiras com Edom, formadas pelos complexos montanhosos da região de Judá, para a qual serão repatriados os

Se em Ez 35,2 foi o profeta quem recebeu a ordem de se voltar para o "monte Seir", em Ez 36,9 é o próprio YHWH quem se voltou favoravelmente para os "montes de Israel".

Na base da benevolência divina está a reinvindicação da honra do nome de YHWH, a ser restabelecida diante da cidade santa de Jerusalém, destruída pelas infidelidades e injustiças que praticou (Tb 13,9), mas também diante de Edom que se aproveitou do mal que a ela sobreveio.

Por um lado, YHWH honrou sua palavra contra os "montes de Israel" (Ez 6).[27] Por outro, o mal que Edom praticou, aproveitando-se da investida babilônica, violou a honra de YHWH em sua terra, em seu santuário e sobre seu povo. Nesse sentido, impera muito mais a lógica da restauração favorável, pelo viés da misericórdia e fruto da eleição divina, do que sob a mera lógica retributiva, como proposta na dinâmica da retribuição declarada em Dt 28 (a mesma lógica se encontra em Jó 1,1–3,1; 42,10-17, apesar de ele não ter sido infiel).[28]

---

que foram levados cativos para a Babilônia. De igual modo, nada impediria de se pensar no aspecto universal, de modo que "montes de Israel" seriam uma alusão a todo o território que pertence a YHWH e que foi dado em herança aos filhos de Israel, em cumprimento das promessas feitas aos patriarcas. Chama a atenção que a Transjordânia, após sua conquista (Nm 21,21-35), fora dada às tribos de Rúben, Gad e à meia tribo de Manassés (Nm 32,1-42; Dt 3,12-20), mas a presença e a ação dos edomitas parecem minimizar tal repartição da região (BLOCK, 1998, p. 314-315).

27 Os contatos semânticos e temáticos são admitidos entre Ez 6 e 35–36 (GOSSE, B. Ezéchiel 35-36:1-15 et Ezéchiel 6: la désolation de la montagne de Séir et le renoveau des montagens d'Israël. *Revue Biblique*, Paris, v. 96, n. 4, p. 511-517, Oct. 1989; BLOCK, 1998, p. 310; GREENBERG, 2010, p. 714).

28 "Que alguém sofra o castigo pelo fato de ter cometido delito, é coisa lógica por direito; mas que alguém mereça prêmios por sofrer o castigo, isso já é outra lógica. Uma coisa é certa: a lógica do amor de Deus por seu povo, que, vendo-o sofrer, também sofre, é a lógica da fidelidade divina à sua palavra, a lógica do Deus que se interessa especialmente pelo fraco e sai em defesa do indefeso. Nisso ele colocou a sua honra" (ALONSO SCHÖKEL; SICRE DÍAZ, 1991, p. 842).

O juízo favorável para os "montes de Israel", em contraposição ao juízo desfavorável sobre Edom, está devidamente justificado pela partícula adverbial: *ya'an* (Ez 36,2.3.6.13), que significa "visto que, por causa de",[29] como pelo uso da formulação *lākēn* (Ez 36,3.4.5.6.7.14), que significa "por isso".[30] Pela primeira (*prótase*), são expostas as causas que fundamentam as ações divinas pelo mal praticado por Edom contra os "montes de Israel". Pela segunda (*apódose*), são anunciadas as consequências dessas ações como favores que revertem a situação.

Ez 36,1 contém a fórmula que indica o mensageiro, o destinatário e a origem da palavra. Essa fórmula abre a fala profética, que prossegue pelas outras sete fórmulas que introduzem o conteúdo (vv. 2.3.4.5.6.7.13); fechada, por sua vez, pela fórmula oracular em Ez 36,15. Assim, as duas fórmulas, no v. 1 e no v. 15, funcionam como moldura do texto.

Nos vv. 2-4, são evocadas as infâmias sofridas pelo destinatário. Nos vv. 5-6, afirma-se o zelo de YHWH, que ergue sua mão em sinal de juramento, atestando a índole, o valor e o empenho da palavra proferida (v. 7). Então, os vv. 2-7 retratam o juízo contra todos os que foram causa da ignomínia dos "montes de Israel". Como foi feito aos "montes de Israel", assim será feito ao "monte Seir", isto é, quem fez suportar ignomínia terá que suportá-la também.

O que resulta dessa *lex talionis*? O juízo sobre os inimigos e as bênçãos agrícolas pela multiplicação dos bens necessários que favorecem a reprodução da prole, a fim de repovoar os "montes

---

29 ALONSO SCHÖKEL, 1997, p. 284; COPPES, L. J. "*'anā*". In: HARRIS, R. L.; ARCHER JR., G. L.; WALTKE, B. K. *Dicionário Internacional de Teologia do Antigo Testamento*. São Paulo: Vida Nova, 1998. p. 1142.

30 ALONSO SCHÖKEL, 1997, p. 344; BROWN, E.; DRIVER, S.; BRIGGS, C. *The Brown-Driver-Briggs Hebrew and English Lexicon*. Massachusetts: Hendrickson Publishers, 1999. p. 486-487.

de Israel" e afastar a ignomínia sofrida (vv. 8-15). Assim, são beneficiados pessoas e animais. Por essa dinâmica, YHWH testemunha a fidelidade ao seu nome e às suas promessas.

O estilo repetitivo atesta a intenção retórica pela ênfase nas fórmulas:[31] obter a adesão dos que ouvem, a fim de que se convençam a se preparar para um novo êxodo na direção "da terra de Israel" (v. 6), que abriga a "casa de Israel" (v. 10). Por certo, essas duas locuções oferecem uma ampliação para "montes de Israel", que, apesar dos males sofridos nas mãos dos inimigos, serão novamente abençoados com a revitalização de seu solo (vv. 8-9).

O movimento textual está baseado numa relação de causa e efeito. Uma vez que YHWH se volta favoravelmente para os "montes de Israel", de novo produzirão seus frutos, que, a seu tempo, permitirão que os seres humanos e animais também multipliquem sua prole. Esse efeito cascata lança as condições necessárias para o aumento dos "montes de Israel" em três linhas de frente: plantações, pessoas e animais. Com isso, oferece-se o incentivo capaz de motivar, nos exilados, o interesse pelo retorno, superando a má fama que recaiu sobre a região: devoradora de nações.[32]

---

[31] As repetições da fórmula podem ser entendidas como a praxe formal que era adotada quando decretos régios ou procedimentos judiciais eram proclamados (EICHRODT, 2001, p. 600-601).

[32] A noção de Deus como criador é, certamente, muito forte no AT, pois o mostra intervindo na criação (Gn 1,1–2,25; Ex 5,14–11,10; Jó 38–40; Sl 17; 75; 105; Pr 8; Ez 28). Dessa ação depreende-se a noção de onipotência divina. Contudo, do ponto de vista teológico, falar de Deus como recriador tornou-se um elemento, particularmente importante, para os exilados em Babilônia (597-538 a.C.). É o que se verifica, de modo particular, em Ez 36 e suas relações com Gn 1–3 (HERBST, J. W. Recreation in Ezekiel 36. In: *The Living Pulpit*. Disponível em: <https://www.pulpit.org/recreation-in-ezekiel-36/>. Acesso em: 13 out. 2023).

2.2 Comentário de Ez 36,1-15

A locução "filho do ser humano" encontra-se na abertura do oráculo (v. 1), como se deu em Ez 35,1. A nova missão de Ezequiel não é diferente da anterior, e sim complementar e expansiva. Após ter profetizado contra Edom, o que já significaria um grande favor para Israel, anunciou a restauração dos "montes de Israel", confirmando ainda mais a condenação do "monte Seir". Então, não se deve perder de vista o antagonismo do "monte Seir" em relação aos "montes de Israel", destinatário "personificado" da Palavra de YHWH dirigida por meio de seu profeta.

O conteúdo da primeira fórmula revela que YHWH estava ciente da presunção de Edom (v. 2). A exclamação que Edom dirigiu para as alturas, ao dizer: "uma herança será para nós!", pode ser uma referência aos lugares altos, sobre os quais Edom cultuava seus deuses.[33] Pela exclamação, revela-se que Edom pretendeu anular e usurpar a bênção que YHWH havia dado a Israel em razão das promessas feitas aos patriarcas, desde a transumância de Abrão (Gn 12,1-3.7; 15,18-21; 28,13-17),[34] e que foram a base para o êxodo do Egito (Ex 3,7-10.16-17; Dt 1,8).

---

[33] Balac convocou o vidente Balaão para que viesse ao seu encontro e pronunciasse uma maldição sobre os filhos de Israel acampados nas estepes de Moab (Nm 22,1). Balaão, em cada lugar alto, ofereceu sacrifícios em função da audição da voz de *'Elōhîm*. Nm 22,41 menciona Bamot-Baal. Nm 23,14 menciona o campo das sentinelas na direção do cume do Fasga. Nm 23,24 menciona o cume de Fegor.

[34] "... no ciclo de Abraão, a terminologia empregada aponta para situações em que viver fora da própria terra e da parentela se deu por livre escolha, ou porque houve circunstâncias particulares. O predomínio de *gûr*, *gēr*, *yāšab* e *yōšēb* aponta para a dupla promessa, pois a descendência numerosa precisava de uma terra habitável, a fim de que a vida se multiplicasse, se desenvolvesse e prosperasse" (FERNANDES, L. A. Terminologia e transumância em Abraão e Moisés. In: DIAS, E. C.; FERNANDES, L. A. (orgs.). *Bíblia e migração*: experiência humana e salvífica. Brasília: CSEM/CLAR, 2022, p. 60).

Em contrapartida, a resposta, diante do que Edom dirigiu às alturas,[35] não veio de seus deuses, mas de YHWH, em forma profética, contra ele (Ez 35) e a favor dos "montes de Israel". Atesta-se que YHWH tem ciência do mal que foi feito à sua terra e das nefastas consequências (vv. 3-4). A devastação, que se abateu sobre a região, favoreceu o saque e o escárnio dos povos circunvizinhos. Para além do que foi feito a Jerusalém, no monte santo de Sião, e sobre seus habitantes, YHWH foi quem, igualmente, recebeu grande desprezo por esse escárnio.

YHWH não demonstrou indiferença pelo mal que foi feito, mas ardeu em zelo por sua terra, claramente designada pela locução "minha terra" (v. 5), e decidiu, ante o abuso da usurpação, reverter toda a situação a favor dos "montes de Israel".[36] Como *gō'ēl* de sua terra, YHWH aplicou a *lex talionis*. Como dito, quem causou ignomínia, de igual modo sofrerá ignomínia pelo mal que praticou (vv. 5-6).

De um lado, fica evidente que YHWH é a origem da transformação que reverterá a situação caótica, como no ato primevo da criação pela força eficaz de sua palavra: "Deus disse... e foi feito" (Gn 1,3.6.9.11.14.20.24.26). De outro, nota-se que a sentença é irrevogável para Edom e sem possibilidade de apelação, razão

---

35 Por se fazer aliado de Babilônia, Edom poderia ter recebido o direito de usufruir dos territórios judaítas. Contudo, não contava com uma reversão da situação, pois YHWH, na compreensão de Ezequiel, nunca abriu mão de ser o real condutor da história. O êxito inicial de Edom acabou por se tornar seu tormento. As disposições sociais e políticas dos povos e nações não se comparam aos desígnios salvíficos de YHWH (EICHRODT, 2001, p. 600).

36 O profeta Joel (2,18) afirma algo semelhante, pois YHWH encheu-se de zelo por sua terra. Essa ação representa um ponto de reversão da penúria que assolava Judá-Jerusalém. "Com a proclamação da restauração iminente, diz-se que YHWH realizará uma copiosa bênção. Esta bênção atinge grandes proporções se vista em seu conjunto: vai das necessidades básicas de uma comunidade, que está sem o mínimo necessário para sobreviver, ao ajuste de contas com os seus opressores" (FERNANDES, 2014, p. 91).

pela qual YHWH ergueu a mão (v. 7), realizando um juramento solene (Dt 32,40; Is 62,8).[37]

Desse ponto em diante, a restauração teve início para os "montes de Israel". Assim, as bênçãos agrícolas estão em função de "Israel meu povo", que, segundo Ezequiel, já estaria na iminência do fim do exílio e do retorno da Babilônia para Judá-Jerusalém, como poder-se-ia deduzir do conteúdo presente na imagem de YHWH como pastor de seu povo (Ez 34), bem como da revitalização dos ossos secos (Ez 37,1-14). Em razão disso, os "montes de Israel", como interlocutores, devem preparar-se para receber os repatriados (v. 8). Tal ação faz lembrar o primeiro relato da criação (Gn 1,1–2,4a). Tudo foi devidamente realizado para receber o ser humano, feito à imagem e semelhança de Deus (Gn 1,26).

Todavia, para favorecer os que regressarão, os "montes de Israel" também precisavam ser favorecidos. A bênção acontece como uma sucessão de causa e efeito. YHWH abençoa a terra, e esta, uma vez revigorada, produz os frutos que, por sua vez, abençoam os que nela lavraram e semearam com generosidade e abundância. O fundamento da bênção encontra-se na afirmação da presença favorável de YHWH: "eis que estou convosco e me voltarei para vós" (v. 9).

Sem que haja uma clara menção, é possível entrever a realização do *šālôm* (paz, bem-estar): fecundidade do solo (abundância de frutos), dos seres humanos e dos animais (isenção

---

[37] Ex 6,8 é um paralelo substancial, permitindo aproximar o favor de YHWH aos "montes de Israel" do êxodo do povo do Egito (GREENBERG, M. *Ezekiel 1–20*. New York: Doubleday, 1983. p. 363). O gesto de levantar as mãos é jurídico, um antropomorfismo aplicado a YHWH (LEHMANN, M. R. Biblical Oaths. *Zeitschrift für die Alttestamentliche Wissenschaft*, Berlim, v. 81, n. 1, p. 74-92, jan. 1969; LAST, J. For I Lift up my Hand to Heaven and Swear: Deut 32,40. In: GARCIA MARTINEZ, F. et alii (eds.). *Studies in Deuteronomy. In Honour of C. J. Labuschagne on the Occasion of his 65th Birthday*. Leiden: E. J. Brill, 1994. p. 155-164. [VTS, 53]).

de esterilidade e numerosa prole). A relação entre essas três realidades fornece o necessário não apenas para se viver com dignidade, mas indica o caminho da prosperidade, com ênfase na reconstrução e habitação de cidades. Ao contrário da desolação, a multiplicação dos frutos do solo, da prole dos seres humanos e dos animais torna-se um sinal forte e eficaz da vitória sobre a esterilidade (v. 10).

Gn 1,11-31 e 9,1-7 apresentam, respectivamente, a ordem primeva do Criador para as suas criaturas, ao primitivo casal, e para sua renovação após o dilúvio.[38] De igual modo e após a desolação, YHWH se dirigiu para os "montes de Israel" e prometeu a bênção da multiplicação da prole dos seres humanos e dos animais. De certa forma, a nova condição dos "montes de Israel" os tornou próximos da imagem paradisíaca do jardim do Éden (Gn 2,4b-25). Há certa semelhança entre o que se diz no v. 12 e no final de Gn 2,5: "não havia um ser humano para cultivar o solo".

De que serviria a bênção do solo e a abundância dos frutos, sem a bênção da multiplicação do ser humano e dos animais?[39] A terra até pode existir sem as criaturas circulando por ela, mas seu valor não teria nenhum tipo de reconhecimento. Pela lógica bíblica, a terra e os animais foram feitos para os seres humanos,

---

38 "A primeira bênção de Deus, dada ao homem e à mulher, visa à procriação da vida que garante a existência da espécie humana. Por dádiva divina, o homem e a mulher possuem uma missão sublime: 'multiplicai-vos, sede numerosos e enchei a terra'. Transparece, por detrás deste primeiro mandamento, a graça que o ser humano possui de se identificar com a ação criadora do próprio Deus. Ao dizer: 'conquistai-a' e 'dominem', Deus confiava a missão de humanizar o ambiente que receberam para viver sem dele usurpar ou destruí-lo. Do contrário, de que adiantaria procriar?" (FERNANDES, L. A. *Evangelização e família*: subsídio bíblico, teológico e pastoral. São Paulo: Paulinas, 2015. p. 51-52).

39 A linguagem da bênção nos vv. 10-11 faz lembrar as bênçãos de Deus para suas criaturas em Gn 1,22.28: animais e seres humanos (BRIGGS, 2018, p. 55).

e não o contrário. Desse modo, pelo retorno e multiplicação do povo repatriado, anuncia-se a superação da desolação que se abateu sobre os "montes de Israel". É o *šālôm* – "vos farei bem" –, assegurado por quem faz a promessa: "eu sou YHWH" (v. 11).

Contudo, na medida em que a terra é possuída pelos que nela habitam, estaria possuindo, igualmente, os que a habitam. Essa simbiose harmoniza a criação e concede consistência entre o ambiente favorável e a vida que se multiplica e evolui. Repete-se a dinâmica do *šālôm*: de YHWH para os "montes de Israel", que frutificam, e destes para os seres humanos e animais que aumentam sua prole. A glória de YHWH é a vida abundante na terra e para os que nela habitam e se multiplicam, graças aos seus frutos que favorecem e garantem a existência.

De modo sutil, dentro de um oráculo completo (vv. 13-14), aberto e fechado por fórmulas ("Assim disse meu Senhor YHWH"... "Oráculo de meu Senhor YHWH"), e articulado por partículas adverbiais que indicam causa (*ya'an*) e consequência (*lākēn*), uma das piores páginas da história de Judá-Jerusalém, ao que parece, está sendo mencionada: a prática da antropofagia, que aconteceu por ocasião do cerco e da invasão babilônicos (Lm 2,12.19-20; 4,3.10).[40]

Ante essa ação impensável e hedionda, que se tornou notícia circulante, somente YHWH para retirar tal peso de sobre os "montes de Israel", que ficaram manchados de sangue inocente

[40] Além da aproximação ao desespero, que levou certos habitantes de Jerusalém a se alimentarem de carne da própria prole, a imagem de uma terra que devora as nações (vv. 13.15) poderia ser uma alusão ao que está dito em Nm 13,32: "a terra que exploramos devora seus habitantes" (GREENBERG, 1997, p. 721-722). Tal alusão poderia ser uma metáfora para a noção de túmulo, pois a terra devorou os revoltosos (Nm 16,32), bem como para interpretar a falta de condições em sustentar a vida devido à aridez do solo ou para se falar da ruína e morte que se abateram contra quem invadisse essa terra, como em Lv 26,38 (NGULYEN, D. A. N. *Numeri*. Cinisello Balsamo/Milano: San Paolo, 2017. p. 168).

e, pela carência de chuvas, se tornaram áridos e estéreis. Nada impede de se ver, nessa ação praticada nos "montes de Israel", Jerusalém em particular, algo na linha do que ocorreu pelo decreto do faraó. O rio Nilo, com seus principais afluentes, deveria proporcionar a vida, mas se tornou símbolo de morte, pois nele foram lançados os neonatos dos filhos de Israel (Ex 1,22).

YHWH ratificou o oráculo precedente com três novas promessas, elaboradas na negativa, mas com valor positivo (v. 15). A primeira e a segunda *ad extra*: "não farei de ti outra vez o insulto das nações"...; "não carregarás outra vez o opróbrio dos povos". A terceira *ad intra*: "não devorarás outra vez tuas nações". A fórmula, "oráculo de meu Senhor YHWH", endossa o que foi dito nos vv. 13-14 e encerra a fala de YHWH para os "montes de Israel".

3. EZ 36,16-24: HONRA DE MEU SANTO NOME

Ao resgatar a boa fama dos "montes de Israel", YHWH concedia novo vigor aos exilados para que recobrassem a coragem de regressar quando acabasse o tempo do exílio. Desse modo, YHWH já estaria demonstrando ser o bom pastor que reúne as ovelhas dispersas (Ez 34). Afirma-se, no lugar da lógica da mera retribuição, pelo que de bom ou mau foi feito, a lógica da misericórdia, que é, antes de tudo, a lógica da fidelidade de YHWH a si mesmo e à sua palavra.

3.1 Tradução e articulação textual[41]

16E a Palavra de YHWH aconteceu para mim, dizendo: 17"Filho do ser humano, a casa de Israel habitava sobre o seu solo, mas o sujaram

41 Tradução feita a partir do TM^{L}, reproduzido na *BHS*, 1977, p. 963-965.

com seu caminho e suas condutas; como a sujeira menstrual, está o caminho deles diante de mim. [18]Derramei meu ardor sobre eles pelo sangue que derramaram sobre a terra e como a sujaram por seus ídolos. [19]Causei a dispersão deles entre as nações e se espalharam por suas terras. Eu os julguei por causa de seus caminhos e suas condutas. [20]E ao chegar entre as nações, para as quais foram, ali profanaram meu santo nome, pois deles diziam: 'Esses são o povo de YHWH, arrancados de sua terra!' [21]Mas tive compaixão de meu santo nome, que a casa de Israel profanou entre as nações para onde foram. [22]Por isso, dize para a casa de Israel: 'Assim disse meu Senhor YHWH: Não é por vós que eu fiz, casa de Israel, mas foi por meu santo nome que profanaste entre as nações para onde foste. [23]Santificarei meu grande nome, que foi profanado entre as nações, o qual profanaste entre eles; mas as nações saberão porque eu sou YHWH, oráculo de meu Senhor YHWH, quando eu for santificado entre vós diante deles'. [24]Vos tomarei dentre as nações e vos reunirei de todas as terras e vos levarei para vosso solo. [25]Aspergirei sobre vós águas puras e sereis purificados. De todas vossas sujeiras e de todos vossos ídolos vos purificarei. [26]Vos darei um novo coração e um espírito novo porei dentro de vós; arrancarei o coração de pedra de vossa carne e para vós darei um coração de carne. [27]Meu espírito porei dentro de vós; farei com que andeis em meus estatutos, guardeis e pratiqueis meus decretos. [28]E habitareis na terra que dei aos vossos pais, sereis povo para mim e serei Deus para vós. [29]De todas as vossas sujeiras vos libertarei. Clamarei ao grão e o multiplicarei, e a fome não vos sobrevirá. [30]Multiplicarei o fruto das árvores e o produto dos campos, de modo que não mais sofrais o opróbrio da fome entre as nações. [31]Recordareis de vossos maus caminhos e das boas obras que não fizestes; vos desgostareis de vós mesmos sobre vossas iniquidades e vossas abominações. [32]Não é por vossa causa que faço, oráculo de meu Senhor YHWH; por vós seja sabido! Envergonhai-vos e enrubescei sobre vossos caminhos, casa de Israel! [33]Assim disse meu Senhor

YHWH: No dia em que vos purificar de todas as vossas iniquidades, vos farei habitar cidades e reconstruirão os locais devastados.[34]E a terra desolada será lavrada. Ao invés de ser desolada, aos olhos de todo transeunte, [35]dirão: 'Esta terra desolada está como o jardim de Éden e as cidades foram habitadas; de destruídas, desoladas e arrasadas se tornaram inexpugnáveis'. [36]E saberão as nações, que permaneceram entre vós, porque eu sou YHWH; edifico as arrasadas, planto a desolada. Eu sou YHWH, falei e farei. [37]Assim disse meu Senhor YHWH: Por causa disto serei interpelado pela casa de Israel, pelo que fiz a eles, os multiplicarei; como um rebanho será o ser humano. [38]Como um rebanho de santificados, como um rebanho de Jerusalém em assembleia, assim serão as cidades devastadas, plenas de rebanho humano, e saberão porque eu sou YHWH".

Enquanto Ez 36,1-15 focou nos "montes de Israel" (vv. 1.4.8), Ez 36,16-38 está focado na "casa de Israel" (vv. 17.21-22.32.37). A lógica está pautada na relação entre causa e efeito. Nesse sentido, a partícula *lākēn* do v. 22 pode ser admitida como um divisor entre os vv. 16-21, que narram a situação que, por sua vez, pede solução, e os vv. 22-38, que anunciam a devida solução pela intervenção divina.

Chama a atenção que, à declaração das injustiças da "casa de Israel", não segue um oráculo de condenação, mas de restauração. A razão parece óbvia: o exílio já é punição. YHWH, porém, decidiu intervir pela honra de seu nome vilipendiado entre as nações. Ao mesmo tempo, parece projetar um novo sentido para a "casa de Israel": difundir a fé em YHWH, que por puro amor elegeu seu povo (Dt 7,7-16), para fora da terra de Canaã.

A tríplice fórmula, "assim disse meu Senhor YHWH" (vv. 22.33.37), delimita os pontos do conteúdo, iniciado pela fórmula: "e a Palavra de YHWH aconteceu para mim" (v. 16), e concluído pelo objetivo das falas de YHWH ao profeta, tanto em função da casa de Israel como das nações: "e saberão por que eu sou YHWH" (vv. 23.36.38).[42]

A centralidade está na afirmação pessoal da divindade: "eu sou YHWH" (v. 36), mencionada 11 vezes pelo Tetragrama Sagrado (vv. 16.20.22.23^{2x}.32.33.36^{2x}.37.38) e uma vez pelo substantivo comum *'Elōhîm* (v. 28). O total de 12 referências poderia evidenciar a futura reunificação das doze tribos de Israel, como aparece em Ez 37,15-28.

YHWH é quem fala (emissor) e, pelo que disse, revelou ao profeta (primeiro destinatário e segundo emissor) a razão da ação favorável que deve comunicar à casa de Israel (segundo destinatário), pois está em causa a honra de seu nome, profanado entre as nações (terceiro destinatário), devido à deportação e ao exílio (vv. 16-23).

Quer pelo exílio, devido às infidelidades, quer pelo anúncio do retorno, devido à santidade do nome divino, ante os erros cometidos por seu povo, YHWH demonstra sua divina soberania. Assim, não apenas restaura sua honra, mas concede novos rumos para a história de seu povo perante as nações, e também para elas: vê-se a multiplicação e a reunificação da casa de Israel como um rebanho em Jerusalém (vv. 24-38), bem como o conhecimento que as nações terão de YHWH, graças aos seus grandes feitos (vv. 23.36).

3.2 Comentário de Ez 36,16-24

A relação entre a "casa de Israel" e a terra de Canaã está em evidência nos vv. 16-21. De acordo com o segundo relato da criação

---

42 "As fórmulas do texto, fáceis de se encontrar, nos apresentam sua organização e as diferentes partes: os vv. 16-21 relatam a história do povo; os vv. 22-32, a primeira parte da ação que o Senhor prepara, bem como as consequências desta ação; os vv. 33-36, finalmente, as perspectivas de reconstrução que se situam, também elas, em seguimento à ação do Senhor" (ASSURMENDI. J. M. *O profeta Ezequiel*. São Paulo: Paulinas, 1995. p. 58).

(Gn 2,4b-25), o ser humano foi formado a partir do solo (*'ădāmâ*), para cultivá-lo, validando as potencialidades que YHWH colocou no jardim-pomar (Gn 2,8-9). De igual modo, a geração dos que nasceram no deserto foi introduzida na terra de Canaã, herdando sua fecundidade cultivada (Dt 6,10-13; Js 24,13), classificada, pelo próprio YHWH, como "terra boa e vasta, terra que mana leite e mel" (Ex 3,8), e que assim foi reconhecida pelos homens-chefes que foram enviados para examinar Canaã (Nm 13,27).[43]

Na contramão, está a perda de Canaã, justificada pela conduta inadequada da "casa de Israel", que, ao invés das bênçãos pela obediência, experimentou as maldições pela desobediência (Dt 28). O caminho deveria ter sido percorrido com base na Torá, fundamento do conhecimento do bem e do mal, isto é, do que agrada ou desagrada YHWH; conhecimento que não pode ser usurpado (Gn 2,10.16-17), mas recebido como dom para ser praticado, sem se desviar para a direita ou para a esquerda. É a lógica da reta conduta moral desejada por YHWH (Js 1,6-9).

A imagem da sujeira menstrual é símbolo de impureza religiosa. Refere-se, em particular, às infidelidades cometidas pelas práticas idolátricas, geradoras de injustiças e de corrupção dos costumes, tanto na vertical, para com YHWH, como na horizontal, para com o semelhante. O caminho manchado de sangue pode ser um indício dos atos violentos que derivam das relações e das práticas injustas. O pior deles é o derramamento de sangue inocente sobre o solo, como se deu no fratricídio de Caim sobre Abel (Gn 4,1-16), que, segundo Ezequiel, é reproduzido por Edom sobre Israel. Os capítulos 8 e 22 atestam as

[43] Nessa relação, resgata-se o chamado, a missão e a realização das promessas de terra e descendência numerosa, seladas por meio de Aliança entre YHWH e os patriarcas (Gn 12,7; 13,14-18; 15,1-20; 17,1-27; 22,15-18; 26,3-6; 35,9-12; 48,3-4).

corrupções praticadas em Jerusalém, os delitos de idolatria e o derramamento de sangue por homicídios.[44]

YHWH é Deus justo e santo. Por isso, não fica indiferente às maldades humanas, em particular às do povo que elegeu por puro amor e ao qual entregou suas leis e mandamentos. O ardor de YHWH, derramado contra seu povo, porque verteu sangue, evoca, mais uma vez, a *lex talionis*. YHWH santifica seu nome e sai em defesa da terra que precisa ser purificada da profanação. Percebe-se, então, que o exílio para a Babilônia, revés do êxodo do Egito, atesta o direito sacro e é tido como meio de purificação das injustiças cometidas por infidelidade.

Se, ao entrar e expulsar os povos de Canaã, os filhos de Israel estavam praticando um ato de purificação; de igual modo, sua dispersão entre as nações resultou da profanação da terra pelas práticas idolátricas que cometeram. Moisés fez o alerta à geração que pactuou com YHWH no Horeb e à que nasceu no deserto (Dt 4,1-31; 28,69–30,20). A ordem de transmitir aos filhos os estatutos, normas e mandamentos, visava assegurar o dom, a posse e o bem-estar da terra de Canaã.

Os exilados, ao invés de testemunharem a honra de seu Deus, se tornaram, pela condição deplorável do exílio, motivo de profanação do santo nome de YHWH. No lugar de ser exaltado entre as nações, como um povo sábio, bem constituído e diferenciado

---

[44] A impureza menstrual seria metáfora da idolatria e do derramamento de sangue, atos violentos que maculam a sacralidade da terra, pois atestam a rejeição da presença e da ação de YHWH. Como o homem estaria proibido de se aproximar da mulher, durante a menstruação (Lv 15,19-30), YHWH, como "esposo", se afastou da impureza da "casa de Israel" (GREENBERG, 1997, p. 727-728). Se Israel não percebe mais o sentido de sua eleição (Jr 2,7), perde o sentido da terra que habita e do amor divino que o conduziu à sua posse. Assim perde, também, sua consagração como povo da Aliança (WEISER, A. *Geremia*: capitoli 1–25,14. Brescia: Paideia, 1987, p. 91).

por sua justa legislação (Dt 4,6-8), a "casa de Israel" se tornou objeto de vergonha e zombaria. Ao deixar o solo santificado pela presença de YHWH em seu santuário, dava o contratestemunho de sua vocação à santidade (Lv 19,2), fundamentada na eleição como reino de sacerdotes e nação santa (Ex 19,5-6). Esse sentido revela o porquê de o exílio comportar a profanação do nome santo de YHWH.

Ao lado disso, a desonra feita ao povo repercutiu em desonra a YHWH. Uma embaixada falida diante das nações que atribuíram a YHWH a incapacidade de salvar seu povo. Um Deus que aceita ser privado do culto de seu povo e se distancia de sua santa morada, por certo, "abdicando" de sua glória, não revelava ser santo, transcendente e tampouco onipotente.[45] As aparências, porém, enganam! Não só as nações se equivocaram, mas principalmente Israel que não foi capaz de perceber as reais motivações do agir divino em sua história.

Diante disso, o próprio YHWH, no tempo oportuno, decidiu se mover em prol da honra de seu santo nome. A "autocompaixão" denota que apenas YHWH podia, em meio à deplorável situação, demonstrar seu valor e soberania diante das nações. A mesma argumentação já se encontrava na fala de Moisés a YHWH em Ex 32,12; Nm 14,16. Portanto, o que YHWH se dispôs a fazer pela "casa de Israel", o fez, na verdade, por ser fiel a si mesmo (Dt 7,9-11). Atesta-se, dessa forma, que a desgraça da destruição de Jerusalém, de seu Templo, bem como o exílio não foram

---

45 "No Antigo Oriente, cada povo tinha sua divindade própria, que o protegia. Ela era responsável pelo bem-estar de 'seu' povo. Se este sofria um desastre, era porque seu deus não tinha bastante força. Os israelitas estão exilados; aqueles que os veem tiram a conclusão lógica: o Senhor não é capaz de proteger seu povo" (ASSURMENDI, 1995, p. 58). A profanação do nome de YHWH entre as nações foi vista como uma demonstração de impotência ante as divindades pagãs que, aparentemente, pareciam ter triunfado. Contudo, era um atestado da potência universal de YHWH (EICHRODT, 2001, p. 606).

fraquezas de YHWH, mas atos absolutos de sua justiça e de sua santidade.[46]

Após declarar ao profeta as injustiças da "casa de Israel", que justificam a correção, YHWH comissionou o profeta a transmitir o motivo de sua intervenção: "foi por meu santo nome" (v. 22). Como Canaã lhe pertence, pois sobre ela colocou seu nome (Dt 12,5.11.14.21), e porque os filhos de Israel são, igualmente, abençoados em seu nome (Nm 6,23-27), a reversão da profanação não tem por objeto a "casa de Israel", mas a honra do nome divino.[47]

A essa ação se subordina a ação que YHWH espera receber das nações: "saberão porque eu sou YHWH" (v. 23). É YHWH quem santifica a si mesmo, libertando seu povo diante de seus zombadores. Sem amor-próprio, YHWH não teria demonstrado amor pela "casa de Israel". A genuína misericórdia de YHWH, portanto, se revela na justiça que faz ao seu nome. Perplexidade! Isso demonstra que YHWH não é um ídolo cego, mudo, surdo e inoperante.

Nos vv. 24-32, por meio de vários verbos na primeira pessoa, encontra-se a maravilhosa obra de transformação que Deus

---

46 "A locução 'ira do Senhor' (*'ap*-YHWH) é muito recorrente na Sagrada Escritura e pode ser entendida como expressão da santidade e da justiça de Deus ante as injustiças humanas." [...] "Os profetas falaram da ira divina como um fato presente no cotidiano do povo eleito, criticado por sua conduta social, econômica e, sobretudo, pela injustiça na prática religiosa. A experiência do êxodo do Egito parece ter sido relida à luz das opressões que surgiram e foram praticadas pelos próprios filhos de Israel." (FERNANDES, L. A. *O texto bíblico, a ira de Deus e os milagres de Jesus*. Rio de Janeiro: Letra Capital, 2023. p. 47.52).

47 Em Ez 36,17-18.25-29 conjugam-se duas temáticas: a dialética entre a contaminação idolátrica e a purificação pelo dom do espírito, unida ao motivo da dispersão entre as nações e o retorno à terra de Canaã. Sobressai a ação do próprio YHWH em santificar seu nome profanado por Israel. Nota-se a forte oposição entre a acusação do nome profanado (Ez 36,20) e a santificação do nome profanado entre as nações (Ez 36,23). A mudança operada no coração do povo não é apenas uma nova Aliança (Jr 31,31-34), mas uma verdadeira recriação da humanidade, a partir da renovação do povo eleito (ABADIE, F. Pour l'honneur de mon Nom. *Théophilyon*, Lyon, v. 22, n. 2, p. 262-263, Jui. 2016).

anunciou fazer por seu povo disperso devido ao exílio.[48] Além dos vv. 22-23 serem ampliados, notam-se vários pontos em comum com Dt 30,1-10.

As três primeiras ações, imagem da libertação e retorno do exílio (novo êxodo), evocam a atividade do pastor (v. 25): retirar o rebanho do redil, reuni-lo e levá-lo para um bom pasto (Dt 30,3-4). Essa solicitude de YHWH, como pastor, ou suscitando um pastor digno para pastorear seu povo (Ez 34,24), já havia sido anunciada nas três partes de Ez 34: condenação dos maus líderes do povo (vv. 1-10), solicitude de YHWH por seu povo (vv. 11-22), constituição de uma nova liderança, em prol da Aliança messiânica (vv. 23-31).

Um rebanho abandonado e sem pastor, além de se perder, ainda que sobreviva aos perigos, acumula lã e muita sujeira. Assim, as duas ações que se seguem, "aspergirei... purificarei" (v. 25), evocam a retirada da imundície do povo devido à idolatria.[49] Essas duas ações externas não seriam eficazes se a mudança não acontecesse no íntimo. É o que YHWH decidiu fazer como "médico": "uma intervenção cirúrgica". Ao mudar o coração de seu povo, retirando sua insensibilidade, preparou-o para receber um novo espírito, a fim de ter a força necessária para assumir

---

48 Ez 11,14-21 contém ações de YHWH muito próximas a Ez 36,24-32. Enquanto lá a promessa de salvação para os exilados deflagra o engano dos remanescentes em Jerusalém, que pretendiam ser os únicos proprietários das terras em Canaã, aqui se reafirmaria o direito dos exilados de reaver a posse de suas propriedades ao retornarem. A base desse direito é a presença de YHWH no meio de seu povo: "serei para eles um santuário por pouco tempo nas terras para onde migraram" (Ez 11,16), e a declaração: "sereis povo para mim e serei Deus para vós" (Ez 36,28).

49 Nm 5,1-4 e Dt 23,11-12 normatizam sobre a pureza do acampamento e como se deve proceder no caso de alguém se tornar impuro pelo contato com um cadáver ou por polução noturna. Além disso, Nm 19 prevê rituais de purificação com as águas lustrais obtidas pela diluição das cinzas de uma novilha vermelha (GREENBERG, 1997, p. 730).

o novo modo de viver unido a YHWH, desapegado dos ídolos (v. 26).[50]

De fato, de que adiantaria ao povo regressar do exílio, causado pelo não cumprimento da Aliança, se voltasse a ser o mesmo por dentro? Nada! A Terra Prometida continuaria sendo contaminada por suas infidelidades. O mal que pesava sobre o povo era mais profundo. O perdão eficaz não deveria lavar somente o externo, mas, por ser gesto de amor misericordioso de YHWH, teria que atuar no íntimo, removendo as causas das iniquidades. O mal tinha que ser extirpado pela raiz![51]

Por isso, YHWH quis infundir seu próprio espírito (v. 27), plasmando a vida de seu povo para que pensasse como ele pensa, quisesse como ele quer e agisse como ele age, sendo sua imagem e semelhança (Gn 1,26). O dom do espírito é dado não só a um grupo seleto para liderar e julgar (Nm 11,24-30), mas a todo o povo, para viver segundo a vontade de YHWH, garantindo a eficaz união com ele (Jl 3,1-5). Essa "cirurgia" é compatível com a circuncisão do coração (Dt 10,16; Jr 4,4), que habilita os filhos

---

50 O dom do coração novo não dispensa a vontade de tê-lo (Ez 18,31). Para Ezequiel, o espírito (*rûăḥ*) já tinha o sentido de intelecção, possibilitando sua tradução, igualmente, por "mente" ou "alma". O dom do "novo espírito", então, confere ao ser humano a novidade do pensamento e da vontade, fatores decisivos para a mudança do comportamento ético condizente com a vontade de YHWH (EICHRODT, 2001, p. 612). O autor de Hb 10,22 parece ter sido influenciado pela linguagem da nova Aliança contida em Ez 36,25-26, fazendo uso da *Septuaginta* (KEES, J. P. Having our Hearts sprinkled clean: The influence of Ezekiel 36:25-26 on Hebrews 10:22. *Westminster Theological Journal*, Pennsylvania, 83, n. 2, p. 237-250, Fall 2021).

51 Oseias (5,4) já havia dito que o mal de Israel era um espírito de prostituição que o escravizava e não o permitia conhecer a verdade e, portanto, se converter a YHWH. É a raiz da desobediência e a espessa barreira entre o povo e YHWH. Esse impedimento só poderia ser removido pelo próprio YHWH, o maior interessado em ser conhecido, crido e amado pelo povo que livremente elegeu (JEREMIAS, J. *Osea*. Brescia: Paideia, 2000. p. 105-107).

de Israel a amar YHWH de todo o coração, como previsto em Dt 6,5; 10,12; 30,6.

Na intervenção do coração, considerado o órgão sede do corpo, núcleo do pensar e do agir do ser humano (Sl 51,12; Jr 32,39), encontra-se a real possibilidade de o povo conhecer, interiorizar e colocar em prática os mandamentos, estatutos, normas e decretos, que atestam a vontade de YHWH em função do bem-estar de seu povo (Dt 30,1-3.8). Dessa forma, a Aliança é reestabelecida, respeitada e praticada (Jr 31,31-34). É a base da renovação do *šālôm*.

Para a "casa de Israel", purificada e transformada interiormente, o dom da terra, pela promessa aos patriarcas, seria renovado, proporcionando o pertencimento a YHWH: "sereis povo para mim e serei Deus para vós" (v. 28). Fórmula da Aliança já declarada em Ez 34,31.

Contudo, a que serviria uma terra boa e fértil nas mãos de um povo malvado e estéril por suas práticas idolátricas? Talvez, por isso, YHWH tenha decidido ir mais a fundo, ao dizer: "de todas as vossas sujeiras vos libertarei" (v. 29a). Libertação que é salvação.[52] Não bastaria retirar os ídolos do povo ou o povo do meio idolátrico, era necessário retirar a idolatria de dentro do povo.[53] Tal alusão permite compreender melhor a referência ao "coração de pedra" (v. 26).

---

52 A salvação proclamada em Ez 36,28-29; 37,23 poderia ter oferecida como pano de fundo para a afirmação angélica a José: "... porque ele salvará seu povo de seus pecados" (Mt 1,21). A base seria semântica, temática e contextual (PIOTROWSKI, N. G. "I will save my people from their sins." The influence of Ezekiel 36:28B-29A; 37,23B on Matthew 1:21. *Tyndale Bulletin*, Cambridge, v. 64, n. 1, p. 39-51, May 2013).

53 Evoca-se o êxodo. Tirar o povo do Egito não foi suficiente; era fundamental tirar o Egito de dentro do povo, do contrário, sempre se lembraria das panelas de carne, dos peixes, do pão, das frutas e das verduras (Ex 16,3; Nm 11,5). Diante

Como consequência da transformação interior do povo, a fim de atender às necessidades de vida fecunda, YHWH oferecerá a abundância dos dons da terra, com o objetivo de retirar o "opróbrio da fome entre as nações" (vv. 29b-30).[54] Tais ações favoráveis se conectam à profecia de revitalização dos "montes de Israel" (Ez 36,1-15). Não haverá motivos para se pensar em Canaã, em particular Judá-Jerusalém, como deserto infértil, que levou os filhos de Israel à murmuração pela falta de água e de comida como em Ex 15,22–17,7 e Nm 11,1-15.31-35; 20,1-11. A volta da prosperidade de Canaã se reverterá em prosperidade do povo transformado (Dt 30,9).[55]

A finalidade dessa maravilhosa intervenção divina é novamente sublinhada. O passado não será apagado, mas permanece como sinal do que YHWH fez em favor de seu povo (vv. 31-32). O bem-estar anunciado deve-se, antes de tudo, à decisão divina de salvar, mas sem abrir mão do reconhecimento das iniquidades praticadas pela idolatria. Se o exílio fez declinar a reputação e a honra devida ao santo nome de YHWH, a salvação é a contrapartida disso.

---

das dificuldades, a sedução de voltar ao nível da opressão não seria vencida (Nm 14,3-4). Algo semelhante ocorreria na busca da fecundidade do solo, dos animais e do próprio povo no culto a Baal e a Astarte.

[54] A obediência do grão à ordem divina do v. 29 evoca a resposta de YHWH por meio do dom da chuva para fecundar a terra como atestado em Os 2,23-24 (ABREGO DE LACY, 2011, p. 200).

[55] A transformação efetiva pelo dom do espírito equivale à circuncisão do coração, sinônimo do coração novo (Dt 30,6). Objetiva-se a transformação do caráter psicológico e moral de Israel. Essa mudança, esperada nos exilados, se conecta com o tempo da revelação mosaica sobre a necessidade de a Lei ser escrita não em pedras, mas no coração (COXHEAD, S. R. The cardionomographic work of the Spirit in the Old Testament. *Westminster Theological Journal*, Pennsylvania, 79, n. 1, p. 77-95, Spring 2017, p. 79; KOZMAN, R. Ezekiel's Promised Spirit as *adam's* Revelatory Spirit in the Hodayot. *Dead Sea Discoveries*, Leiden, v. 26, n. 1, p. 42-43, Mar. 2019).

A "casa de Israel", de fato, não merecia um tratamento tão benevolente e restaurador, mas devia provar sua vergonha e o desprazer pelas injustiças cometidas contra YHWH. Nesse sentido, a prosperidade da terra contrasta com as iniquidades do povo. Percebe-se que, pelo agir misericordioso a favor do povo, YHWH honrou seu santo nome e, ao mesmo tempo, revelou a malícia e a dureza do coração dos que foram exilados, causas de suas várias transgressões, a fim de movê-los à conversão e ao sincero arrependimento de coração (Dt 30,2.10).

Resulta que a conformidade dos vv. 22-23 com os vv. 24-32 atesta que YHWH, para santificar seu santo nome, não pode deixar de se envolver com a "casa de Israel" e com os "montes de Israel", com os quais se ligou por eleição e por puro amor, vínculos estes indissolúveis. Então, se a terra não for fértil, voltando a produzir seus frutos, e se o povo não for salvo, sendo liberto das idolatrias e do exílio, seu nome não será santificado entre as nações.

A purificação prévia das iniquidades, antes da habitação das cidades e da reconstrução dos locais devastados (v. 33), mantém a forma como aconteciam os rituais em função do culto realizado no Templo. Ninguém podia comparecer impuro diante de YHWH. Sobre isso trata a ampla legislação sobre animais, objetos e pessoas, contida em Lv 11,1–15,33, culminando com o dia das expiações (Lv 16).

Sob a relação entre causa e efeito, o benefício que acontece no ambiente urbano[56] reflete-se no ambiente agrícola (vv. 33-36). Na imagem do jardim de Éden (Gn 2,4b-17), tem-se uma clara

[56] Se, por um lado, a edificação de cidades atesta a engenhosidade do ser humano, por outro, possui um valor teológico, pois o que a criatura faz revela o que YHWH preparou para o mundo na edificação de Jerusalém, cidade por excelência, porque ele a habita em seu santo Templo. Jerusalém tornou-se o sinal da salvação de Israel e, por este, de todos os povos da terra. É o lugar para o qual acorrerão para

noção do que significava a possibilidade de transformação de uma terra árida em terra cultivada, graças à fadiga do ser humano (Gn 3,17-19) e, sobretudo, pelo dom divino da água, quer pela presença de rios, quer pelo dom das chuvas (1Sm 12,17; 1Rs 17,1; 18,41-46). Esse dom aparece contraposto às monções do Nilo, mas exige fidelidade aos mandamentos (Dt 11,11-17). A ajuda de YHWH é comparável à chuva tardia que refresca e restaura o ânimo do ser humano (Os 6,3).

Pela reversão da realidade de Canaã, quem antes duvidara do poder de YHWH, para salvar seu povo, passa a atestar sua soberania universal. Nisso consiste o conhecimento de YHWH pelas nações: a transformação do que fora devastado e inóspito, em lugar habitável e cultivável, reverteu a vergonha em orgulho. O que fora considerado fraco, pela enorme devastação, tornou-se inexpugnável (vv. 34-36). Na base, está o decreto irrevogável: "Eu sou YHWH, falei e farei".

Constata-se que o projeto de YHWH para seu povo, em honra de seu santo nome, se revela explícito e amplo em função do sentido da história universal. A eleição de Israel, feita em benefício dos demais povos, faz acontecer a bênção prometida a Abrão (Gn 12,1-3). Para que as nações não sejam amaldiçoadas, é-lhes dada a graça de conhecer YHWH por seus feitos grandiosos: "e saberão as nações, que permanecem entre vós, porque eu sou YHWH" (v. 36).

Enfim, a última palavra é novamente dirigida à "casa de Israel" (vv. 37-38). Ao reafirmar os favores da bênção, YHWH causa perplexidade. Seu feito foi muito além das expectativas da "casa de Israel". Não apenas multiplicar o ser humano, como se busca multiplicar o rebanho (*šālôm*), mas santificá-lo como povo

---

encontrar YHWH, a fim de conhecer seus justos decretos. É o que se proclama sobre o esplendor de Jerusalém em Is 2,1-5; 25,6-12; 54,1–55,13; 60,1–62,12.

reunido em Jerusalém, capital das demais cidades reedificadas. Derivado de seu amor, o conhecimento que YHWH deseja, mais do que vítimas sacrificadas (Os 6,6), tornou-se o motivo de sua ação: "saberão porque eu sou YHWH" (v. 38).

CONCLUSÃO

Quem teria ouvido os oráculos de Ez 35–36? Por certo, os exilados. Para os desejosos de regressar para Canaã, um incentivo. Para os relutantes, um desafio a rever suas posturas. A argumentação de Ez 35,1-15 encontra força na insistente declaração de identidade: "porque eu sou YHWH" (vv. 4.9.12.15). Pela lógica narrativa dos cânones bíblicos, a base dessa declaração se liga à revelação do nome divino a Moisés em favor dos filhos de Israel (Ex 3,14).[57] Esse nome deve ser lembrado e invocado de geração em geração (Ex 3,15), porque YHWH não deixa de agir a favor do povo, que escolheu para si como propriedade particular (Ex 19,5-6).

O desprezo por YHWH, presente no momento em que Jerusalém estava sendo devastada, endossa o justo juízo aplicado a Edom, que ignorou a presença e o poder da divindade local. Então, a palavra contra Edom, dirigida ao "monte Seir" (Ez 35,1-15), atesta que YHWH não faliu com a invasão e destruição de Jerusalém; seu domínio é universal e vai além dos limites territoriais (Sl 60,7-14; 108,7-14).

---

57 Em Ex 3,7-15, a revelação do nome é um acontecimento que deverá ser perpetuado de geração em geração. Do momento em que Moisés der a conhecer aos filhos de Israel quem o envia, saberão o nome que devem invocar. Será nesse nome que a libertação se realizará. Assim, em Ex 3,14-15, a autoapresentação de YHWH a Moisés e a declaração aos filhos de Israel se correspondem. Essa verdade fixa-se como exigência, que garante a certeza da presença divina entre os filhos de Israel, formando uma memória coletiva (FERNANDES, L. A. Análise de Ex 3,7-15 em perspectiva narrativa. *ReBiblica*, Rio de Janeiro, v. 2, n. 4, p. 227-250, jul./dez. 2021).

Diante disso, Ez 36,1-15 quer convencer os exilados a regressar, a vencer a vergonha de terem sido feridos com tamanha destruição e a repensarem se, de fato, valia a pena permanecer na comodidade adquirida em Babilônia. Na restauração dos "montes de Israel", encerra-se a certeza de que YHWH é Deus. Logo, não pensa nem age como os seres humanos (Os 11,9).

YHWH é o maior interessado na mudança da situação. Não se deixa vencer pelas ações infiéis da "casa de Israel", antes, purifica-a, pois não admite que seu nome seja profanado *ad intra* ou *ad extra* da Terra Prometida. Assim, Ez 36,1-15 ilustra que o senso da reversão da sorte, tanto do "monte Seir" como dos "montes de Israel", está ligado ao justo juízo de YHWH, uma causa com duplo efeito sobre a realidade, pois seu agir atesta sua potente onisciência.

Se a destruição de Jerusalém foi devida às injustiças praticadas pela "casa de Israel", fica claro e evidente em Ez 36,16-38 que a salvação não resulta de méritos obtidos por meio dos sacrifícios. Adveio, sim, da livre iniciativa de YHWH em reparar os ultrajes que recaíram sobre sua terra, seu povo, seu santuário e, por conseguinte, sobre seu santo nome. Se a "casa de Israel", por suas iniquidades, abriu mão de sua dignidade de povo eleito, YHWH, por ser fiel a si mesmo e aos seus propósitos, nunca abre mão da honra de seu nome, colocado sobre Canaã e sobre seu povo. Por isso, não se cansa de salvar, sendo justo e misericordioso!

Capítulo 9

PROFETIZA! (EZ 37,1-14)

Matthias Grenzer[1]

Crises e situações de morte é comum que atinjam os mais diversos povos em sua história. Ora disputas de poder, conflitos sociais, religiosos e culturais provocam desânimo, violência e ódio; ora inimigos externos ou uma catástrofe ambiental desencadeiam conflitos e carências abrangentes. As estreitas "trilhas de justiça" (Sl 23,3), capazes de favorecer a sobrevivência digna e feliz de todos, não são facilmente encontradas. No entanto, ante as crises e situações de morte, nasce, sobretudo, a pergunta relativa à superação desses episódios dramáticos, causadores de destruições, desterros e outros sofrimentos. Surge a procura por salvação.

Ao longo da história de Israel bíblico, profetas e profetisas enfrentam tais situações e temáticas. De um lado, promovem uma leitura crítica da realidade. De outro, procuram ouvir a Palavra de Deus e anunciá-la à sociedade, como apelo à conversão, a fim de que o povo se reencontre com aquela "justiça" que corresponde à

---

1 Mestre em História pela PUC-SP e doutor em Teologia Bíblica pela Faculdade de Filosofia e Teologia St. Georgen em Frankfurt, Alemanha. Professor na Faculdade de Teologia da PUC-SP.

história da revelação, aos mandamentos e, com isso, ao "nome" de Deus (Sl 23,3). Isto é, "embora do lado humano a infidelidade ao Senhor fosse capaz de levar os israelitas à quebra de sua relação com Deus e à sua aniquilação como entidade política, na consciência profética permanece como última instância o desígnio de Deus, que funda a história e a mantém".[2] Assim, mesmo em meio às maiores crises e sofrimentos, profetas e profetisas mantêm a esperança por salvação. Fazer isso num ambiente de morte parece irracional. Não obstante, a impressão humana pode ser surpreendida pela Palavra de Deus.

Nas primeiras décadas do século VI a.C., o profeta Ezequiel chegou a enfrentar uma série de dramas históricos. Em 605 a.C., pois, "o Levante cai nas mãos da Babilônia, e assim Judá, a partir desse momento, torna-se vassalo. Começa a crise babilônica".[3] Quando, em 601 a.C., Joaquim, rei de Judá, após "três anos" de vassalagem, "se insubordina e se rebela", os babilônios, em 597 a.C., reagem com a conquista de Jerusalém. Joaquim, no entanto, morre antes desse momento (2Rs 24,6). Por consequência, "seu filho Joaquin assume a liderança e, diante da supremacia dos babilônios, logo capitula (2Rs 24,12), a fim de evitar a destruição da cidade no último momento".[4] Não obstante, "o rei da Babilônia o fez prisioneiro" (2Rs 24,12). Com isso, "Joaquin, a mãe do rei, as mulheres do rei, seus eunucos e os nobres da terra, todos os chefes, todos os poderosos, todos os artesãos, ferreiros e homens aptos para a guerra são levados de Jerusalém para a Babilônia" (2Rs 24,14-16; Jr 29,2). Ezequiel "se encontra em meio aos exilados" (Ez 1,1).

---

2 LIMA, M. L. C. *Mensageiros de Deus*: profetas e profecias no antigo Israel. Rio de Janeiro/São Paulo: PUC-Rio/Reflexão, 2012. p. 151.

3 PEETZ, M. *O Israel bíblico*: história, arqueologia, geografia. São Paulo: Paulinas, 2022. p. 183.

4 FREVEL, C. *Geschichte Israels*. Stuttgart: Kohlhammer, 2016. p. 271.

Mais tarde, por sua vez, no "quinto ano do exílio do rei Joaquin" (Ez 1,2), isto é, em 593 a.C., "às margens do rio Cobar" (Ez 1,1.3; 3,15.23; 10,15.20.22; 43,3), ocorre a vocação do profeta (Ez 1,2-3).[5] Inicialmente, seus ditos se concentram no anúncio de um "julgamento à casa de Israel, Judá, Jerusalém e aos desterrados", para, após a queda da capital de Judá em 586 a.C., com a destruição da cidade e outra onda de deportação, "continuar a acompanhar criticamente os desterrados e os sobreviventes na terra natal, porém, anunciando, de forma crescente, a salvação".[6] Todavia, Ezequiel experimenta que o desterro corresponde a um período prolongado, até o momento de o profeta se manifestar pela última vez no "vigésimo quinto ano do exílio", isto é, "no décimo quarto ano" após a queda de Jerusalém (Ez 40,1), ou seja, em 573/572 a.C.

Uma das visões marcantes de Ezequiel é narrada em Ez 37,1-14. No caso, Deus desafia o profeta a proclamar a vida no contexto de morte. A ordem é: "profetiza!" (Ez 37,4.9^{2x}.12). A consequência será: "vivereis" (Ez 37,5.6.12). Ou, com o verbo flexionado diferentemente, a pergunta "acaso viverão?" (Ez 37,3) cede ao desejo "que vivam!" (Ez 37,9). Como dito anteriormente, nada disso acontece a partir do que o profeta pudesse fazer ou falar por conta própria. Ao contrário, Ezequiel acolhe e segue o que a Palavra de Deus lhe traz. Assim, num âmbito de morte, "profetiza" (Ez 37,7^{2x}.10) em favor da vida.

1. TRADUÇÃO DE EZ 37,1-14

A intenção do presente estudo é compreender a profecia de Ez 37,1-14. Em vista disso, antes de tudo, é necessário ouvir

---

5 A localização do rio Cobar pode ser conferida em: ZWICKEL, W. *Atlas bíblico*. São Paulo: Paulinas, 2010. p. 27.

6 HOSSFELD, F.-L. Das Buch Ezechiel. In: ZENGER, E. et al. *Einleitung in das Alte Testament*. 7. ed. Stuttgart: Kohlhammer, 2008. p. 502-503.

e ler as palavras milenares do profeta. Essas, originalmente, foram pensadas, pronunciadas e redigidas em hebraico. Por isso, o exercício exegético há de começar com a tradução do texto bíblico, guardando, da melhor forma possível, a poeticidade e, com isso, os paralelismos presentes no texto, para, assim, captar melhor a reflexão teológica veiculada pela narrativa em questão.[7]

> [1]Houve a mão de YHWH sobre mim. E, no espírito de YHWH, fez-me sair e pousar no meio de um vale. Este estava cheio de ossos. [2]E, junto a estes, fez-me passar ao redor. Eis que eram muito numerosos sobre a superfície do vale. E eis que estavam muito secos.
>
> [3]E disse-me: "Filho do ser humano, acaso esses ossos viverão?" Disse: "YHWH, meu Senhor, tu o sabes". [4]Então disse-me: "Profetiza a esses ossos e dize-lhes: Ó ossos secos, escutai a Palavra de YHWH! [5]Assim diz YHWH, meu Senhor, a esses ossos: Eis que sou eu quem fará vir a vós um sopro, e vivereis. [6]Darei tendões sobre vós. Farei subir carne sobre vós. Estenderei pele sobre vós. Darei um sopro a vós, e vivereis. Então sabereis que eu sou YHWH".
>
> [7]Profetizei conforme tinha recebido ordens. E, ao eu profetizar, houve um estrondo. E eis um abalo. Ossos se aproximaram. Isto é, osso a osso. [8]E vi: eis que havia tendões sobre eles. Carne subiu. E, de cima, pele se estendeu sobre eles. Um sopro, porém, não havia neles.

---

7 Para acessar o texto bíblico no idioma original, usa-se aqui a edição crítica de ELLIGER, K.; RUDOLPH, W. (eds.). *Biblia Hebraica Stuttgartensia*. 5. ed. Stuttgart: Deutsche Bibelgesellschaft, 1997. Todos os textos bíblicos citados neste estudo são apresentados com tradução própria. O tetragrama, nome inefável de Deus (יהוה), é transliterado por "YHWH", grifado com letras maiúsculas (cf. as explicações em relação aos nomes de Deus em: A BÍBLIA. São Paulo: Paulinas, 2023). Além das onze presenças do tetragrama no texto bíblico aqui estudado (vv. 1[2x].3.4.5.6.9.12.13.14[2x]), Ezequiel indica o Deus de Israel quatro vezes como "meu Senhor (אֲדֹנָי)" (vv. 3.4.9.12).

9 E disse-me: "Profetiza ao sopro! Ó filho do ser humano, profetiza e
dize ao sopro: Assim diz o YHWH, meu Senhor: Ó sopro, vem dos
quatro ventos e infla esses assassinados, para que vivam!"
10 Profetizei como me ordenara. E o sopro entrou neles. Viveram e
firmaram-se sobre seus pés, uma tropa extraordinariamente grande.
11 Então disse-me: "Ó filho do ser humano, esses ossos, eles são
toda a casa de Israel. Eis o que dizem: 'Nossos ossos ficaram
secos, e nossa esperança pereceu. No que se refere a nós, fomos
apartados'. 12 Por isso, profetiza e dize-lhes: Assim diz YHWH,
meu Senhor: Eis que sou eu quem abre vossos túmulos. E vos farei
subir de vossos túmulos, ó meu povo. E vos farei chegar ao solo
de Israel. 13 Então sabereis que eu sou YHWH, ao eu abrir vos-
sos túmulos e ao vos fazer subir de vossos túmulos, ó meu povo.
14 Colocarei meu espírito em vós, para que vivais. E vos assentarei
sobre vosso solo. Então sabereis que eu sou YHWH. Falei e agi.
Oráculo de YHWH".

2. INTERPRETAÇÃO DE EZ 37,1-14

As explicações a seguir acompanharão as partes menores e as subunidades literárias que formam a profecia em Ez 37,1-14. Observa-se, primeiramente, a alternância entre os momentos narrativo-descritivos e os discursos diretos. Quer dizer, ora o profeta conta como "vê" algo (v. 8), no sentido de observar determinada situação e a transformação dela (vv. 1-2.7-8.10). Ora o profeta apresenta discursos diretos, no sentido de transmitir o que lhe foi "dito" (vv. 3a.4a.9a.11a) ou o que ele mesmo "disse" (v. 3c). No caso, ouvem-se quatro discursos diretos pertencentes a YHWH. (vv. 3a-b.4-6.9.11-14) e um do profeta (v. 3c-d). Com outras palavras, além do diálogo inicial entre Ezequiel e o Senhor, Deus de Israel (vv. 3-6), o profeta ainda descreve dois monólogos do Senhor (vv. 9.11-14).

2.1 A saída do profeta (vv. 1-2)

Ezequiel narra inicialmente que "a mão de YHWH estava sobre ele" (v. 1). Com isso, imagina-se, em princípio, uma "emoção corporal" ou "física".[8] E, comumente, "a mão de YHWH" (Ez 1,3; 3,14.22; 8,1.3; 14,9; 33,22; 37,1; 40,1) é compreendida como "mão forte", a qual, localizada no extremo do divino "braço estendido", tem seu alcance (Ez 20,34). Na narrativa exodal, por exemplo, "a mão de YHWH" obriga o faraó a libertar os que foram por ele oprimidos (Ex 3,19-20; 6,1; 7,4-5; 9,3.15; 13,3.14.16; 14,31). Enfim, junto aos textos do antigo Oriente Próximo, é preciso pensar em "um uso muito concreto da palavra 'mão' para designar o membro físico com que seres humanos ou deuses (compreendidos antropologicamente) performam uma ação".[9]

Em seguida, por sua vez, Ezequiel parece experimentar um "arrebatamento visionário 'no espírito de YHWH" (v. 1).[10] Ocorre-lhe uma "emoção espiritual" ou "intelectual/mental".[11] Junto a isso, o profeta sublinha como o Senhor, Deus de Israel, o "faz sair" (v. 1). A utilização dessa raiz verbal, novamente, leva o leitor-ouvinte a lembrar-se da dinâmica exodal, trazendo à memória o modo como o Senhor "fez" seu povo "sair" do Egito, isto é, "da casa de servos", libertando os filhos de Israel, subjugados ao regime faraônico, dos trabalhos forçados (Ex 20,2).

Agora, no entanto, Ezequiel é levado ao encontro dos descendentes dessa comunidade exodal, transformados em uma

---

8 GREENBERG, M. *Ezechiel 1–20*. Freiburg: Herder, 2001. p. 66.

9 ROBERTS, J. J. M. The Hand of YAHWEH. *Vetus Testamentum*, Leiden, v. 21, n. 2, p. 248, abr./jun. 1971.

10 SCHNOCKS, J. "Und ich werde meinen Geist in euch geben" (Ez 37,14): Konzeptionen der Rede vom Geist in Ez 36–37. In: SATTLER, D.; FREY, J. (eds.). *Heiliger Geist*. Neukirchen-Vluyn: Neukirchener Verlag, 2011. p. 37-38.

11 GREENBERG, 2001. p. 66.

enorme quantidade de restos mortais. Em vez de "mensageiro", cabe-lhe o papel de um "observador passivo", no sentido de "ver um evento em que ele é colocado forçadamente".[12] O ouvinte-leitor, ao acompanhar a narrativa, divide a posição de espectador com o profeta.

A dramaticidade do que Ezequiel avista, por sua vez, dificilmente poderia ser maior: "um vale cheio de ossos" (v. 1). De diversas formas, a narrativa oferece realce a essa imagem. O profeta "pousa no meio do vale" (v. 1).[13] Quer dizer, faz-se presente e permanece por algum tempo. Além disso, "junto" aos ossos, "passa ao redor" deles (v. 2), uma vez que esses, em vez de encontrarem-se debaixo da terra, ganham visibilidade por estarem "sobre a superfície do vale" (v. 2). Finalmente, o duplo uso da mesma partícula dêitica – "eis que" (v. 2^{2x}) – e a dupla presença do mesmo advérbio – "muito" (v. 2^{2x}) – ajudam no realce da grande quantidade desses restos mortais, além de destacarem o avançado estado de deterioração deles. No caso, Ezequiel narra: "eis que eram muito numerosos" (v. 2) e "eis que estavam muito secos" (v. 2). Portanto, "não se pensa mais em esqueletos inteiros, mas em um mar de ossos soltos, sem que fosse possível encontrar as pertenças – enfim, um caso extremo de dissolução e desestruturação".[14]

---

12 FOX, M. V. The Rhetoric of Ezekiel's Vision of the Valley of the Bones. *Hebrew Union College Annual*, Jerusalem, v. 51, p. 9, 1980.

13 A dupla presença da raiz verbal traduzida aqui como "pousar (*נוח*)" (v. 1) e "assentar (*נוח*)" (v. 14) gera uma inclusão e/ou moldura em torno de Ez 37,1-14, mesmo que, ao conjugar o verbo no grau do *hifil*, se observem duas vocalizações diferentes, originando significados diversos.

14 GREENBERG, M. *Ezechiel 21–37*. Freiburg: Herder, 2005. p. 457. Os "ossos" (vv. $1.3.4^{2x}.5.7^{3x}.11^{2x}$) são mencionados dez vezes na profecia de Ez 37,1-14. Somente a expressão "osso a osso" (v. 7) traz o vocábulo duas vezes no singular. No mais, os ossos sempre são apresentados no plural.

2.2 Profetizar aos ossos (vv. 3-6)

Ezequiel, inicialmente, fica em silêncio, quando "YHWH" o "faz sair" e "pousar em meio ao vale cheio de ossos", apenas observando a extensão da catástrofe (vv. 1-2). No início da segunda parte da profecia em questão (vv. 3-6), Deus lhe faz, aparentemente, uma "pergunta retórica", a fim de sublinhar a "improbabilidade" de que ocorra o que a pergunta propõe à imaginação: "Filho do ser humano, acaso esses ossos viverão?" (v. 3).[15]

A resposta do profeta é curta e respeitosa, mas, sobretudo, insistente na atuação exclusiva de Deus: "YHWH, meu Senhor, tu o sabes" (v. 3). Afinal, perante a morte, isto é, diante da desintegração e dessecação do que antes parecia representar a força, resistência e estabilidade das pessoas e do povo, o ser humano, pelo senso comum, vê-se impossibilitado de provocar qualquer mudança. Não obstante, profetas e profetisas, em princípio, sabem o quanto "a Palavra de YHWH" (v. 4) consegue inverter situações que, para o ser humano, normalmente significam o fim da história por ele vivida.

Nesse sentido, após a breve pergunta inicial de Deus, formada por apenas três palavras (v. 3), e a curta resposta de Ezequiel, composta por quatro palavras (v. 3), segue-se, em direção ao profeta, um discurso divino mais extenso, que conta com quarenta palavras: "Profetiza a esses ossos e dize-lhes: Ó ossos secos, escutai a palavra de YHWH! Assim diz YHWH, meu Senhor, a esses ossos: 'eis que sou eu quem fará vir a vós um sopro, e vivereis. Darei tendões sobre vós. Farei subir carne sobre vós. Estenderei pele sobre vós. Darei um sopro a vós, e vivereis. Então sabereis que eu sou YHWH" (vv. 4-6).[16] Inicialmente, as

15 GREENBERG, 2005, p. 457.

16 Os números das palavras se referem ao texto original em hebraico. No caso de palavras unidas por um *meteg*, estas são contadas separadamente.

palavras do Senhor concentram-se, quatro vezes, nos "ossos" (vv. 3.4^{2x}.5), visando, por meio de uma pergunta, à possibilidade de "os ossos viverem novamente" (v. 3). Surge a ordem divina para Ezequiel "profetizar a esses ossos" (v. 4). Tal ordem, por sua vez, logo se transforma em um imperativo a ser escutado pelos próprios restos mortais: "Ó ossos secos, escutai a Palavra de YHWH!" (v. 4). Por fim, é apresentado o "dizer de YHWH aos ossos" (v. 5), a ser profetizado por Ezequiel. Em seguida, as palavras divinas têm em vista a ação transformadora em relação aos "ossos" (vv. 3.4^{2x}.5). Em vez de mencionar a matéria dura do esqueleto humano, surge a sequência de outros elementos corporais ou acolhidos pelo corpo humano: "sopro" (v. 5), "tendões", "carne", "pele" (v. 6) e, novamente, "sopro" (v. 6). É chamativo que o "sopro" (vv. 5.6), mencionado no início e no fim, moldura os outros três componentes. A isso, junta-se a circunstância de que o campo semântico do vocábulo hebraico aqui traduzido como "sopro" (vv. 5.6) é bem mais amplo. Isto é, por mais que, em determinado momento, um significado prevaleça, outras conotações querem ser escutadas juntamente.

Em princípio, o conceito hebraico *rûaḥ* (רוּחַ) indica "uma força que se move e põe outras coisas em movimento".[17] A pronúncia do vocábulo talvez até imite o som que a palavra indica. Assim, um primeiro significado em questão é "vento" (no v. 9, aparece o plural "ventos"). Em relação ao ser humano, a mesma palavra indica o "sopro" (vv. 5.6.8.9^{3x}.10), isto é, a "respiração agitada", enquanto outro termo hebraico se refere à "respiração comum" (seja visto "fôlego [נְשָׁמָה]" em Gn 2,7).[18] Quando, por sua vez,

---

[17] SCHÜNGEL-STRAUMANN, H. Geist (AT). In: BAUKS, M.; PIETSCH, M.; ALKIER, S. (eds.). Das wissenschaftliche Bibellexikon im Internet. 2009. p. 1. Disponível em: <https://www.bibelwissenschaft.de/ ressourcen/wibilex/altes-testament/geist-at>. Acesso em: 28 dez. 2023.

[18] SCHÜNGEL-STRAUMANN, 2009, p. 2.

se relaciona a Deus, o vocábulo "vento" ou "sopro", mormente, é compreendido como "espírito" (veja-se "o espírito de YHWH" no v. 1 e "meu espírito" no v. 14). No mais, observa-se na profecia de Ez 37,1-14 que, assim como os "ossos" (vv. 1.3.4^{2x}.5.7^{3x}.11^{2x}), também o vocábulo traduzido como "sopro, vento ou espírito" (vv. 1.5.6.8.9^{4x}.10.14) recebe dez menções. Dessa forma, nascem um contraste e uma oposição entre o representante da morte – vejam-se, por exemplo, os "ossos" como símbolo do desgaste, da proximidade da morte ou da morte mesma no Sl 22,15; 31,11; 32,3; 38,4; 42,11; 102,4.6; 147,7, mas também em Ez 6,5; 32,27; 39,15 – e o representante da vida.

Todavia, a origem da nova vida para os "ossos numerosos" (v. 2) e "secos" (vv. 2.4), espalhados "sobre a superfície do vale" (v. 2), encontra-se no Senhor, Deus de Israel. Ao adotar a primeira pessoa do singular, este promete aos ossos: "sou eu quem fará vir um sopro a vós" (v. 5), "darei tendões sobre vós" (v. 6), "farei subir carne sobre vós" (v. 6), "estenderei pele sobre vós" (v. 6) e, novamente, "darei um sopro a vós" (v. 6). Ou seja, no que se refere aos "ossos" (vv. 1.3.4^{2x}.5.7^{3x}.11^{2x}), que, como mais tarde ficará claro, eles representam "a casa de Israel" (v. 11), contemplada como "assassinados" (v. 9) e "apartados" (v. 11), e Deus ora se propõe a lhes oferece tecidos e órgãos – "tendões", "carne" e "pele" (v. 6) –, ora lhes oferece um "sopro" ou "espírito" (vv. 5.6).

Como foi dito anteriormente, os diferentes significados do vocábulo hebraico *rûaḥ* (רוּחַ) não se excluem mutuamente. Assim, é possível imaginar que, nos vv. 5-6, focando as dimensões antropológicas, se vise, antes de tudo, ao "sopro" ou "hálito", que parte da ideia de que um corpo, formado pelas mais diversas partes – "ossos", "tendões", "carne", "pele" etc. –, somente "vive" (vv. 5.6) quando a pessoa respira. Ao mesmo tempo, porém, é possível subentender que "o Senhor, com o coração (Ez

36,36-37) e com os tendões, a carne e a pele, primeiramente, até nos detalhes, conduz a renovação corporal, para depois oferecer o espírito, isto é, seu espírito".[19] Este, então, permite aos que já se imaginavam mortos, voltarem a "viver" (vv. 5.6).

De acordo com a curta resposta dada por Ezequiel à pergunta inicial de Deus, "YHWH sabe" ou "conhece" esse mistério (v. 3), mais tarde, por sua vez, ao experimentarem o retorno à vida, os próprios ossos, quer dizer, aqueles que restarem da casa de Israel, também "saberão" (v. 6) que o "doador do sopro ou espírito" (v. 6) "é YHWH" (v. 6). Com isso, surge a perspectiva de uma compatibilidade ímpar no que se refere ao conhecimento, favorável à vida.

2.3 A aproximação dos ossos (vv. 7-8)

A partir da "Palavra de YHWH" (v. 4), um imperativo divino acompanha Ezequiel: "Profetiza!" (v. 4). Assim, após o término do diálogo com Deus (vv. 3-6), o profeta, na terceira unidade literária (vv. 7-8) se apresenta como quem age e, em consequência disso, presencia transformações enormes. No caso, é chamativo que a raiz verbal "profetizar (*נבא*)" (vv. 4.7^{2x}.9^{2x}.10.12) ocorra justamente sete vezes em Ez 37,1-14, número que, além de funcionar como elemento estilístico, traz consigo as conotações simbólicas de inteireza, completude e perfeição.

Em seu testemunho, Ezequiel realça a circunstância de não anunciar palavras próprias, mas de "profetizar conforme as ordens recebidas" do alto (v. 7). Cabe-lhe a tarefa de levar "a palavra de YHWH" (v. 5) ao encontro dos "ossos secos" (v. 4). "Ao profetizar" (v. 7), por sua vez, o profeta ouve um "estrondo" (v. 7) e sente um "abalo" (v. 7), sinais que, comumente, indicam

---

19 SCHNOCKS, 2011, p. 39.

a presença divina (Ez 1,24.25.28; 3,12.13; 10,5; 12,18; 43,2); e presencia como "os ossos se aproximam" uns dos outros (v. 7). E, ao imaginar as diversas camadas acima dos ossos, "vê" que, outra vez, há "tendões, carne e pele sobre eles" (v. 8). "Não está claro se o abalo (da terra) movimenta os ossos ou se o movimento de milhares de ossos (incitado pelo anúncio do profeta) causa o abalo".[20]

A imagem de cada osso, novamente, juntar-se ao seu correspondente e, dessa forma, os esqueletos e, mais ainda, os corpos voltarem a existir, gera a esperança de que a antiga união e, com isso, a vida, possa ser recuperada por quem estava morto. A raiz verbal "aproximar-se" (v. 7), usada para descrever o movimento dos ossos, no texto seguinte (Ez 37,15-28), visa justamente, à reaproximação e à reunião das tribos, uma vez que essas, após a morte de Salomão, tinham formado dois estados ou reinos, isto é, Israel e Judá (Ez 37,17).[21] Portanto, "a junção dos ossos separados é o primeiro passo decisivo para a transformação da ruptura mortal em união e inteireza vital".[22]

Contudo, a reconstituição corporal ainda não garante a volta da vida, por mais necessária que se faça e por mais que também ela seja impulsionada por Deus. Certamente, "os ossos se aproximam" uns dos outros quando Ezequiel "profetiza" (v. 7), isto é, enquanto "a Palavra de YHWH" (v. 4) é anunciada. No entanto, segundo a compreensão da cultura de Israel bíblico, a vida só se faz presente num corpo quando a pessoa respira. E, nesse caso, ainda "não havia um sopro neles" (v. 8).

---

20 GREENBERG, 2005, p. 458.

21 De forma semelhante, Ezequiel tem em vista a dinâmica de "os sacerdotes se aproximarem do povo" (Ez 42,14) e "os sacerdotes levitas se aproximarem de Deus para o servir" (Ez 44,15).

22 SCHNOCKS, 2011, p. 39.

2.4 Profetizar ao sopro (v. 9)

O quarto trecho (v. 9) na profecia de Ez 37,1-14 traz outro discurso direto de Deus. Novamente, isto é, pela segunda e terceira vez, Ezequiel recebe a mesma ordem: "profetiza!" (vv. 4.9^{2x}). Com isso, aumenta a ênfase em relação a essa tarefa. Mais tarde, o imperativo poderá ser lido ou ouvido uma quarta vez (v. 12). Muda, porém, a direção da atividade profética de Ezequiel. Em vez de "profetizar aos ossos" (v. 4), deve "profetizar" agora "ao sopro" (v. 9). As palavras divinas a serem ditas ao "sopro" (v. 9) exigem atenção a esse termo hebraico. "Assim diz YHWH, meu Senhor: Ó sopro (*הָרוּחַ*), vem dos quatro ventos (*רוּחוֹת*) e infla esses assassinados, para que vivam!" (v. 9). No caso, o substantivo ora traduzido como "espírito" (vv. 1.14), ora como "sopro" (vv. 5.6.8.9^{3x}.10), também pode ganhar o significado de "vento" (v. 9). Isto é, ao pensar, de um lado, no sopro, hálito ou no ar da respiração; e, de outro lado, no vento, verifica-se que, em princípio, ambos precisam ser compreendidos "como pertencentes à mesma matéria".[23] Além disso, Ezequiel visa aos "ventos" (v. 9) no plural. Junto a isso, entram no horizonte as quatro direções do vento ou os quatro pontos cardeais: norte, sul, leste e oeste (Ez 42,16-20; Jr 49,36; Zc 6,5). Entre as diversas forças no meio da natureza, a cultura de Israel bíblico contempla os "ventos" como "mensageiros" de Deus (Sl 104,4), inclusive no sentido de "o vento tempestuoso executar a Palavra de YHWH" (Sl 148,8). Com outras palavras, os ventos estão a serviço de Deus, como no momento em que o Senhor "anda" ou "plana sobre as asas do vento" (Sl 18,11; 104,3). Na profecia de Ezequiel, por sua vez, "os ventos" recebem a tarefa de "inflar" os "assassinados", trazendo "o sopro" da "vida" (v. 9) aos, anteriormente, "numerosos ossos secos" (vv. 1-2), os quais agora já se encontram equipados com

---

[23] GREENBERG, 2005, p. 459.

"tendões, carne e pele" (v. 8). O verbo hebraico traduzido como "inflar (נפח)" remete a "YHWH Deus", como criador, que "inflou, nas narinas do ser humano plasmado do pó do solo, um fôlego (נְשָׁמָה) de vida" (Gn 2,7). Dessa vez, no entanto, "quatro ventos", ou seja, os ventos de todas as direções, devem trazer "o sopro" aos "assassinados", a fim de que voltem a "viver" (v. 9). Com isso, a abrangência da catástrofe e os esforços necessários para inverter a situação recebem novamente visibilidade.

2.5 A entrada do sopro (v. 10)

A quinta unidade literária (v. 10) de Ez 37,1-14, narra, pela segunda vez, que Ezequiel "profetizou o que lhe fora ordenado" (vv. 7.10). Junto à sua fidelidade à "Palavra de YHWH" (v. 4), o profeta conta como presenciou "a entrada do sopro" (v. 10) naqueles "ossos, os quais, osso a osso, se tinham aproximado" e que, novamente, estavam cobertos de "tendões, carne e pele" (vv. 7-8). Consequentemente, os "assassinados" (v. 9) voltaram a "viver" (v. 10). Portanto, Ezequiel acolhe, em sua profecia, "a polaridade arquetípica de vida e morte, demonstrando que Deus pode unir esses polos por um processo similar ao processo da criação".[24] Surge, em seguida, um interessante contraste em vista de dois movimentos contrários. De um lado, "YHWH fez" Ezequiel "sair" (v. 1) ao encontro dos que estavam sem vida. De outro, "o sopro entrou" (v. 10) neles para que, outra vez, estivessem vivos. Quer dizer, "saída" e "entrada" (Sl 121,8) correspondem à mesma vontade de Deus e, de acordo com a dinâmica exodal, juntamente fazem parte do mesmo projeto de salvação. Os "ossos" (vv. 1.3.4^{2x}.5.7^{3x}) dos "assassinados" (v. 9) agora "vivos" (vv. 3.5.6.9.10.14) adquirem a força de "firmarem-se sobre seus pés", tornando-se "uma tropa extraordinariamente grande" (v. 10). De forma mais literal,

---

24 FOX, 1980, p. 12.

o advérbio hebraico traduzido aqui como "extraordinariamente" traz a ideia de "mais (e) mais (מְאֹד־מְאֹד)" (v. 10). Com isso, o ouvinte-leitor pode lembrar-se dos ossos "muito (מְאֹד) numerosos" e "muito (מְאֹד) secos" (v. 2), destacados no início do episódio. Desse modo, novamente, um contraste marca a profecia de Ezequiel, dessa vez na base da marcante repetição quádrupla do advérbio "muito" (vv. 2^{2x}.10^{2x}). O vocábulo traduzido como "tropa" (v. 10), dentro do Livro de Ezequiel, reporta ao "grande exército do faraó" (Ez 17,17; 32,31), ao "exército" de Tiro (Ez 26,12; 27,10) e ao "exército" da Babilônia (Ez 29,18-19). Na profecia aqui estudada, ainda não é possível identificar essa "tropa extraordinariamente grande" e "firmada sobre seus pés" (v. 10), nascida dos ossos secos dos que tinham sido "assassinados" (v. 9) e "apartados" (v. 11). O final da profecia em Ez 37,11-14, porém, ajudará nisso.

2.6 Profetizar a Israel (vv. 11-14)

A sexta e última unidade literária (vv. 11-14) traz outro discurso direto de Deus a Ezequiel, dito "oráculo de YHWH" (v. 14); o profeta, pela terceira vez, é chamado "filho do ser humano" (vv. 3.9.11). Junto a isso, ocorre agora a identificação dos "ossos" (vv. 1.3.4^{2x}.5.7^{3x}.11^{2x}). Chega-se "da metáfora para a visão" no que se refere à descrição do povo de Deus, também no sentido de deixar claro o quanto "o desespero corrói a raiz da existência".[25]

"Os ossos são toda a casa de Israel" (v. 11), isto é, os últimos restos dos cadáveres, já secos e espalhados, "representam os habitantes dos dois reinos, Israel e Judá, os quais se encontram, em grande parte, no exílio".[26] E é do conhecimento de Deus o

---

[25] ALONSO SCHÖKEL, L. M.; SICRE DIAZ, J. L. *Profetas II*: Ezequiel, Doze profetas menores, Baruc, Carta de Jeremias. 4. reimpr. São Paulo: Paulus, 2015. p. 847.

[26] GREENBERG, 2005, p. 459.

quanto esse povo está consciente de seu estado atual. Segundo a citação de suas palavras pelo Senhor, eles, pois, dizem: "nossos ossos ficaram secos e nossa esperança pereceu. No que se refere a nós, fomos apartados" (v. 11). Portanto, fica claro que a metáfora dos "ossos" (vv. $1.3.4^{2x}.5.7^{3x}.11^{2x}$) e dos ossos "secos" (vv. 2.4.11), tão presente até agora no diálogo entre Deus e Ezequiel, tem suas origens na autocompreensão do povo.

O valor da imagem dos "ossos secos" (vv. 1-2.4.11) nasce quando comparados aos "ossos engordurados" ou "untados" (Pr 15,30), "embebidos" ou "suculentos" (Pr 3,8), "florescentes" ou "brotantes como o capim" (Is 66,14). Quer dizer, "durante o tempo de vida, os ossos das pessoas assemelham-se a um barômetro da plenitude da vida".[27] Isto é, a "ossada seca" representa os de "espírito abatido" (Pr 17,22) ou aqueles cuja "esperança pereceu" (v. 11; Ez 19,5), justamente por sentirem-se "apartados" (v. 11). A raiz verbal "apartar" (v. 11), por sua vez, visa aos que se enxergam como "um gado menor apartado do aprisco" (Hab 3,17), ou seja, como pessoas "excluídas" e "privadas da mão" de Deus, também no sentido de se encontrarem "deitadas em um túmulo" (Sl 88,6; 2Cr 26,21) ou "terem sido postas numa tumba subterrânea, como um varão sem forças" (Sl 88,5.7), assemelhando-se a quem "foi cortado da terra dos vivos" (Is 53,8), que tem "as águas passando por cima da cabeça" (Lm 3,54).[28] Ao acolher esse imaginário com a raiz verbal em questão, o discurso divino no final da profecia em Ez 37,11-14, depois de ter olhado, no início do texto, para "a superfície do vale" (v. 2), visa agora a outro espaço representante

---

27 SCHROER, S.; STAUBLI, T. *Simbolismo do corpo na Bíblia*. São Paulo: Paulinas, 2003, p. 261.

28 Ao mesmo tempo, outro paralelismo em relação à raiz verbal traduzida como "apartar (גזר)" (v. 11) indica que morte e caos não impedem a ação do "Senhor" (Sl 136,1). Guarda-se, pois, a memória exodal de que foi "a lealdade eterna" desse Deus que "apartou o Mar dos Juncos", dividindo-o em "partes" (Sl 136,13).

do mundo da morte. Ocorrem, pois, quatro menções a "túmulos" (vv. 12^{2x}.13^{2x}). E o sufixo pronominal traduzido como "vossos" (vv. 12^{2x}.13^{2x}), também com quatro presenças, deixa claro que se trata dos túmulos de Israel. Portanto, o povo de Deus é imaginado outra vez como morto.

Não obstante, em meio a essa dramaticidade, também pela quarta vez, Ezequiel recebe a ordem: "profetiza!" (v. 12). Inicialmente, cabe-lhe a tarefa de "dizer" e anunciar duas ações do "Senhor" (v. 12) aos "apartados" (v. 11). Uma, que Deus se propõe a "abrir os túmulos deles" (vv. 12.13); a outra, que pretende "fazer subir dos túmulos" (vv. 12.13) aqueles que, de forma repetida, continua a chamar "meu povo" (vv. 12.13). Favorecido pelas repetições do vocabulário empregado, multiplicam-se com isso as alusões à dinâmica exodal. Afinal, tanto o verbo traduzido por "fazer subir" (vv. 12.13; Ex 3,8.17) como a fórmula "Eu (אֲנִי) sou YHWH" (vv. 13.14; Ex 6,2.6.7.8.29; 7,5.17; 8,18; 10,2; 12,12; 14,4.18) despertam a memória em questão. Além disso, a circunstância de Deus referir-se a Israel como "meu povo" (vv. 12.13; Ex 3,7.10; 5,1; 7,4.16.26; 8,16.17.18.19; 9,1.13.17; 10,3.4) contribui com a lembrança do projeto do êxodo.

Outras ações divinas ainda acompanham as primeiras. No que se refere ao "povo" (vv. 12.13), isto é, à "casa de Israel" (v. 11), "o Senhor", novamente, propõe-se a "fazê-lo chegar ao solo de Israel" (v. 12), a fim de, outra vez, "assentá-lo sobre esse solo" (v. 14). Também essa ação espelha o primeiro êxodo, quando Deus "fez" seu povo "chegar à terra" prometida (Ex 6,8; 13,5.11), isto é, "ao monte da herança dele" (Ex 15,17). Com essa nova experiência exodal, "o Senhor" quer "colocar seu espírito" sobre os que novamente foram por ele libertados (v. 14). Essa ação divina remete ao primeiro êxodo, quando Deus "enche todos os sábios de coração com o espírito de sabedoria" (Ex 28,3) ou quando Beseleel recebe "o espírito de Deus" (Ex 31,3;

35,31). "O espírito" do Senhor também está sobre Moisés (Nm 11,17) e sobre outros 72 homens (Nm 11,25-26), a fim de que estes, "reunidos no mesmo espírito profético", compartilhem da liderança, acompanhados pelo desejo mosaico de que "todo o povo de YHWH seja de profetas" (Nm 11,29).[29] Justamente essa expectativa, tão favorável à vida do povo, parece ser agora alvo da ação divina comunicada a Ezequiel: "colocarei meu espírito em vós, para que vivais" (v. 14).

Por fim, a sequência das ações divinas a serem "profetizadas" por Ezequiel (v. 12) – "abertura dos túmulos" (vv. 12.13), "subida dos túmulos" (vv. 12.13), "chegada ao solo de Israel" (v. 12), "assentamento sobre esse solo" (v. 13) e equipamento com "o espírito de YHWH" (v. 14) – quer provocar um conhecimento novo. Ou seja, que o povo, pois, "saiba" (vv. 13.14) o quanto o poder de fazê-lo voltar à vida pertence àquele que lhe diz "Eu sou YHWH" (vv. 6.13.14), uma vez que este é um Deus que "fala e age" (v. 14).

CONCLUSÃO

A leitura da profecia em Ez 37,1-14, acompanhada da intenção de compreender e interpretar esse texto milenar originalmente composto em hebraico, envolve as tarefas de prestar atenção à carga semântica do vocabulário, à configuração poética do texto e, a partir disso, à reflexão religioso-teológica promovida pelos versículos em questão. Afinal, chega-se ao conhecimento de Ezequiel, quando se investe, sucessivamente, na exegese de cada porção compositora do livro atribuído a esse profeta. Eis a proposta feita neste capítulo. Compreende-se, pois, que um

---

[29] GRENZER, M. Desejos inoportunos e a esperança por um povo profeta. In: GRENZER, M. *O projeto do êxodo*. 2. ed. São Paulo: Paulinas, 2007. p. 111.

"dramatismo insuperável" e, inclusive, uma atualidade continuada acompanham a profecia de Ez 37,1-14.[30] Com o exílio babilônico no século VI a.C., o Israel bíblico havia chegado à sua crise, até então, mais profunda. Não obstante, Ezequiel, um dos exilados, descobre o quanto a vontade de Deus consiste em sua "saída" em direção daqueles que equivaliam a "numerosos ossos secos" (vv. 1-2). Mais do que isso, ao contemplar a catástrofe e a deterioração total de seu povo, o profeta continua a ser sensível à voz divina (vv. 3-5.9.11-14). Dessa forma, repetidamente, percebe o quanto "a Palavra de YHWH" (v. 4) continua a insistir na vida nova de quem se sente morto. Por fim, ao cumprir a quádrupla ordem "profetiza!" (vv. 4.9^{2x}.12) e "profetizar de acordo com a ordem" recebida do alto (vv. 7.10), Ezequiel pôde, então, narrar (vv. 7-8.10) o milagre "visto" (v. 8) por ele. Os ossos "se aproximam" uns aos outros (v. 7) e, cobertos outra vez de "tendões, carne e pele" (v. 8), "vivem e se firmam sobre seus pés" (v. 10), sobretudo pelo fato do "sopro" (vv. 5.6.9.10) e do "espírito de YHWH" (vv. 1.14) terem se juntado novamente a eles.[31]

Também hoje, pessoas e sociedades, em meio às mais diversas situações de sofrimento e morte, dependem, para sua sobrevivência, de vozes proféticas insistentes na vida, justamente pelo fato de a vida corresponder ao eterno propósito divino de salvação. Assim, por meio do que se ouve ou se lê na profecia de Ez 37,1-14, o imperativo dirigido ao profeta israelita do século VI a.C. se estende a todos os ouvintes-leitores e ouvintes-leitoras: "profetiza!" (vv. 4.9^{2x}.12).

---

30 SICRE DÍAZ, J. L. *Introdução ao profetismo bíblico*. Petrópolis: Vozes, 2016, p. 263.

31 Em princípio, "não se fala a respeito da ressurreição, mas de libertação e de retorno à pátria"; mesmo assim, "é legítimo que os cristãos leiam essa página de Ezequiel como o símbolo perene da ressurreição" (ALONSO SCHÖKEL; SICRE DIAZ, 2015, p. 848).

Capítulo 10

EZ 40–48: UTOPIA E ÊXTASE

Cássio Murilo Dias da Silva[1]

– Quando você vai acabar?

– Quando eu terminar!

A torturante pergunta de Júlio II e a irônica resposta de Michelangelo Buonarroti repetem-se algumas vezes ao longo do filme *Agonia e êxtase*.[2] Baseado parcialmente em livro homônimo,[3] o longa-metragem dá grande ênfase ao relacionamento entre o Papa e o artista, nos quatro anos, de 1508 a 1512, em que Michelangelo pintou o teto da Capela Sistina. Cada um, a seu modo, experimenta a agonia: Michelangelo enfrenta momentos de crise criativa e pessoal, e a execução da obra se arrasta; Júlio II teme morrer antes de ver finalizado o teto que havia encomendado e insistentemente o questiona a repeito disso. Quando

---

1 Mestre e doutor em Ciências Bíblicas pelo Pontifício Instituto Bíblico de Roma.

2 Obra cinematográfica de 1965, dirigida por Carol Reed e estrelada por Charlton Heston (Michelangelo) e Rex Harrison (Júlio II). Título original: *The Agony and the Ecstasy*.

3 STONE, I. *The Agony and the Ecstasy*. New York: Doubleday, 1961. No Brasil, é publicado pela Editora Itatiaia desde 1966, com o título *Agonia e êxtase*.

Michelangelo considera que terminou o afresco, ele e Júlio II compartilham o êxtase.

"Quando você vai acabar?" não reflete apenas a agonia de quem teme não ver a obra finalizada; a pergunta carrega a agonia de quem não consegue visualizar o conjunto. Ao contrário do filme, os capítulos 40–48 de Ezequiel começam pelo êxtase: o profeta-vidente contempla o novo Templo de Jerusalém, já finalizado e ornamentado (40,5–42,20), pronto para a entrada triunfal da glória de YHWH (43,1-5). E, diferentemente de Júlio II, Ezequiel jamais pergunta quando a visão se tornará realidade, pois, como se vê mais adiante, ele já tem a resposta.

Por outro lado, como Júlio II, o sacerdote Ezequiel deve conter sua própria ansiedade, ao mesmo tempo que, como profeta, incentiva a esperança de seus compatriotas deportados, por meio da utopia de um Israel reunificado, purificado, redimido e libertado.

1. EZ 40–48: COMO DEFINIR?

Traduzir e publicar uma Bíblia implica também inserir títulos para grandes e pequenas partes. No Brasil, a maioria das traduções da Bíblia adotam um título bastante genérico para os capítulos finais de Ezequiel e utilizam o adjetivo "novo": "*Novo* Templo e *nova* terra";[4] "Utopia: o *novo* Israel";[5] "Visão do *novo* Israel";[6] "Visão da *nova* Jerusalém e do povo restaurado";[7] "A *nova* organização".[8] Esses títulos, no entanto, são

---

[4] BÍBLIA DO PEREGRINO. São Paulo: Paulus, 2002. Doravante, *Bíblia do Peregrino*.

[5] BÍBLIA SAGRADA – TRADUÇÃO OFICIAL DA CNBB. Brasília: CNBB, 2018. Doravante, *Bíblia CNBB*.

[6] BÍBLIA SAGRADA VOZES. Petrópolis: Vozes, 2005. Doravante, *Bíblia Vozes*.

[7] NOVA BÍBLIA PASTORAL. São Paulo: Paulus, 2014.

[8] BÍBLIA PALAVRA VIVA. São Paulo: Paulus, 2022.

enganosos, uma vez que podem levar a pensar que se trata de uma descrição atraente e colorida da nova etapa do culto em Jerusalém, com suas consequências na vida cotidiana refletidas numa era de paz, felicidade e justiça. Na verdade, a leitura é tediosa e repetitiva.

Outras edições brasileiras da Bíblia utilizam um título com uma referência explícita à Lei do antigo Israel: "A '*Torá*' de Ezequiel"[9] e "*Lei* do novo Israel".[10] Nesse caso, o ponto de referência são as determinações entregues por Moisés em Ex 25–27: o Templo e o culto da Jerusalém reconstruída no pós-exílio seriam uma versão com *upgrade* das prescrições dadas no tempo da peregrinação no deserto.

Independentemente do título que se atribua ao conjunto, a leitura dos capítulos 40–48 não é uma experiência que se possa qualificar como empolgante e atraente. Ao contrário, a descrição minuciosa (e um pouco truncada) de espaços, medidas, ambientes e ornamentações não provoca grande apelo aos leitores, de modo particular aos leitores cristãos.

Nas páginas a seguir, será evitada uma exposição exaustiva dos detalhes e opta-se por uma leitura continuada dos últimos capítulos do Livro de Ezequiel, destacando apenas os elementos que ajudam a captar mais facilmente o sentido do conjunto. Alguns textos de maior relevância serão abordados com profundidade.

2. UMA VISÃO PANORÂMICA

Para Ezequiel, um sacerdote exilado, é impensável restaurar o povo e a nação sem que o Templo, as atividades nele

---

9 BÍBLIA DE JERUSALÉM. São Paulo: Paulus, 2001; BÍBLIA MENSAGEM DE DEUS. São Paulo: Loyola, 1994.

10 BÍBLIA SAGRADA AVE-MARIA. São Paulo: Ave-Maria, 1977. Doravante, *Bíblia Ave-Maria*.

desempenhadas e todo o pessoal a ele ligado joguem um papel essencial. Por isso, em seu projeto de reconstrução política, social e religiosa de Israel, Ezequiel descreve a reversão do evento relatado nos capítulos 8–11: a glória de YHWH, que outrora havia abandonado Jerusalém e o Templo para ir ao exílio como os deportados, agora retorna e toma posse de sua nova casa.

Após quatro versículos introdutórios (Ez 40,1-4), o conjunto é formado por textos que se pode catalogar em duas classes: textos predominantemente descritivos, com inserções legislativas (tipo I), e textos narrativos (tipo II). Quanto ao seu conteúdo, a redação atual apresenta uma estrutura quiástica:

A) 40,5–42,20: O novo Templo (I)
    B) 43,1-12: A volta da glória de YHWH (II)
        C) 43,13–46,24: Normas relativas ao santuário (I)
    B') 47,1-12: A fonte do Templo (II)
A') 47,13–48,35: Limites e divisão da Terra Prometida (I)

Tanto os trechos descritivos-legislativos como os narrativos apresentam um movimento de dentro para fora, começando pelo santuário e alargando-se para o restante do país. Não obstante, entre os estudiosos há o consenso de que o texto atual é o resultado de um processo de composição lento, com vários estratos redacionais: a um núcleo original foram feitos acréscimos posteriores, em diferentes períodos históricos.[11] Na exposição a seguir, sempre que oportuno, retornar-se-á a esse dado.

---

[11] Um estudo detalhado dessa problemática encontra-se em: HIEBEL, J. M. *Ezekiel's Vision Accounts as Interrelated Narratives*. Berlin/Boston: Walter de Gruyter, 2015. p. 171-213.

3. DATA E ARREBATAMENTO

Os quatro versículos iniciais do capítulo 40 oferecem informações preciosas sobre a data e o modo em que a experiência extática de Ezequiel acontece. As anotações "vigésimo quinto ano de nosso exílio" e o "décimo quarto ano depois que a cidade foi tomada" (v. 1) referem-se, respectivamente, à primeira deportação, ocorrida em 597 a.C., e à destruição de Jerusalém e de seu Templo, em 587/586 a.C. Seria, portanto, entre os anos 573 e 572 a.C. A anotação "no começo do ano" provocou alguma discussão entre os especialistas:[12] trata-se do início do ano litúrgico (Lv 23,24-25; 25,9; Nm 29,7) ou do início do ano civil? No primeiro caso, seria outono (setembro); no segundo, a visão ocorre na primavera (março-abril). Há de se notar, porém, que, ao longo do livro, Ezequiel segue constantemente o calendário civil da Babilônia e, portanto, é mais plausível que seja essa a contagem do tempo aqui utilizada: a visão acontece "no final de abril de 573 a.C., exatamente quando a cerimônia babilônica entronizava Marduk no templo *akitu*, no décimo dia do primeiro mês".[13]

Não deve ser considerado acaso o fato de a data ser de 25 anos após a primeira deportação (isto é, aquela em que o próprio profeta foi levado cativo para a Babilônia). Mais ainda, esse dado explica por que o profeta-vidente em nenhum momento pergunta: "Quando isso se tornará realidade?". Uma vez que os jubileus eram celebrados em cinquentenários (Lv 25,8-13), como bom sacerdote sadoquita, Ezequiel situa a visão bem no centro do período jubilar, ou melhor, no início da segunda metade, e, por conseguinte, a propõe como direcionada para o fim de uma época

[12] EICHRODT, W. *Ezechiele*: capitoli 25–48. Brescia: Paideia, 2001. p. 660-661; ALLEN, L. C. *Ezekiel 20–48*. Grand Rapids: Zondervan, 1990. p. 229; COOK, S. L. *Ezekiel 38–48*. New Haven/London: Yale University Press, 2018. p. 112.

[13] COOK, 2018, p. 112.

de humilhação para Israel e o início da restauração – uma nova primavera – do povo e da cidade.[14] Ainda 25 anos de expectativa!

O arrebatamento leva o profeta a um monte alto, do qual pode ver uma cidade construída ao sul de sua posição (v. 2). A cidade não é nominada, mas, obviamente, é Jerusalém. Ela será descrita com maiores detalhes a partir de 48,15. Curiosamente, nos capítulos 45 e 48, o Templo encontra-se não no interior da cidade, mas ao lado dela. No v. 3, surge um personagem típico das visões em estilo apocalíptico: um ser celeste (anjo?) resplandecente, em forma humana, com dois instrumentos de medição, cujos comprimentos serão especificados em seguida (v. 5): para medidas longas, um cordel de linho; para medidas curtas, uma cana de medição.

Após sua entrada, o ser celeste, no v. 4, toma a palavra e convoca o vidente à total atenção – "olha com teus olhos, ouve com teus ouvidos e coloca teu coração" – para que possa absorver a visão e comunicá-la "à casa de Israel". O ser resplandecente assume a função de um "engenheiro de obra", a quem compete garantir que as medidas do projeto do santuário sejam compreendidas e respeitadas, pois foram estabelecidas pelo próprio arquiteto divino e, portanto, são absolutamente obrigatórias. Além de medir paredes, ambientes e espaços, o mesmo personagem dará as explicações necessárias.

Uma vez situada a visão no tempo e no espaço, iniciam-se os já citados trechos alternados de descrição-legislação e narração. Os narrativos são os mais breves e, internamente, os mais bem articulados. Os trechos descritivos-legislativos, por sua vez,

14 COOK, 2018, p. 124; ZIMMERLI, W. *Ezekiel 2*. Philadelphia: Fortress, 1983. p. 361; CORTESE, E. Ezechiele. In: GIRLANDA, A. (coord.). *La Bibbia*: Nuovissima Versione dai Testi Originali. II: Antico Testamento: Libri Sapienziali – Profetici. Milano: Paoline, 1991. p. 1.550.

eram já os mais longos antes mesmo de receberem os acréscimos posteriores que agora fazem parte do texto atual.[15]

4. O NOVO TEMPLO (A)

Após os versículos introdutórios à visão, os capítulos 40–42 ocupam-se do novo Templo. A visão assemelha-se ao que se veria por meio do voo de um *drone* pelos espaços externos e internos do complexo de edificações. Aplicando um conceito da moderna arquitetura, esses capítulos funcionam como um "memorial descritivo".

4.1 O "memorial descritivo" do novo Templo

Hoje em dia, para toda construção nova, reforma e até mesmo demolição de um imóvel, é necessário que haja um documento denominado "memorial descritivo". Ele deve conter as seguintes informações: o que é o imóvel, sua localização e sua finalidade; os diversos cômodos e ambientes; as medidas do conjunto e de cada cômodo individualmente; detalhes sobre materiais básicos (estruturas, paredes, aberturas, pórticos e janelas, forros, pinturas), sobre o acabamento (tintas e metais) e sobre a ornamentação (mobiliário e objetos decorativos).[16] Na longa visão que conclui o Livro de Ezequiel, os capítulos 40–42 são o memorial descritivo do novo Templo de Jerusalém. Sem grande – ou até nenhum – significado espiritual para cada detalhe, a apresentação do futuro

---

15 HIEBEL, 2015, p. 175-176, oferece uma visão sintética de três etapas redacionais, com proposta de datação para cada uma delas, conforme o estudo de: KONKEL, M. *Architektonik des Heiligen*: Studien zur zweiten Tempelvision Ezechiels (Ez 40–48). Berlin: Philo, 2001.

16 BERNARDES, L. Aprenda o que é memorial descritivo, como fazer e os seus principais tipos. Disponível em: <https://conteudos.quintoandar.com.br/memorial-descritivo>. Acesso em: 7 dez. 2023.

santuário repete Ex 25–27; obviamente, não quanto ao projeto em si mesmo, mas quanto à sua índole e função. Em ambos os textos, YHWH é, ele mesmo, o arquiteto e o *designer* de interiores; por conseguinte, a construção possui um caráter de santidade desde sua concepção.

4.2 A unidade de medida

Nas descrições dos capítulos 40–42, a principal ênfase recai sobre a atividade do ser celeste: tirar as medidas do complexo arquitetônico. Por isso, a visão inicia-se com a definição da unidade de medida: o côvado (Ez 40,5). O termo hebraico *'ammâ* designa o comprimento do antebraço, "da extremidade do cotovelo à extremidade do dedo médio".[17] A medida exata, porém, variava conforme o tamanho das pessoas, o que levou à adoção de dois tipos: o côvado pequeno (6 palmos fechados ou 24 dedos, isto é, cerca de 45 centímetros) e o côvado grande, chamado de "côvado egípcio" (7 palmos fechados ou 28 dedos, isto é, cerca de 52,5 centímetros).[18] Ezequiel esclarece que se trata do côvado grande (v. 5), que é o tipo mais antigo. Embora sem absoluta precisão, um modo rápido de converter côvados em metros é adotar a equivalência "2 por 1", isto é, dois côvados equivalem a um metro. Assim, a vara ou cana que está na mão do ser sobrenatural, longa, seis côvados, tem cerca de 3 metros.[19]

---

[17] CENTRE INFORMATIQUE ET BIBLE (org.). *Dicionário Enciclopédico da Bíblia*. São Paulo: Loyola/Paulinas/Paulus/Academia Cristã, 2013. p. 240.

[18] Com algumas variações mínimas: CENTRE, 2013, p. 240; ZIMMERLI, 1983, p. 349; ALLEN, 1990, p. 229; CORTESE, 1991, p. 1.550; EICHRODT, 2001, p. 228.

[19] As traduções da Bíblia não seguem um padrão: algumas fazem a conversão do sistema de côvados para o sistema métrico, enquanto outras não o fazem e, portanto, deixam ao leitor tal tarefa. No Brasil, para os capítulos finais de Ezequiel, a grande maioria das edições da Bíblia mantém as medidas em côvados. Das

Uma vez esclarecido o tamanho do côvado, passa-se à descrição do complexo do edifício:

- 40,6-37: Pórticos e átrios.
- 40,38-46: As mesas para a degola das vítimas e as salas dos sacerdotes.
- 40,47–41,4: O pátio interno, o altar e o edifício do Templo.
- 41,5-12: Os edifícios anexos ao Templo.
- 41,13-15a: A área total do Templo.
- 41,15b-26: A decoração interior da casa/edifício central.
- 42,1-14: As salas dos sacerdotes ao redor do edifício ocidental.
- 42,15-20: A área total do complexo do Templo.

A descrição é bastante entediante e a grande maioria dos leitores e leitoras não consegue imaginar o conjunto arquitetônico e seus vários ambientes. Felizmente, hoje, não faltam, nas mídias digitais, sites com diagramas, esquemas, reconstruções em 3D, animações e até vídeos com visitas virtuais ao Templo de Ezequiel.[20] Embora um pouco fantasiosas e, por vezes, acompanhadas de textos com uma interpretação fundamentalista, essas ilustrações ajudam a visualizar detalhes e proporções que, para a grande maioria dos leitores e leitoras, são difíceis de imaginar apenas com a leitura do texto bíblico, principalmente se a tradução optou por manter as medidas em côvados, em vez de fazer a conversão para o sistema métrico.

---

quatorze edições consultadas, convertem para o sistema métrico: *Nova Bíblia Pastoral*, *Bíblia Sagrada Vozes* e BÍBLIA SAGRADA – NOVA ALMEIDA ATUALIZADA. Barueri: SBB, 2018 (doravante, *Nova Almeida Atualizada*).

20 Melhores resultados são obtidos com a busca pela frase em inglês: “ezekiel temple” ou semelhante. Particularmente interessante é a página Ezekiel’s Temple. Disponível em: <http://ezekiel-temple.narod.ru/>. Acesso em: 7 dez. 2023. Nela estão disponíveis para *download* pôsteres em várias dimensões e também modelos em 3D. Infelizmente, trata-se de um site bastante fundamentalista.

4.3 Pórticos e átrios

A descrição começa, em Ez 40,6-37, com os pórticos e os átrios, na seguinte sequência: pórtico oriental externo (vv. 6-16), átrio externo (vv. 17-19), pórtico norte externo (vv. 20-23), pórtico sul externo (vv. 24-27), pórtico sul interno (vv. 28-31), átrio interno e pórtico oriental interno (vv. 32-34), pórtico norte interno (vv. 35-37). Por causa da complexidade dos detalhes, mesmo que a tradução use o sistema métrico, não é estimulante continuar a leitura e facilmente se perde o sentido simbólico e teológico da complexa descrição.

Para os pórticos (externos e internos), o modelo adotado não é o habitual para templos, mas sim o costumeiro para cidades fortificadas, isto é, estruturas compostas por paredões e câmeras intermediárias. Assim, por exemplo, os pórticos de Gezer, Hazor e Meguido.[21] Essa precaução, talvez exagerada, pode ter dupla finalidade. Em termos religiosos, separar o espaço sacro evita que estrangeiros e ímpios entrem no edifício e o contaminem. Mas há também uma finalidade prática: oferecer proteção extra em caso de uma invasão. O Templo é como uma fortaleza, com complexas edificações de acesso para torná-lo inexpugnável. A destruição do Templo, anos antes, era ainda uma ferida aberta!

Quanto aos átrios, são descritos parcialmente e, por ora, são omitidas as dimensões. Serão fornecidas mais adiante: o átrio externo, em 42,15-17; o átrio interno, em 40,47. Não obstante, os vv. 19, 23 e 27 informam que, no átrio externo, a distância

---

[21] Para ilustrações desse tipo de pórticos, ver, por exemplo, MADAIN PROJECT. Solomonic Gates. Disponível em: <https://madainproject.com/solomonic_gates>. Acesso em: 7 dez. 2023. Também em ZIMMERLI, 1983, p. 353; MAY, H. G. (ed.). *Oxford Bible Atlas*. Oxford: Oxford University Press, 1987, p. 16; PEETZ, M. *O Israel bíblico*. São Paulo: Paulinas, 2022. p. 99.

que separa os pórticos internos de seus respectivos externos é de cerca de 50 metros. Cabe ainda destacar que o átrio interno é oito degraus (40,31.34.37) mais alto do que o átrio externo; este, por sua vez, é sete degraus (40,6.22.26) mais elevado do que o lado exterior ao complexo do Templo. Além disso, enquanto o átrio externo é rodeado por um muro (ver v. 5), o átrio interno se separa do externo somente pelo desnível, que pode ser superado pelos degraus junto aos pórticos internos. Desse modo, o povo no átrio externo pode contemplar os sacrifícios realizados no átrio interno.[22]

4.4 Mesas e salas

A medição dos espaços do Templo é interrompida pela descrição, nos vv. 38-46, das mesas, para a degola das vítimas, e das salas dos sacerdotes. Tipicamente sacerdotais, esses versículos são um acréscimo posterior[23] e preocupam-se em diferenciar três tipos de sacrifício – o holocausto, o sacrifício pelo pecado e o sacrifício de expiação (v. 39) – e em estabelecer as medidas e a distribuição das mesas sobre as quais se preparam as vítimas dos sacrifícios (vv. 40-43).

Após isso, os vv. 44-46 detêm-se na descrição das duas salas reservadas às duas classes sacerdotais: uma para os que servem o Templo (v. 45) e outra para os que servem o altar (v. 46). A designação de espaços exclusivos para cada grupo antecipa a afirmação da superioridade dos descendentes de Sadoc em relação a todos os demais levitas. Esse ponto mais adiante será retomado,

---

22 CORTESE, 1991, p. 1551.

23 CORTESE, 1991, p. 1457; ZIMMERLI, 1983, p. 366; ALLEN, 1990, p. 230. Para HIEBEL, 2015, p. 175, seguindo Michael Konkel, os vv. 44-46a pertencem ao estrato original.

na seção 5.4 deste estudo, quando serão tratadas as regras para levitas e sacerdotes, estabelecidas em Ez 44,6-31.

4.5 Pátio, altar e santuário

O acréscimo acerca das salas dos sadoquitas interrompe a descrição do átrio interno. Ela é retomada no v. 47, com a informação de que se trata de um grande quadrado, com pouco mais de 50 metros em cada lado. Nesse espaço, encontram-se o altar e o Templo propriamente dito. O altar é apenas citado, sem nenhuma informação sobre medidas e forma. O edifício central, por sua vez, repete a mesma planta do Templo de Salomão e é pouco maior do que ele (1Rs 6,2-10).

Como um típico santuário do Antigo Oriente Próximo, o edifício central é constituído de três partes: *ulam* (1), *hekal* (2) e *debir* (3).[24] O *ulam* ou vestíbulo (40,48-49) é como uma antessala, de acesso ao *hekal* ou "Santo" (41,1-2), que constitui a nave central do Templo. O ambiente mais profundo do edifício é identificado como "o Santo dos Santos" (v. 4). Essa frase é um superlativo hebraico e pode ser traduzida por "Santíssimo". Trata-se de um espaço no qual somente o sumo sacerdote pode entrar, uma vez por ano (Lv 16,2; Hb 9,6-12). No Templo de Salomão, ali estava depositada a Arca da Aliança de Moisés (1Rs 8,4-6). Mas a descrição de Ezequiel não cita a Arca e talvez isso explique por que o texto evita o termo técnico hebraico *debir*.

Os três espaços têm a mesma largura: 20 côvados (pouco mais de 10 metros), mas o comprimento é variável: *ulam*, 12 côvados; *hekal*, 40 côvados; *debir*, 20 côvados. No total, 72 côvados (pouco mais de 36 metros). A esses, devem-se acrescentar

---

24 ZIMMERLI, 1983, p. 356; CENTRE, 2013, p. 367.620.1338.

as espessuras das pilastras das três portas, que, somadas, chegam a 13 côvados (cerca de 6,5 metros). Quanto às larguras das três portas, há um progressivo estreitamento à medida que se avança para o interior do edifício: 14 côvados, 10 côvados, 7 côvados. Tal redução nas dimensões condiz com a sacralidade de cada espaço: quanto mais sagrado, mais restrito o acesso.

4.6 Anexos

Um complexo de noventa pequenas salas (três andares, com trinta salas cada um) é descrito em 41,5-12. Embora haja uma preocupação em esclarecer as dimensões e as interligações das salas (vv. 7-10), não é explicada a finalidade desses cômodos. O texto é bastante corrompido e as traduções variam em alguns detalhes.

4.7 Área total

Os vv. 13-15a são como que um resumo da medição realizada nos vv. 5-12 e apresentam a somatória das medidas de comprimento do santuário (v. 13), de sua fachada, do edifício atrás dele e dos pátios adjacentes (vv. 14-15). O edifício central ocupa um quadrilátero de 100 x 100 côvados (cerca de 50 x 50 metros). Os cálculos baseiam-se nas dimensões informadas em 40,48–41,5.9.11.

4.8 Decoração interior

A decoração interior do edifício central (41,15b-26) é também considerada um acréscimo tardio.[25] É um texto muito

[25] CORTESE, 1991, p. 1.457; ZIMMERLI, 1983, p. 386.390; EICHRODT, 2001, p. 235; HIEBEL, 2015, p. 180-181. Contrariamente, COOK, 2018, p. 164-165, considera esses versículos autênticos.

corrompido e, por isso, difícil de traduzir. A ornamentação é muito diferente daquela do Templo de Salomão, descrita em 1Rs 6,29-35 e 7,48-50. No Templo de Ezequiel, além da Arca da Aliança, também não há candelabros e outros objetos de ouro. O precioso metal é substituído por painéis esculpidos que revestem totalmente as paredes, exceto nos espaços das janelas (vv. 16-17). Os capítulos 40–48 jamais citam o ouro. Talvez seja um modo de indicar que a verdadeira riqueza do novo Templo é a presença de YHWH.[26]

Ao longo de todas as paredes do *hekal* ("Santo"), imagens esculpidas de palmeiras alternam-se com imagens de querubins com duas faces, uma de homem e outra de leão (vv. 18-20.25). No AT, esses seres míticos estão sempre a serviço de YHWH (Gn 3,24; Sl 18,11; 99,1; Ez 1). No Templo de Salomão, eles eram os guardiões do trono de YHWH e da Arca (1Rs 6,23.28; 8,6). No Templo de Ezequiel, desempenham funções semelhantes, ainda que o espaço reservado à Arca esteja vazio. Note-se que não há nenhuma referência ao tamanho dessas esculturas. São dadas as dimensões unicamente do altar de madeira que está no centro do *hekal*, no v. 22. Essas, no entanto, divergem das que anteriormente haviam sido dadas em 40,42. Embora YHWH não tenha ainda tomado posse do Templo, esse altar é já qualificado como "a mesa que está diante do Senhor" (v. 22).

Por fim, há de se notar que é descrita a decoração do *ulam* (vestíbulo) e do *hekal* ("Santo"), mas não do *debir* ("Santo dos Santos"). Tal omissão condiz com a sacralidade do ambiente, que pode ser acessado unicamente pelo sumo sacerdote.

---

26 COOK, 2018, p. 165.

4.9 Salas novamente

Após a descrição do interior do edifício central, um novo acréscimo tardio – Ez 42,1-14, uma porção de texto bastante incerta e que exige muitas correções – descreve uma nova série de salas. Localizadas em ambos os lados, norte e sul, da construção atrás do santuário, essas salas também estão distribuídas em três andares (v. 3) e diminuem de tamanho a cada andar (vv. 5-6). Semelhantemente à descrição das noventa salas (anteriormente, em 41,5-12), esse novo acréscimo ocupa-se em especificar dimensões e interligações dos vários ambientes. Agora, porém, o leitor é informado de que eles funcionam como sacristias, nas quais os sacerdotes podem consumir os alimentos sagrados (v. 13), bem como trocar de roupa (v. 14).

Há de se notar a típica preocupação do estilo sacerdotal em diferenciar os três tipos de sacrifícios envolvendo alimentos sagrados (oblação, sacrifício pelo pecado e sacrifício de expiação), bem como em explicar que tipo de veste os sacerdotes devem usar em qual ambiente (vestes sagradas no átrio interno, para as funções litúrgicas; vestes comuns no átrio externo, para o contato com o povo).

4.10 Área total

Uma nova somatória da área construída é dada em 42,15-20, dessa vez com o espaço total do complexo do Templo. O v. 15 conecta-se diretamente a 41,26: terminada a medição do interior do Templo, passa-se à medição do exterior. O conjunto é rodeado por um muro com um perímetro perfeitamente quadrado. Em 42,16, a unidade de medida, porém, é objeto de discussão. O texto hebraico (TM) lê algo equivalente a "500 canas", o que daria 3.000 côvados (segundo 40,5, a cana do ser celeste mede

6 côvados) e, portanto, cerca de 1.500 metros em cada lado. As versões antigas, porém, incluindo a versão grega (Septuaginta), leem “500 côvados”, isto é, cerca de 250 metros. Esse é um dos detalhes complicados pela corrupção do texto e que provoca alguma discussão entre comentadores e tradutores. Enquanto os 500 côvados parecem condizer com as medições anteriores, as 500 canas garantem ao Templo dimensões imensas, como que superlativas.[27] Independentemente, porém, da unidade de medida, o texto acentua a harmonia (e a imensidão) da edificação. Assim deve ser compreendido o arremate dessa descrição, no v. 20b, segundo o qual a excelência das medidas não é um detalhe meramente estético: tem a finalidade de separar o sagrado do profano. Em outras palavras, a perfeição do muro reflete a perfeição da religião javista, naquele momento rumo ao monoteísmo estrito. Não se trata, portanto, do projeto da reconstrução unicamente de um santuário com suas dependências.[28]

4.11 O segundo Templo e o primeiro

Ao término dessa exposição acerca de Ez 40–42, convém comparar o projeto do novo Templo de Jerusalém com o de seu predecessor, destruído pelos invasores babilônios. A descrição do santuário construído por Salomão, em 1Rs 6, é muito diferente da descrição aqui apresentada por Ezequiel. E não se trata unicamente

---

27 No Brasil, há edições da Bíblia com ambas as opções. Corrigem, com as versões antigas, para “500 côvados” ou “250 metros”: BÍBLIA SAGRADA: EDIÇÃO PASTORAL. São Paulo: Paulus, 1997; *Nova Bíblia Pastoral*, *Bíblia de Jerusalém*, *Bíblia do Peregrino*, *Bíblia Ave-Maria* e *Nova Almeida Atualizada*. As publicações que mantêm o texto hebraico, isto é, “500 canas/varas”, são: A BÍBLIA. São Paulo: Paulinas, 2023; BÍBLIA DA TEB: notas integrais, tradução ecumênica. São Paulo: Loyola, 2020; *Bíblia CNBB* e as demais versões da tradicional João Ferreira de Almeida.

28 Assim também CORTESE, 1991, p. 1.555.

de medidas, ornamentações e espaços. 1Rs 6 é um relatório do que Salomão fez: todos os verbos de construção – construiu, fez, cobriu, revestiu, instalou, esculpiu etc. – têm o rei como sujeito e causa. Em nenhum momento se afirma que ele seguiu um projeto arquitetônico que lhe fora revelado por YHWH. Por sua vez, Ez 40–42 é, de fato, um memorial descritivo, que apresenta o novo Templo como uma construção que, comparada ao Templo de Salomão, é muito superior em proporções, luxo e santidade. Como visão profética e panfleto de encorajamento, trata-se de um libelo que cumpre a função de incentivar a esperança na reconstrução do país, da cidade e da religião. A realidade, no entanto, demonstrar-se-á muito diferente e bem mais dura: para a reconstrução de Jerusalém e de seu Templo, serão necessárias as firmes intervenções de Esdras (Esd 3–6) e a incisiva pregação de Ageu (Ag 1,14–2,9). E, ainda assim, o segundo Templo não será realizado conforme o projeto descrito em Ez 40–42. Ao contrário, será bem menor e menos luxuoso do que o primeiro (Ag 2,1-9; Esd 3,12-13).[29]

5. A VOLTA DA GLÓRIA DE YHWH (B)

Uma vez "construído" o novo Templo, a glória de YHWH pode retornar a Jerusalém. Essa passagem reverte o que é narrado em Ez 8–11: a aparição de YHWH e sua tomada de posse do novo Templo anulam a "desconsagração" do primeiro, relatada em Ez 11,23: a mesma glória que se havia retirado do santuário, retorna pela mesma direção e entra no novo edifício pelo conjunto de portas equivalente às antigas, pelas quais havia saído. Nesse sentido, 43,1-12 poderia ser a conclusão dos capítulos 40–42 e, portanto, do livro todo. Na verdade, porém, esses versículos

[29] CENTRE, 2013, p. 1.294.

introduzem uma nova visão e as descrições posteriores são como que uma consequência natural.

O relato do regresso de YHWH e de sua glória a Jerusalém (e ao Templo) é composto de pequenas peças de diferentes gêneros literários: um relato de visão (vv. 1-5), uma profecia de salvação (vv. 6-9), instruções sobre o que proclamar (vv. 10-11) e uma dupla conclusão (v. 12).[30] Essa nova aparição de YHWH é comparada explicitamente à aparição que inaugura o Livro de Ezequiel. Embora não seja descrita com tantos detalhes, inclui igualmente elementos sensoriais (ruído e brilho), e a descrição é feita por meio de comparações (43,2b-3a). O vidente tem a reação natural de quem percebe que a glória de YHWH está para se manifestar: prostrar-se (43,3b), para não ver o rosto da divindade (Gn 18,2; 19,1; Ex 3,6; 34,8). O profeta, porém, é arrebatado e levado para o pátio interno, o que lhe permite ouvir a voz e enxergar a glória de YHWH preenchendo completamente o santuário (v. 5).

Note-se o paralelo entre essa visão de Ezequiel e a visão de Is 6, ambos com elementos teofânicos, embora haja acentos diferentes em cada um. No texto de Isaías, o Templo trepida como num terremoto, e o que preenche o Templo não é a glória de YHWH, e sim suas vestes (Is 6,1) e fumaça (Is 6,4); diferentemente, no relato de Ezequiel, o rumor que o profeta escuta é o da chegada de YHWH (Ez 43,2). Isaías vê serafins e tem sua boca cauterizada por um deles (Is 6,2-7); Ezequiel é tocado por um "espírito", é acompanhado por um homem (Ez 43,5-6), presumivelmente o mesmo ser que até agora lhe servia de guia. Com ambos os profetas, YHWH dialoga pessoalmente (Is 6,8-13; Ez 43,7-12). A principal diferença, no entanto, é que a visão de Isaías marca o início de sua missão, enquanto a de Ezequiel

30 HALS, R. M. *Ezekiel*. Grand Rapids: Eerdmans, 1989. p. 304-305.

ocorre no final de sua atividade profética. É por isso que o relato de Isaías acrescenta as palavras da mensagem a ser comunicada (Is 6,9-10), enquanto, no relato de Ezequiel, o próprio Templo é a mensagem.

As palavras que o próprio YHWH dirige a Ezequiel são dois pequenos discursos (vv. 7-9 e 10-12) que retomam a linguagem arquitetônica dos capítulos anteriores. O primeiro minidiscurso é dirigido pessoalmente ao profeta, para esclarecer-lhe o significado salvífico do projeto do novo Templo, totalmente purificado e livre de contaminações futuras (vv. 7-8). Uma admoestação final condiciona a presença eterna de YHWH a que se evitem práticas abomináveis realizadas no primeiro Templo (v. 9). O segundo minidiscurso é uma entrega de missão: o profeta recebe a incumbência de apresentar o projeto do Templo aos israelitas (vv. 10-11), com ênfase na expectativa de YHWH, isto é, de forma que fiquem envergonhados de como agiram anteriormente. Não é claro, porém, se esse sentimento é consequência da descrição do projeto (assim, aparentemente, o v. 10) ou se é uma condição para que o profeta o apresente (assim, aparentemente, o v. 11). De qualquer forma, a salvação prometida por YHWH está codificada no plano arquitetônico de sua nova casa[31] e retoma a necessidade de penitência, na mesma linha de 16,54.61 e 36,32.

O v. 12, a modo de inclusão, começa e termina com a afirmação "(Eis que) esta é a *tōrâ* do templo". Entre as duas ocorrências, a afirmação explícita de que todo o perímetro do Templo, sobre o seu monte, é sagrado. Desse modo, o v. 12 retoma não apenas os vv. 10-11, mas também todo o exposto nos capítulos 40–42.

---

[31] ZIMMERLI, 1983, p. 419.

6. NORMAS RELATIVAS AO SANTUÁRIO (C)

Após o relato da entrada da glória de YHWH em sua nova casa (Ez 43,1-12), retorna-se ao tom descritivo-legislativo, com uma série de rubricas acerca de vários aspectos do novo culto que será realizado no novo Templo.

6.1 O altar dos holocaustos

A descrição do pátio interior, em 40,28-47, termina com uma rápida menção ao altar dos sacrifícios. Ali, não são dadas suas medidas nem qualquer outro detalhe. Um redator tardio sentiu a falta dessas informações e, entre o regresso da glória de YHWH (43,1-12) e as rubricas acerca do uso do pórtico oriental externo (44,1-3), inseriu duas porções de acréscimos.

A primeira (vv. 13-17) descreve a estrutura e as medidas do altar dos sacrifícios: trata-se de uma espécie de pirâmide, com três níveis de plataformas, sendo a inferior um quadrado de 14 x 14 côvados (cerca de 7 metros em cada lado) e restringindo-se até a mais alta, que atinge 10 côvados (cerca de 5 metros) de altura, nos quais não se incluem os chifres dos ângulos superiores.

A segunda porção de acréscimo (vv. 18-27), diferentemente da primeira, inicia-se com o típico vocativo "filho do ser humano" e traz as normas para a consagração do altar. Trata-se de um ritual que dura sete dias, com sacrifícios de animais pelo pecado: um boi (primeiro dia); um boi e um carneiro (segundo dia); um boi, um carneiro e um bode (do terceiro dia até o sétimo). O sangue desses animais servirá para a purificação do altar, e as carnes devem ser queimadas fora do santuário, no lugar adequado para esse fim. A partir do oitavo dia, o altar estará pronto para holocaustos e sacrifícios de comunhão.

No conjunto, essas duas porções normativas são muito semelhantes ao que é estipulado em Ex 29,36-37; Lv 8; 16, o que nos leva a ver Ezequiel como um novo Moisés: "ele descreve o novo santuário, fala de um novo êxodo e de uma nova aliança e, posteriormente, no final dos capítulos 40–48 falará de novas fronteiras e nova distribuição da terra".[32]

6.2 O pórtico oriental externo

Duas brevíssimas peças narrativas, de origem independente uma da outra, servem de transição para as descrições das funções específicas de levitas e sacerdotes (Ez 44,6-31). A primeira narrativa breve (44,1-3) tem um estilo que recorda uma etiologia cultual, isto é, um relato no qual se explica a origem de um local de culto ou de um costume, festa ou ritual nele celebrado.[33] O v. 1 começa com um deslocamento – "conduziu-me novamente" – que coloca Ezequiel do lado externo do pórtico pelo qual YHWH em pessoa havia entrado no novo Templo (em 43,1-12) e que, exatamente por isso, deverá permanecer fechado. A autorização para passar por ele não é dada nem mesmo ao príncipe; este, no máximo, poderá tomar uma refeição (talvez ritual) na soleira da porta (v. 3), como se estivesse em uma "sala cultual".[34] Essa proibição de uso do pórtico oriental externo indica que YHWH jamais tornará a passar por ele, seja para sair, seja para voltar a entrar. Em outras palavras, YHWH nunca mais abandonará o Templo, e Ez 11,22-23 jamais se repetirá.

---

32 HALS, 1989, p. 311.

33 ALETTI, J.-N.; GILBERT, M.; SKA, J.-L.; DE VULPILLIÈRES, S. *Vocabulário ponderado da exegese bíblica*. São Paulo: Loyola, 2011. p. 54.

34 ZIMMERLI, 1983, p. 441.

6.3 O pórtico norte interno

A segunda narrativa breve, também de transição, encontra-se nos vv. 4-5 e inicia igualmente com um deslocamento: “levou-me”. Dessa vez, Ezequiel atravessa o pórtico setentrional e percorre o pátio interno até diante da porta do santuário. Um acúmulo de imperativos enfáticos é dirigido ao profeta. Literalmente, o texto hebraico do v. 5 diz: “põe em teu coração [mente], vê com teus olhos e com teus ouvidos escuta... e coloca em teu coração [mente]”. Desse modo, exige-se total atenção (do profeta-vidente, em primeiro lugar; mas também de quem lê) ao que virá a seguir.

6.4 Regras para levitas e sacerdotes

Os autores de Ez 44,6-31 claramente pertencem à casta sacerdotal sadoquita. Nessa porção textual, expressam seu desprezo por estrangeiros e incircuncisos (vv. 6-9), relegam os levitas a serviços secundários no Templo (vv. 10-14) e confirmam os filhos de Sadoc como os únicos sacerdotes autorizados aos serviços centrais no santuário (vv. 15-16). Repete-se, portanto, e evidencia-se a distinção já assumida em 40,44-46, na descrição dos anexos dos pórticos (ver, anteriormente, seção 3.4, neste estudo).

A diferenciação entre levitas em geral e sacerdotes sadoquitas é acentuada nos textos de tradição sacerdotal. Aqui, aos levitas são concedidas as tarefas inferiores: guardar as portas do Templo, preparar os animais a serem sacrificados e auxiliar o povo nos vários momentos do culto (v. 11). Esse rebaixamento é justificado como punição por práticas idolátricas (vv. 10.12). No entanto, a diminuição da importância dos levitas tem causas históricas muito mais complexas e já havia começado bem antes do exílio. Um dos fatores determinantes foi a centralização do culto durante a “reforma” de Josias (2Rs 23): um dos efeitos da proscrição dos santuários locais e do culto neles realizado foi a supervalorização dos sacerdotes do Templo de Jerusalém, que se tornam os únicos ministrantes autorizados.

Quanto à escolha específica de Sadoc e seus filhos, as motivações têm uma história bem mais longa, segundo o relato deuteronomista. Sadoc e Abiatar partilham a proeminência do sacerdócio, na primeira lista dos ministros de Davi (2Sm 8,17). A ligação de Davi com Abiatar é mais antiga (1Sm 22,20–23,9; 30,7) do que com Sadoc. Abiatar, sacerdote do santuário de Silo, representava o sacerdócio levítico das tribos e clãs do Norte. Sadoc, sacerdote do santuário jebuseu de Jerusalém, representava o sacerdócio das tribos e clãs do Sul. Embora ambos tenham permanecido fiéis a Davi no tempo da revolta de Absalão (2Sm 15,24-37), tomaram partidos diferentes no momento da sucessão. Sadoc apoiou Salomão. Abiatar, porém, apoiou Adonias e sagrou-o rei sem a autorização de Davi (1Rs 1,7.19.25). Tal ato foi considerado rebelião contra Davi, e Abiatar foi exilado para Anatot (1Rs 2,26-27). Independentemente de os fatos terem ocorrido exatamente assim, essa intriga palaciana e suas consequências explicam a preferência pelos sadoquitas e a desvalorização dos levitas: Ezequiel foi sacerdote em Jerusalém e, portanto, pertence à casta sadoquita.

No texto aqui estudado, uma vez definidas as tarefas de levitas e sadoquitas (vv. 9-16), passa-se às normas referentes a vários aspectos do comportamento dos sacerdotes sadoquitas: vestes (vv. 17-19), cabelos (v. 20), vinho (v. 21), matrimônio (v. 22), obrigações, privilégios e proibições ministeriais (vv. 23-31). Em tudo devem espelhar a santidade de YHWH, com o qual mantêm um contato próximo, em razão de suas atribuições litúrgicas.

6.5 O tributo santo

Diferentemente do que é determinado em Js 21, no qual é ordenado que, no território de cada tribo, haja cidades reservadas para os levitas, Ez 45,1-6 determina o estabelecimento de um quadrilátero sagrado (uma espécie de "distrito federal"), o qual, além do Templo, inclui também duas faixas de terra destinadas ao pessoal do Templo: uma, para os sacerdotes sadoquitas; outra, para os levitas. Trata-se de uma divisão utópica do terreno ao redor do santuário entre os líderes comunitários (sacerdotes, levitas e príncipe). A mesma distribuição ocorrerá mais adiante, em 48,8-22. Há certo consenso de que 48,8-22 seja de um estrato redacional anterior[35] a 45,1-6. Esses versículos, porém, não são apenas resumo e antecipação do último capítulo do livro, uma vez que ambas as perícopes têm ênfases diferentes.[36] Acerca da divisão do território propriamente dita, será discutido mais adiante, na seção 7.3 deste estudo. Aqui, ocupar-se-á do conceito de "tributo" ou "dádiva" a YHWH.

O termo hebraico *tərûmâ* normalmente designa uma espécie de taxa ou contribuição religiosa, reservada e consagrada a YHWH ou oferecida ao Templo, tanto em metais preciosos como em frutos da terra e animais (Ex 25,2-3; 29,27-28; Lv 7,14.32-34).[37] Porém, em Ez 45,1.6-7 e 48,8-12.18.20, *tərûmâ* é usado para designar o quadrilátero de terras no qual estão o Templo e as faixas de terreno a serem entregues a levitas e sacerdotes, e tais

---

35 CORTESE, 1991, p. 1.560; ZIMMERLI, 1983, p. 467; HIEBEL, 2015, p. 176.

36 ZIMMERLI, 1983, p. 467.

37 COOK, 2018, p. 225; KOEHLER, L.; BAUMGARTNER, W. *Hebrew and Aramaic Lexicon of the Old Testament*. Leiden (Holanda): E. J. Brill, 2001. v. 2, p. 1789; CLINES, D. J. A. (ed.). *The Dictionary of Classical Hebrew*. Sheffield: Sheffield Academic Press, 2016. v. 9, p. 675.

propriedades são qualificadas como *tərôumat haqqôdeš*, isto é, "tributo santo".[38] Embora aos levitas não seja autorizado desempenhar as principais funções do culto e, portanto, sejam excluídos da elite sacerdotal, a eles é assegurado um território, tal como aos sadoquitas. Essa determinação parece contradizer o que fora afirmado anteriormente, em 44,28: os sacerdotes não receberão herança nem propriedades. Mas 45,4 não qualifica a faixa de terra a eles reservada como herança, porção ou posse. Trata-se apenas de espaço para casas, plantações e gado.[39] Uma vez delimitado o distrito sagrado e feitas as divisões dentro de seu perímetro, seguindo a dinâmica da descrição em círculos concêntricos a partir do Templo, dever-se-ia encontrar a divisão e distribuição do restante do país. No entanto, isso ocorrerá somente em 47,13–48,1-7.23-28. O que se pode chamar de a "matrícula do imóvel" é interrompido por uma longa inserção descritivo-legislativa, com os deveres do príncipe (45,9–46,24), e por uma relativamente breve narrativa, acerca do rio que brota do Templo (47,1-12).

6.6 Os deveres do príncipe

Em Ez 45,9, a fórmula de mensageiro "assim diz o Senhor YHWH" introduz uma série de determinações referentes à atuação do príncipe como provedor do Templo e mediador em vários ritos. O conjunto 45,10–46,18 é formado pelas seguintes porções textuais: uma exortação inicial (45,10-12); uma nova legislação fiscal (45,13-15); as funções cultuais do príncipe nas oferendas da *tərûmâ* (45,16-17), nas festas maiores (45,18-25), nas festas

38 COOK, 2018, p. 225; KOEHLER; BAUMGARTNER, 2001, p. 1789; CLINES, 2016, p. 676.

39 HALS, 1989, p. 323.

menores (46,1-11) e nos vários sacrifícios (46,12-15); a situação patrimonial do príncipe (46,16-18).

O vocativo "ó príncipes de Israel" (45,9) retoma o plural do precedente v. 8, no qual é feita uma avaliação dos pecados dos monarcas anteriores. Desse modo, o v. 9 reprova – "basta" – a ação dos governantes precedentes e, como uma dobradiça, introduz o que se espera do líder político do país restaurado.

A primeira diretriz é fixada nos vv. 10-12: uma nova regra fiscal, com determinações explícitas sobre pesos, medidas e valores. Na linha dos antigos profetas (Am 8,5; Os 12,8; Mq 6,10-11) e em consonância com os códigos legislativos sacerdotais (Dt 25,13-16; Lv 19,35-36), são condenadas atitudes que trazem o enriquecimento ilícito, tanto das pessoas comuns como dos governantes. Esses versículos são uma exortação que prepara as disposições a seguir.

Os vv. 13-17 tornam a falar de *tərûmâ*, isto é, o tributo devido a YHWH. Aqui, porém, diferente dos precedentes vv. 1.6-7 (e do posterior 48,8-12.18.20), não se trata da porção de terra reservada para YHWH, para os sacerdotes e para os levitas. Nesses versículos, a palavra *tərûmâ* designa a oferenda em espécie: uma alíquota de trigo, cevada, óleo e cordeiro (vv. 13-15a) para três tipos de sacrifício (oblação, holocausto e de comunhão), a fim de selar a expiação dos pecados do povo (v. 15b). Os vv. 13-15 são paralelos a Ex 30,11-16 e visam a assegurar a regularidade dos sacrifícios e a consequente manutenção do pessoal do Templo. Mas o preceito consignado no Livro do Êxodo não estabelecia o responsável por recolher e apresentar a oferenda no santuário. Diferentemente, em Ez 45,16-17, esse encargo é atribuído ao príncipe (novamente no singular), que, como um típico monarca do Antigo Oriente Próximo, cumpre algumas ações sacerdotais e, como representante do povo, assume a função de provedor do Templo.

As rubricas referentes às festas maiores (45,18-25) e menores (46,1-11) e aos vários sacrifícios (46,12-15) descrevem a coreografia dos vários ritos, bem como a frequência e a quantidade de cada tipo de oferenda. Essas determinações, além de manterem o fluxo, a quantidade e a qualidade dos vários sacrifícios, têm igualmente a finalidade de evitar o enriquecimento ilícito do governante, cuja situação patrimonial é tratada imediatamente a seguir.

Os vv. 16-17 têm um mesmo esquema: uma situação hipotética, uma determinação sobre ela e um esclarecimento acerca da herança dos descendentes do príncipe. O v. 18, em contrapartida, proíbe que o príncipe usurpe de sua autoridade para apossar-se de propriedades de pessoas do povo e, assim, aumentar seu patrimônio e a herança de seus filhos.

O príncipe aqui apresentado estabelece medidas e pesos justos (45,11-12), desempenha humildemente as funções litúrgicas, em total comunhão com os sacerdotes (46,1-15), e não usa da própria autoridade para aumentar seu patrimônio (46,16-18), além disso, respeita absolutamente os espaços sagrados (44,3).

6.7 Cozinhas sacrificais

Um apêndice também tardio[40] é acrescentado em Ez 46,19-24. Ele retoma o tom descritivo e estaria mais adequado logo após 40,17 (as trinta câmeras no pavimento superior) ou, talvez melhor, imediatamente após 42,14 (as câmeras para sacerdotes e levitas). Sua colocação aqui parece querer explicar onde os alimentos oferecidos na *tərûmâ* serão cozidos e assados. São apresentados dois tipos de cozinhas sacrificais: aquelas destinadas aos sacerdotes, para que cozinhem sua parte das oferendas (vv. 19-20), e

---

[40] HIEBEL, 2015, p. 176; ZIMMERLI, 1983, p. 500; EICHRODT, 2001, p. 704-705.

aquelas a serem usadas pelos demais funcionários do Templo, para que cozinhem a parte do povo (vv. 21-24). Além de diferenciar duas classes de servidores do Templo, o autor tem interesse em manter a separação entre sagrado e profano, escrupulosamente estabelecida em 42,13-14.

7. A FONTE DO TEMPLO (B')

O segundo grande trecho preponderantemente narrativo dos capítulos analisados neste estudo é o relato acerca da fonte que jorra do Templo e se transforma em um rio paradisíaco: Ez 47,1-12. Esses versículos seguem o esquema de um típico relato de visão: um mensageiro divino conduz o vidente e lhe mostra algo surreal (vv. 1-7); depois, explica o significado da visão (vv. 8-12). Aqui, a imaginação profética é fortemente condicionada pelo ambiente onde o profeta se encontra: Ezequiel opera uma "javeização" de elementos da cultura babilônica, a fim de incentivar a esperança e a resistência dos exilados.

7.1 O relato de visão

Nos vv. 1-7, o vidente está em contínua movimentação: começa no pátio interno, entre o altar e o pórtico oriental do edifício central (v. 1), atravessa o pórtico norte externo e percorre, por fora, o lado norte e parcialmente o leste até chegar à frente do pórtico oriental externo (v. 2a). Uma vez que, após a entrada da glória de YHWH no novo Templo (43,2-4), os pórticos voltados para o oriente estão definitivamente cerrados (44,1-2), Ezequiel deve fazer o caminho externo. Para acompanhar esse deslocamento, é necessário conhecer os detalhes do projeto do novo Templo, descritos previamente nos capítulos 40–42. O foco da visão, dessa vez, não é o complexo arquitetônico, e sim as águas que passam por baixo da porta oriental do edifício central (v. 1) e que se transformam em um rio caudaloso (vv. 2b-5).

O profeta-vidente se encontra fora do edifício e não vê o local exato do olho d'água: o *ulam* (vestíbulo), o *hekal* ("Santo") ou o *debir* ("Santo dos Santos")? Uma vez que as águas têm o poder divino de tornar fértil o deserto (vv. 7-8a) e curar até mesmo as águas do mar Morto (vv. 8b-9), é plausível a interpretação de que elas brotam da parte mais profunda do Templo, o *debir* ("Santo dos Santos"). O texto não o afirma explicitamente, mas, sem dúvida, "a água emerge do local da presença de YHWH".[41]

O guia celeste porta não mais o bastão de seis côvados, e sim o cordão de linho (v. 3), mais adequado para grandes distâncias. Esse instrumento de medição havia sido identificado em 40,3, mas só agora é informado seu tamanho: 1.000 côvados (500 metros). A ausência do bastão oferece ao guia a justificativa para envolver o vidente na medição da profundidade da torrente a cada 1.000 côvados. Ezequiel deve atravessar de uma margem a outra e constatar com seu próprio corpo que, a cada medição, o rio fica mais profundo. A princípio, as águas estão na altura dos tornozelos do profeta-vidente (v. 3); depois, dos joelhos (v. 4a); depois, da cintura (v. 4b); por fim, um rio impossível de atravessar, se não a nado (v. 5). Sendo o quatro um número ligado à perfeição, o processo é finalizado na quarta medição. Os cálculos subsequentes ficam por conta da imaginação do leitor, que ainda não foi informado do destino final das águas, o mar Morto, que será identificado somente no v. 8.

41 ZIMMERLI, 1983, p. 511.

Uma questão retórica, no v. 6a, interrompe o relato: "estás vendo, filho do ser humano?". Nesse ponto, seria natural que se iniciasse a explicação do significado da visão. Mas o profeta encontra-se no meio do rio e necessita voltar para a margem (v. 6b), antes de receber a explicação do que está vendo e experimentando. O momento inoportuno da questão retórica – o vidente está tentando atravessar o rio e o guia ainda quer que ele enxergue algo? – fez surgir a opinião de que os vv. 6a-7 seriam um acréscimo posterior, com o objetivo de preparar o v. 12.[42] Tal suposição pode estar correta, embora não seja a primeira vez no livro que uma visão é interrompida pela mesma pergunta. Na segunda visão da glória de YHWH, no capítulo 8, isso ocorre quatro vezes (vv. 6.12.15.17): o profeta é questionado se está vendo os pecados que profanam o Templo. Agora, no capítulo 47, o Templo está renovado e purificado e YHWH está presente.[43] A questão retórica enfatiza a contraposição entre o antigo santuário e o novo.[44] Além disso, é possível interpretar "estás vendo?" como "estás compreendendo?" e admitir que a pergunta esteja estrategicamente colocada para destacar o efeito das águas: a abundância de vegetação nas duas margens do rio (v. 7). Com efeito, é esse o único aspecto da visão a ser esclarecido nos vv. 8-12.

A explicação do significado daquilo que o profeta vê e experimenta (vv. 8-12) comporta três elementos: o destino final da torrente (v. 8a-bα), as consequências de sua chegada (vv. 8bβ-11) e as árvores às margens da torrente (v. 12). Apenas o terceiro elemento é apresentado nos vv. 1-7; os dois primeiros não foram contemplados

---

42 ZIMMERLI, 1983, p. 506.512. Por sua vez, HIEBEL, 2015, p. 207, parece não seguir essa opinião.

43 TUELL, S. *Ezekiel*. Grand Rapids: Baker, 2009. p. 330.

44 COOK, 2018, p. 264.

pelo profeta, que ainda se encontra a cerca de dois quilômetros do Templo. O guia descreve algo que o profeta efetivamente ainda não vê (confrontar com a questão retórica do v. 6a).

A direção da torrente (v. 8) é triplamente identificada: a região oriental, a Arabá, o mar. O termo "região oriental" aqui é bastante genérico e designa o território a leste de Jerusalém, entre a cidade e o vale do Jordão.[45] Por sua vez, a palavra *'ărābâ* é usada para falar dos territórios de ambos os lados do vale do Jordão, em sua porção meridional[46] (Dt 1,7; 2,8; Js 8,14; 12,8; 1Sm 23,24 etc.). Com efeito, o mar Morto é por vezes chamado de "mar da Arabá" (Dt 3,17; 4,49; Js 3,16; 12,3; 2Rs 14,25). É por isso que a terceira identificação é simplesmente "o mar", sem necessidade de ulteriores esclarecimentos. Note-se, portanto, uma progressão do mais genérico para o mais específico. Embora o texto diga apenas "o mar", o leitor sabe de qual mar se trata, não apenas pela direção tomada pela torrente, mas também pela afirmação "suas águas serão curadas" (v. 8bβ) e pela comparação com o "Grande Mar", isto é, o Mediterrâneo (v. 10).

A rigor, quem desce de Jerusalém para o mar Morto não segue diretamente para o leste. Diferentemente, deve iniciar a jornada rumando para o sul e tomar a direção leste somente após ultrapassar o Vale do Cedron. Ou, opcionalmente, iniciar rumo ao nordeste, passando por Jericó e chegando mais próximo à foz do Jordão. Isso revela que o autor está menos preocupado com a exatidão dos detalhes do que com os maravilhosos efeitos trazidos pelas águas: têm o poder de sanar uma região considerada amaldiçoada. Graças a tal poder divino, o mar deixará de ser "morto" para ser "vivo", com abundância de peixes e de toda

---

45 ZIMMERLI, 1983, p. 512.

46 COOK, 2018, p. 265; CORTESE, 1991, p. 1.564.

forma de vida (v. 9). Em sua redação atual, o v. 9 começa com uma frase (acréscimo de um copista posterior?) cujo vocabulário é tomado por empréstimo do relato sacerdotal da criação, em Gn 1,20-21: "toda alma vivente que pulula".

O v. 10 descreve a consequência da abundância de peixes: uma grande população de pescadores habitará em colônias às margens do mar revitalizado, "desde En-Gédi até En-Eglaim". A nominação pontual dessas duas localidades exige consideração. Ainda hoje existe um local chamado En-Gédi (em hebraico, *'ēn gédî*), no qual se encontra uma cascata perene e ao redor do qual há indícios de ocupação regular por algum período.[47] A segunda localidade citada, porém, En-Eglaim (em hebraico, *'ēn 'eglaim*), continua objeto de discussões, uma vez que não se encontrou, próximo ao mar Morto, nenhuma localidade assim designada. Além disso, o próprio nome *'ēn 'eglaim* (literalmente, "fonte dos [dois] bezerros") parece ser um jogo de palavras com *'ēn gédî* (literalmente, "fonte do [filhote de] cabrito").[48] O texto não esclarece de qual lado fica essa segunda localidade, se no oeste ou no leste. Caso se encontre no oeste, o texto se refere unicamente aos pescadores que habitam o mesmo lado de En-Gédi. Alguns estudiosos identificaram En-Eglaim com o sítio arqueológico de *'Ain Feshkha*, na parte norte do mar, cerca de 3,5 quilômetros ao sul das ruínas de Qumran.[49] Como En-Gédi encontra-se bem no centro da margem ocidental do mar Morto, se tal identificação estiver correta, os pescadores de que fala o texto ocupam apenas um quarto das margens do lago. Por isso, para que a visão se refira à revitalização

---

47 CENTRE, 2013, p. 438.

48 ZIMMERLI, 1983, p. 513; CENTRE, 2013, p. 437.

49 CENTRE, 2013, p. 437; ZIMMERLI, 1983, p. 513. Para um atlas, ver MAY, 1987, p. 95.

completa do lago salgado, é mais adequado admitir um merisma[50] e situar En-Eglaim no lado oriental, diametralmente oposto a En-Gédi.[51]

Propositadamente, o texto evita a expressão “mar Morto”, pois agora é um mar vivo. Essa transformação, porém, não é consequência natural da supremacia das águas doces sobre a alta salinidade daquele lago, e sim efeito milagroso do poder curador das águas brotadas no interior do Templo de YHWH. Por outro lado, a exceção estabelecida no v. 11, pântanos e brejos, parece ter como pano de fundo a extração de sal, tanto para o uso sacrifical citado em Ez 43,24 como para o uso doméstico. Em outras palavras, a total sanação do mar Morto não prejudicará as atividades que dependem diretamente de suas condições extremas. A afirmação acerca da abundância de árvores ao longo das margens da torrente (v. 7) é retomada e alargada no v. 12a: aquelas árvores são agora qualificadas como frutíferas e perenemente verdejantes e produtivas, com frutos novos a cada mês. O arremate dessa explicação (v. 11aβ-b) recorda a causa dessa eterna primavera (as águas que brotam do santuário) e acrescenta as qualidades singulares das árvores (os frutos serão alimento e as folhas servirão de remédio). Em outras palavras, as águas brotadas no interior do Templo têm poder de curar o mar, a terra e os seres humanos.

7.2 Apropriação e resistência

Não é difícil compreender o impacto dessa descrição na mente de quem conhecia a Judeia: os limites impostos pela realidade

---

50 Merisma: figura de linguagem na qual se enumeram as partes de um todo para exprimir totalidade (ALETTI et alii, 2011, p. 114).

51 COOK, 2018, p. 267; TUELL, 2009, p. 331; também ZIMMERLI, 1983, p. 513-514, com uma brevíssima síntese das propostas de identificar En-Eglaim.

física[52] são totalmente subvertidos e transcendidos por algo que começa insignificante. Graças ao poder curador das águas que manam do Templo, a região montanhosa e árida ao redor de Jerusalém se converte em um jardim eternamente verde, um jardim de Deus, com águas abundantes, assim como a Babilônia!

Embora Ezequiel, como todos os demais deportados, não sinta nenhum amor e admiração pelo império invasor, ele compreendeu muito bem a importância da abundância hídrica para o esplendor da capital Babilônica e de seus distritos adjacentes. Ao sonhar com o retorno à miserável Judá, é natural que imagine Jerusalém reconstruída como uma cidade banhada por um rio profundo e perene que, exatamente como na religião babilônica, é dom concedido pela divindade do país. Em outras palavras, o mesmo pano de fundo babilônico por detrás de Gn 2,10-14 subjaz também a Ez 47,1-12.

O vocabulário utilizado nesses versículos tem igualmente um substrato mítico. Por exemplo, o termo hebraico *miftān*, no v. 1, normalmente traduzido com um vocábulo do campo semântico

---

52 Se o terreno fosse plano, com inclinação regular, seria possível aplicar alguns cálculos matemáticos. Começar-se-á com o método utilizado para medir a profundidade de cada trecho da torrente. Uma vez que a unidade de medida é baseada no corpo do vidente, não são informados números exatos. As distâncias entre a sola do pé e os tornozelos, destes até os joelhos e destes até a cintura, variam conforme a estatura de cada pessoa. Assim, na terceira medição, a altura das águas pode atingir cerca de um metro, caso o vidente seja de estatura mediana. Com algum arredondamento, o ângulo de inclinação dessa torrente é de 0,038 graus, e a cada metro as águas ficam 0,00066 milímetros (66 centésimos de milímetros) mais profundas. Além disso, embora nada seja dito acerca da largura da torrente, é de se supor que ela também aumente à medida que as águas se tornam mais profundas. Por outro lado, o destino final das águas brotadas no Templo revela que a torrente não segue por um leito com inclinação regular. Em relação ao nível do mar Mediterrâneo, a altitude média da cidade de Jerusalém é de 800 metros, enquanto a profundidade do mar Morto é de cerca de 400 metros. De um ponto ao outro, o percurso pelas encostas dos vales não atinge 38 quilômetros.

"porta": soleira, umbral ou limiar. Alguns estudiosos sugeriram que *miftān* pode significar a plataforma sobre a qual está a estátua de uma divindade ou o trono de um rei.[53] Nessa acepção, o *miftān* de Ez 47,1 é a plataforma ou o terraço sobre o qual está o edifício central (40,49; 41,8), o local em que YWHW repousa seus pés (43,7). E a afirmação de que as águas brotavam "de debaixo do *miftān*" nos remete à ideia de que a plataforma por baixo do santuário é como que uma tampa de pedra que sela o oceano do caos primitivo, sobre o qual YHWH reina e está entronizado (Sl 29,10).[54] Nisso, YHWH é superior a Marduk: o Deus de Israel não apenas domina o caos, mas também transforma as águas do abismo em águas portadoras de vida.

Mas não foram apenas a cultura e a religião da Babilônia que influenciaram essa visão de Ezequiel. Antes dele, Isaías profetizou acerca do povo que preferiu as violentas águas do rio Eufrates às mansas águas da fonte de Siloé, para falar que o povo preferiu fazer aliança com a traidora Assíria, em vez confiar na proteção de YHWH (Is 8,6-8). Também o Sl 46 exaltava Jerusalém como a cidade cuja alegria está ligada a canais de água provenientes da morada de YHWH (v. 5).

Por sua vez, a visão de Ezequiel será posteriormente retomada e aplicada a novas circunstâncias por Joel (Jl 4,18-21: o futuro paradisíaco de Judá e Jerusalém), pelo Segundo Zacarias (Zc 14,8: a água viva que escorre de Jerusalém) e pelo autor do Apocalipse de João (quase literalmente em Ap 22,1-3: a água da vida que brota do trono de Deus e do Cordeiro). Em tempos de ameaça pelos grandes impérios de toda e qualquer época, a promessa da atuação do poder divino encoraja à esperança e à resistência. Também o Quarto Evangelho utiliza a visão de

53 COOK, 2018, p. 262.

54 COOK, 2018, p. 270.

Ezequiel para ilustrar o poder da salvação trazida por Jesus: em 7,38, os "rios de água viva" que brotam do seio de quem crê; em 19,35, a água e o sangue que jorram do lado de Jesus aberto pela lança.

8. LIMITES E DIVISÃO DA TERRA PROMETIDA (A')

Em 47,13, retomam-se as determinações acerca da divisão e da distribuição do país, anteriormente interrompidas em 45,8. Até o final do livro, tem-se um texto predominantemente descritivo (como que a matrícula do imóvel) com alguns trechos exortativos. O conjunto é formado por quatro partes claramente distinguíveis: a delimitação de todo o país (47,13-20), a designação do território de cada tribo (48,1-7.23-28), a descrição da área sagrada (48,8-22) e a descrição da cidade (48,30-35).

8.1 Os limites do país

O próprio profeta Ezequiel havia indicado as fronteiras sul e norte do território de Israel (e Judá) em 6,14: "do deserto até Ribla". Aquela primeira referência ocorria em um oráculo que anunciava a devastação do país. Para a terra restaurada pela torrente brotada do Templo (47,1-12), Ez 47,13-23 adota uma delimitação que segue a mesma tradição sacerdotal subjacente a Nm 34,1-12. Esses dois textos são acompanhados de trechos exortativos para incentivar a posse compartilhada da terra. No caso de Nm 34,1-12, a exortação encontra-se precedentemente, em 33,50-56. Em Ez 47,13-23, são exortativos os vv. 13-14 e 21-23. Outro ponto comum é que nenhum deles fala de populações canaanitas inimigas a serem derrotadas. Quanto às fronteiras do país, embora a identificação dos termos geográficos utilizados em Ez 47,15-17 seja muito discutida, tanto Ezequiel quanto Números deixam de lado os territórios da Transjordânia e alargam bastante as fronteiras para o norte e para o sul,[55] ainda que não sejam exatamente iguais e pareçam incluir regiões que jamais estiveram sob o domínio de Israel e de Judá.

No texto de Ezequiel, os dois versículos iniciais acentuam a dupla porção de José (v. 13) e a equidade dos lotes (v. 14). A dupla porção de José corresponde aos lotes outorgados a seus dois filhos, Efraim e Manassés. Uma vez que a tribo de Levi não receberá uma parcela própria de terra, essa concessão revela-se um artifício para garantir a manutenção do número 12, ao menos no que se refere ao número de territórios. Esses, por sua vez, têm dimensões iguais, graças a uma divisão não proporcional à importância e à população de cada tribo. A mensagem subjacente é que todas as tribos são iguais em valor e em direitos.

Quanto aos estrangeiros, os vv. 22-23 falam deles não como inimigos, e sim como pessoas com cidadania: os residentes entre as tribos receberão também suas porções na repartição dos terrenos, algo semelhante a Is 56,3-8. Também em Lv 19,34, a mesma tradição sacerdotal estipula o direito dos estrangeiros, mas ali acrescenta uma motivação ausente no texto de Ezequiel: "porque também fostes estrangeiros no Egito".

Em resumo, Ez 47,13-23 apresenta a divisão ideal de uma terra ideal para um povo ideal: não há inimigos e todas as tribos (e seus membros) são iguais. A realidade, porém, em seus vários períodos e aspectos (a volta do exílio, a integração dos repatriados com os que permaneceram na terra, a extensão da província persa de Judá, a independência do país e sua reorganização social), demonstrar-se-á muito diferente.

---

55 CORTESE, 1991, p. 1564; EICHRODT, 2001, p. 284; ALLEN, 1990, p. 280-281; TUELL, 2009, p. 335-337. Para discussões acerca da identificação de lugares utilizados como referência para as fronteiras, ver ZIMMERLI, 1983, p. 528-530; COOK, 2018, p. 275-278.

Os vv. 15-20 estabelecem os pontos de referência para os limites do país como um todo. O espaço específico de cada território, com alguns detalhes das respectivas fronteiras, será assinalado no capítulo 48, a seguir.

8.2 O território de cada tribo

Na visão de Ezequiel, a distribuição dos territórios é descrita em Ez 48,1-7.23-29. Baseada em antigas tradições sacerdotais (Nm 2; 3,21-28; 35,4-5),[56] essa divisão é muito diferente e simplificada quando comparada aos relatos da obra deuteronomista (Dt – 2Rs). Ela segue um critério meramente geométrico: 12 faixas com 25.000 côvados (cerca de 12,5 quilômetros) de norte a sul, o que garante a ocupação plena do território delimitado em 47,15-20. O mar Mediterrâneo, o Jordão e seus lagos (mares) constituem os limites naturais a oeste e a leste. Há de se notar que, embora a largura das 12 faixas de terra seja igual, o comprimento varia conforme a distância entre o Mediterrâneo e a fronteira natural a leste (como o Jordão e seus lagos), o que garante territórios mais extensos às tribos meridionais.

A designação de cada faixa começa no extremo norte e segue descendo até o extremo sul. Esse avanço progressivo é interrompido quando a descrição chega à região central do país, onde se encontra uma décima terceira faixa territorial, reservada a YHWH (48,8-22), na qual estão o Templo e a cidade de Jerusalém.

Ao norte do território de YHWH (vv. 1-7), sete tribos: Dã, Aser, Neftali, Manassés (José 1), Efraim (José 2), Rúben e Judá. Ao sul (vv. 23-27), cinco tribos: Benjamin, Simeão, Issacar, Zabulon e Gad. O v. 28 alude ao território ao sul de Gad e o v. 29 é um sumário conclusivo.

---

[56] TUELL, 2009, p. 338.

A sequência das tribos e de seus territórios não segue um critério genealógico (isto é, por ordem de nascimento), nem um critério histórico-geográfico (como o que subjaz aos livros de Josué e Juízes). Ao contrário, parece seguir um critério de dignidade e, por isso, Judá e Benjamin são as mais próximas do território de YHWH. Embora o país seja dividido equitativamente em faixas de terra, a atribuição de cada uma delas indica que algumas tribos têm algum privilégio em relação a outras.

8.3 A área sagrada

Como já mencionado, a área reservada a YHWH é uma espécie de "distrito federal". Ao centro, está o Templo; ao redor dele, áreas reservadas aos sacerdotes sadoquitas, aos levitas, à cidade e ao príncipe. Há de se notar que, curiosamente, o Templo não está dentro da cidade, mas ao lado dela.

A apresentação das medidas é um pouco confusa e supõe o quadrilátero do Templo já descrito em 45,1-6, que, como já afirmado, parece ser uma reelaboração tardia de 48,8-22. Conforme o v. 9, há um quadrilátero central (25.000 x 25.000 côvados = 12,5 x 12,5 quilômetros) subdividido em três faixas horizontais, de igual comprimento (25.000 côvados), mas de larguras diferentes: uma faixa central de 10.000 côvados (cerca de 5 quilômetros) para o Templo e, ao redor dele, os sacerdotes (vv. 10-12); uma faixa também de 10.000 côvados para os levitas, ao norte daquela dos sacerdotes (vv. 13-14); ao sul, uma faixa de 5.000 côvados (cerca de 2,5 quilômetros) para a cidade e as pastagens ao seu redor (vv. 15-20). Ao príncipe, são reservados territórios restantes a oeste e a leste desse conjunto (vv. 21-22).

8.4 A cidade

Os últimos versículos do livro (vv. 30-35) concentram-se nas portas da cidade, três em cada um dos muros que formam o quadrilátero perfeito já medido no v. 16, isto é, 4.500 côvados (pouco menos de 2,25 quilômetros) em cada lado. Para cada muro voltado para um ponto cardeal, a repetição de sua medida e as três portas nele, cada uma delas identificada com uma tribo: ao norte, Rúben, Judá e Levi; ao leste, José, Benjamin e Dã; ao sul, Simeão, Issacar e Zabulon; ao oeste, Gad, Aser e Neftali. Diferentemente da lista de territórios nos vv. 1-8.23-27, as portas são designadas para os patriarcas epônimos, e não para as tribos. Assim, José tem sua porta, enquanto o que seria seu território é assinalado (em dobro) para seus dois filhos, Manassés e Efraim; nenhum desses, por sua vez, tem uma porta com seus nomes. Inversamente, Levi tem uma porta, mas não tem território. Além disso, há de se notar igualmente que as portas não correspondem à direção de cada tribo em relação à cidade. Por exemplo, Neftali tem seu território ao norte do quadrilátero sagrado, mas sua porta está voltada para o sul; mais ainda, as portas de leste e de oeste estão voltadas para áreas reservadas ao príncipe, enquanto as tribos que lhe dão os nomes estão ao norte ou ao sul. Claramente, a finalidade dessa descrição não é indicar a direção pela qual cada tribo deve acessar a cidade, e sim expressar a totalidade do povo reunificado e purificado. Esse mesmo conceito está presente também no Dêutero-Isaías (Is 44,12) e no Trito-Isaías (Is 60) e será retomado em Ap 21,15-21.

A imagem final do Livro de Ezequiel é a de um território de paz e fertilidade, repartido equitativamente entre as doze tribos ao redor do Templo, em uma cidade cujo nome – "YHWH está lá" (v. 38b) – é a profissão de fé na presença constante e, a partir de agora, irrevogável do próprio YHWH. Para quem está no exílio, a mensagem é de total esperança: o castigo recebido por Israel chegou ao fim (assim também Is 40,2) e a restauração do povo e do país será completa e perfeita.[57]

---

[57] CORTESE, 1991, p. 1567.

CONCLUSÃO

Para Ezequiel, sacerdote sadoquita, a restauração do povo e da nação passa necessariamente pela reconstrução do Templo e pelo restabelecimento da prática sacrifical, com seus círculos de santidade e de pureza. A visão dos capítulos 40–48 condiz com o conjunto da profecia de Ezequiel, muito vinculada às tradições sacerdotais presentes no Pentateuco. De modo particular, observa-se a importância de dois conceitos interligados e interdependentes: santidade e perfeição. Assim, por exemplo: o escrupuloso detalhamento das áreas sagradas e os acessos restritos no novo Templo; as dimensões exatas e harmônicas de muros, espaços e adornos; a equitativa distribuição dos territórios das tribos; a sensação de paz e serenidade decorrente das proporções do novo Templo; a restauração da natureza, graças ao rio de águas milagrosas que brota do edifício central do novo Templo; a convivência harmoniosa das tribos (incluindo estrangeiros residentes) em um país livre, seguro e próspero. Em outras palavras, a visão começa com uma arquitetura teológica e termina com uma geografia teológica.[58]

Esse é um projeto utópico tipicamente sacerdotal, uma vez que a reconstrução do Templo (41,4–42,20), a volta da glória de YHWH (43,1-12) e a fertilidade geral do terreno (47,1-12) não têm finalidade em si mesmas: essas são apenas etapas que preparam a reinstalação do povo em seu próprio país. Como que em uma versão adaptada e atualizada da instalação do ser humano no Éden (Gn 2,4b-15), a terra deixará de ser abandonada e árida, para acolher um "novo" Judá-Israel. Será uma era messiânica, com um príncipe indissoluvelmente vinculado ao Templo. Esse governante, aliás, jamais é chamado de "rei", pois o único rei é YHWH. Igualmente, nunca é qualificado como descendente de

58 ALLEN, 1990, p. 285.

Davi e, diferentemente de Ez 34,23-24 e 37,24-25, a expressão "meu servo Davi" não é utilizada para definir o futuro governante. Desse modo, evita-se vinculá-lo aos reis corruptos duramente criticados nos capítulos anteriores.[59] Em resumo, o messianismo esboçado nos capítulos 40–48 de Ezequiel é perfeitamente adaptado à nova situação imaginada para Judá-Israel e totalmente alinhado com o ideal sacerdotal.

No decorrer da história e ao se considerar o período da reconstrução, no pós-exílio, ver-se-á que, infelizmente, a utopia revelou-se distopia. O novo Templo, erguido a duras penas, não apenas foi bem menor do que o projeto da visão de Ezequiel, como foi bem menos luxuoso do que o primeiro, destruído por Nabucodonosor. Em termos políticos, Judá não voltou a ser independente, a monarquia não foi restaurada e o país não teve nenhum papel de destaque no cenário internacional. Quanto ao território desenhado por Ezequiel, a pequena província de Yehud, na satrapia Transeufratânea Persa, ocupou apenas uma fração: uma área de aproximadamente 50 x 50 quilômetros.[60] As expectativas acerca do restabelecimento das doze tribos e da distribuição do território entre elas também se demonstraram inexecutáveis, não apenas por causa das reduzidas dimensões de Yehud, mas também pela quase impossibilidade de, no pós-exílio, distinguir as diferentes tribos. A queda da Samaria, em 722 a.C., com as trocas de populações, conforme o modelo de dominação assírio, fora um golpe praticamente irreparável à preservação das identidades tribais do Reino do Norte (Israel, Efraim). Embora sem tal mescla com outras etnias, as tribos do Reino do Sul (Judá), em vista da sobrevivência da raça, também tiveram de abrir mão

[59] Um detalhe curioso é que, em toda a visão, o vocábulo "rei" é utilizado apenas três vezes, em 43,7.9, para vincular os monarcas às ações que contaminaram o primeiro Templo.

[60] PEETZ, 2022, p. 222.

da "pureza tribal", após duas grandes deportações para a Babilônia, em 597 e 587/586 a.C. É mais provável, portanto, que, no período persa, não fosse mais possível restabelecer a separação tribal, ainda que cada pessoa pudesse traçar minimamente sua ascendência. A divisão e a distribuição propostas na visão têm mais a ver com uma compreensão teológica da terra do que com algo executável na prática.[61]

Mas essa é a análise de quem conhece o desenrolar ulterior dos acontecimentos. Para os exilados, ansiosos pelo fim da humilhação e ávidos por um "ano sabático de redenção", a visão é uma mensagem de esperança e encorajamento: um novo Templo, um novo país e um novo povo, todos totalmente purificados da idolatria e da abominação, completamente livres de todo medo e sentimento de inferioridade, com olhos fixos unicamente no futuro, pois "YHWH está lá" (Ez 40,38). Parafraseando o clássico da literatura e do cinema, "Utopia e êxtase"!

---

[61] TUELL, 2009, p. 340.

REFERÊNCIAS

A BÍBLIA. São Paulo: Paulinas, 2023.

ABADIE, F. Pour l'honneur de mon Nom. *Théophilyon*, Lyon, v. 22, n. 2, p. 247-264, Jui. 2016.

ABREGO DE LACY, J. M. *Ezequiel*: comentarios a la Nueva Biblia de Jerusalén Bilbao: Desclée de Brouwer, 2011.

ALBERTZ, R. *Historia de la religión de Israel en tiempos del Antiguo Testamento*. Barcelona: Herder, 1999. v. 1.

ALBERTZ, R. *Historia de la religión de Israel en tiempos del Antiguo Testamento*. Barcelona: Herder, 1999. v. 2.

ALETTI, J.-N.; GILBERT, M.; SKA, J.-L.; DE VULPILLIÈRES, S. *Vocabulário ponderado da exegese bíblica*. São Paulo: Loyola, 2011 (Ferramentas bíblicas).

ALEXANDER, R. H. Ezekiel. In: LONGMAN III, T.; GARLAND, D. E. *The Expositor's Bible Commentary*: Jeremiah-Ezekiel. Grand Rapids: Zondervan, 2010. v. 7.

ALLEN, L. C. *Ezekiel 20–48. Word Biblical Commentary.* Dallas: Word, Incorporated, 1990. v. 29.

ALLEN, L. C. *Ezekiel 20–48*. Grand Rapids: Zondervan, 1990 (Word Biblical Commentary, 29).

ALLEN, L. C. *Ezekiel 1–19*. Dallas/Texas: Word Books, 1994 (versão em PDF).

ALMADA, S. La profecía de Ezequiel: Señales de esperanza para exiliados – oráculos, visiones y estructuras. *RIBLA*, Quito, n. 35-36, p. 103-121, 2000.

ALONSO SCHÖKEL, L. M. *Dicionário Bíblico Hebraico-Português*. São Paulo: Paulus, 1997.

ALONSO SCHÖKEL, L. M. *RPK*. In: ALONSO SCHÖKEL, L. M. *Dicionário Bíblico Hebraico-Português*. 3. ed. São Paulo: Paulus: 2004. p. 324-325.

ALONSO SCHÖKEL, L. M.; SICRE DÍAZ, J. L. *Profetas II*. Madrid: Cristiandad, 1980.

ALONSO SCHÖKEL, L. M.; SICRE DÍAZ, J. L. *Profetas II*: Ezequiel, profetas menores, Daniel, Baruc, Carta de Jeremias. São Paulo: Paulinas, 1991.

ALONSO SCHÖKEL, L. M.; SICRE DÍAZ, J. L. *Profetas II*: Ezequiel, doze profetas menores, Daniel, Baruc, Carta de Jeremias. São Paulo: Paulus, 2002 (Grande Comentário Bíblico, 2).

ALONSO SCHÖKEL, L. M.; SICRE DÍAZ, J. L. *Profetas II*: Ezequiel, doze profetas menores, Baruc, Carta de Jeremias. 4. reimpr. São Paulo: Paulus, 2015.

ANTHONIOZ, S. Les visions dans le livre d'Ézéchiel: Notes critiques. *Revue de l'histoire des religions*, Lyon, v. 236, n. 3, p. 577-590, 2019.

ASSURMENDI, J. M. *O profeta Ezequiel*. São Paulo: Paulinas, 1995.

AUVRAY, P. *Ézéchiel*. Paris: Cerf, 1947.

AUVRAY, P. *Ézéchiel*. 2. ed. rev. Paris: Cerf, 1957.

BARR, J. The symbolism of names in the Old Testament. *BJRL*, Manchester, v. 52, n. 1, p. 11-29, Feb. 1969.

BARRY, J. D. et al. *Faithlife Study Bible*. Bellingham: Lexham Press, 2012, 2016.

BARTON, J.; MUDDIMAN, J. *The Oxford Bible Commentary*. Oxford: Oxford University Press, 2001.

BERNARDES, L. Aprenda o que é memorial descritivo, como fazer e os seus principais tipos. Disponível em: <https://conteudos.quintoandar.com.br/memorial-descritivo/>. Acesso em: 7 dez. 2023.

BÍBLIA DE JERUSALÉM. São Paulo: Paulus, 2001.

BÍBLIA DO PEREGRINO. São Paulo: Paulus, 2002.

BÍBLIA MENSAGEM DE DEUS. São Paulo: Loyola, 1994.

BÍBLIA PALAVRA VIVA. São Paulo: Paulus, 2022.

BÍBLIA SAGRADA. Tradução oficial da CNBB. Brasília: CNBB, 2018.

BÍBLIA SAGRADA AVE-MARIA. São Paulo: Ave-Maria, 1977.

BÍBLIA SAGRADA: EDIÇÃO PASTORAL. São Paulo: Paulus, 1997.

BÍBLIA SAGRADA: NOVA ALMEIDA ATUALIZADA. Barueri: SBB, 2018.

BÍBLIA SAGRADA VOZES. Petrópolis: Vozes, 2005.

BÍBLIA TEB. Notas integrais tradução ecumênica. 3. ed. São Paulo: Loyola, 2020.

BLENKINSOPP, J. *A History of Prophecy in Israel*. Philadelphia: Westminster Press, 1983.

BLENKINSOPP, J. *Ezechiele*. Torino: Claudiana, 2006 (Strumenti. Commentari, 25).

BLOCK, D. I. *The book of Ezekiel*: chapters 1–24. Grand Rapids/Cambridge: Eerdmans Publishing Company, 1997.

BLOCK, D. I. *The Book of Ezekie*: chapters 25–48. Grand Rapids: Wm. B. Eerdmans Publishing Co., 1997 (The New International Commentary on the Old Testament).

BLOCK, D. I. *The Book of Ezekiel*: chapters 25–48. Grand Rapids/Michigan/Cambridge/U.K.: William B. Eerdmans Publishing Company, 1998.

BLOCK, D. I. *The Book of Ezekiel*. Grand Rapids Mich.: Eerdmans, 1998 (The New International Commentary on the Old Testament).

BLOCK, D. I. *Ezequiel*: capítulos 1 a 24. São Paulo: Cultura Cristã, 2012. v. 1.

BOADT, L. Ezequiel. In: BROWN, R. E.; FITZMYER, J. A.; MURPHY, R. E. *Novo Comentário Bíblico São Jerônimo*: Antigo Testamento. Santo André/São Paulo: Academia Cristã/Paulus, 2012. p. 615-659.

BOADT, L. Ezekiel. In: BROWN, R. E.; FITZMYER, J. A.; MURPHY, R. E. (eds.). *The New Jerome Biblical Commentary*. London: Geoffrey Chapman, 1993. p. 305-328.

BOTTERWECK, G. J.; RINGGREN, H.; FABRY, H.-J. (eds.). *Theological Dictionary of the Old Testament*. Grand Rapids: William B. Eerdmans Publishing Company, 1990. v. 1.

BOTTERWECK, G. J.; RINGGREN, H.; FABRY, H.-J. (eds.). *Theological Dictionary of the Old Testament*. Grand Rapids: William B. Eerdmlans Publishing Company, 1999. v. 10.

BOTTERWECK, G. J.; RINGGREN, H. (eds.). *Theological Dictionary of the Old Testament*. Grand Rapids: William B. Eerdmans Publishing Company, 2004. v. 14.

BRANNAN, R. *Léxico Lexham da Bíblia Hebraica*. Bellingham: Lexham Press, 2020.

BRETÓN, S. *Vocación y Missión*: formulario profético. Roma: Pontificio Istituto Bíblico, 1987.

BRIGGS, W. Idols and Land Grabs, Ancient and Modern: Creation and Ecotheology in Ezekeil 6; 35:1-36:15. *Horizons in Biblical Theology*, Leiden, v. 40, n. 1, p. 41-64, Apr. 2018.

BROWN, R. E.; FITZMYER, J. A.; MURPHY, R. E. (eds.). *Grande commentario biblico*. Brescia: Queriniana, 1974.

BROWN, F.; DRIVER, S. R.; BRIGGS, C. A. *הָאָח. Enhanced Brown-Driver-Briggs Hebrew and English Lexicon*. Oxford: Clarendon Press, 1977. p. 210.

BROWN, E.; DRIVER, S.; BRIGGS, C. *The Brown-Driver-Briggs Hebrew and English Lexicon*. Massachusetts: Hendrickson Publishers, 1999.

CARROLL, M. D. R. Ethics. In: BODA, M. J.; McCONVILLE, G. J. *Dictionary of the Old Testament*: Prophets. Downers Grove/Nottingham: IVP Academic/Inter-Varsity Press, 2012. p. 185-193.

CARSON, D. A. *NIV Biblical Theology Study Bible*. Grand Rapids: Zondervan, 2018.

CARVALHO, C. L.; NISKANEN, P. V. *Ezekiel & Daniel. The New Collegeville Bible Commentary*. Collegeville: Liturgical Press, 2012. v. 16.

CENTRE INFORMATIQUE ET BIBLE (org.). *Dicionário Enciclopédico da Bíblia*. São Paulo: Loyola/Paulinas/Paulus/Academia Cristã, 2013.

CHILDS, B. S. *El libro del Éxodo*: comentario crítico y teológico. Estella (Navarra): Verbo Divino, 2003 (Nueva Biblia Española. Pentateuco. Comentarios Teológicos y Literarios).

CHOURAQUI, A. *Nomes* (Êxodo). Rio de Janeiro: Imago, 1996 (Bereshit, 2).

CHUMASH com comentário de Rashi: Shemot. São Paulo: I. U. Trejger, 1993. v. 2.

CLEMENTS, R. E. Ezekiel. In: MILLER, P. D.; BARTLETT, D. L. *Westminster Bible Companion.* Louisville: Westminster John Knox Press, 1996.

CLIFFORD, R. J. Êxodo. In: BROWN, E. Raymond; FITZMYER, J. A.; MURPHY, R. E. (ed.). *Novo Comentário Bíblico São Jerônimo*. Santo André/São Paulo: Academia Cristã/Paulus, 2007. p. 129-159.

CLINES, D. J. A. (ed.). *The Dictionary of Classical Hebrew*. Sheffield: Sheffield Academic Press, 2016. v. 9.

CLINES, D. J. A. *הָאָח*. In: CLINES, D. J. A. *The Concise Dictionary of Classical Hebrew.* Sheffield: Sheffield Phoenix Press, 2009. p. 85.

COLLINS, J. J.; HENS-PIAZZA, G.; REID, B.; SENIOR, D. (eds.). *The Jerome Biblical Commentary for the Twenty-first Century*. London/New York/Oxford: Bloomsbury T&T Clark, 2022.

COOK, P. M. Nations. In: BODA, M. J.; McCONVILLE, G. J. *Dictionary of the Old Testament*: Prophets. Downers Grove/Nottingham: IVP/Inter-Varsity Press, 2012. p. 563-568.

COOK, S. L. *Ezekiel 38–48*. New Haven/London: Yale University Press, 2018 (The Anchor Yale Bible, 22B).

COOPER, L. E. C. *Ezekiel*: an Exegetical and Theological Exposition of Holy Scriture NIV text. Nashville: Broadman & Holman Publishers, 1994. v. 17 (The New American Commentary).

COPPES, L. J. *'anâ*. In: HARRIS, R. L.; ARCHER, JR. G. L.; WALTKE, B. K. *Dicionário Internacional de Teologia do Antigo Testamento*. São Paulo: Vida Nova, 1998. p. 1.141-1.143.

CORTESE, E. Ezechiele. In: GIRLANDA, A. (coord.). *La Bibbia*: Nuovissima versione dai testi originali. II: Antico Testamento: Libri Sapienziali; Profetici. Milano: Paoline, 1991. p. 1.453-1.567.

COXHEAD, S. R. The cardionomographic work of the Spirit in the Old Testament. *Westminster Theological Journal*, Pennsylvania, 79, n. 1, p. 77-95, Spring 2017.

DAVIES, G. I. The exegesis of the divine name in Exodus. In: GORDON, R. P. (ed.). *The God of Israel*. Cambridge: Cambridge University Press, 2007. p. 139-153 (University of Cambridge Oriental Publications, 64).

DEIANA, G. *Levitico. Nuova versione, introduzione e commento*. Milano: Paoline, 2005.

DI PEDE, E. *Ézéchiel*. Paris: Les Éditions du Cerf, 2021 (Serie Mon ABC de la Biblie).

DODD, R. A. Ammonites. In: BARRY, J. D. et al. *The Lexham Bible Dictionary.* Bellingham: Lexham Press, 2016.

DUGUID, I. M. *Ezekiel and the leaders of Israel*. New York: Brill, 1994.

DUHAIME, J. Un appel à la responsabilité: "Retournez-vous et vivez" (Éz 18,32) Approche structurelle et théologique d'Ézéchiel 18. *Théologiques*, Montreal, v. 24, n. 1, p. 73-107, 2016.

DUS, R. A.; SIMIAN-YOFRE, H. Ezequiel. In: LEVORATTI, A. J. et al. *Comentario Bíblico Latinoamericano*: Antiguo Testamento. Estella: Verbo Divino, 2005-2007. v. 2.

EICHRODT, W. *Ezekiel*: a commentary. The Old Testament Library. Philadelphia: The Westminster Press, 1970.

EICHRODT, W. *Ezechiele: capitoli 25-48*. Brescia: Paideia, 2001 (Antico Testamento, 22/2).

ELLIGER, K.; RUDOLPH, W. (eds.). *Biblia Hebraica Stuttgartensia*. Stuttgart: Deutsche Bibelgesellschaft, 1977.

ELLIGER, K.; RUDOLPH, W. *Biblia Hebraica Stuttgartensia.* 4. ed. Stuttgart: Deutsche Bibelgesellschaft, 1990.

ELLIGER, K.; RUDOLPH, W. (ed.). *Biblia Hebraica Stuttgartensia.* 5. ed. Stuttgart: Deutsche Bibelgesellschaft, 1997.

ELLIGER, K.; RUDOLPH, W.; WEIL, G. E. *Biblia Hebraica Stuttgartensia.* Eletronic. ed. Stuttgart: German Bible Society, 2003.

ELLIGER, K.; RUDOLPH, W.; WEIL, G. E. *Biblia Hebraica Stuttgartensia.* Barueri: Sociedade Bíblica do Brasil, 2009.

ESLINGER, L. Ezekiel 20 and the metaphor of historical teleology. Concepts of Biblical History. *Journal for the Study of the Old Testament*, Sheffield, v. 81, p. 93-125, 1998.

FEIGIN, S. Some cases of adoption in Israel. *JBL*, New Haven, v. 50, n. 3, p. 186-200, 1931.

FERNANDES, L. A. *O anúncio do Dia do Senhor*: significado profético e sentido teológico de Joel 2,1-11. São Paulo: Paulinas, 2014.

FERNANDES, L. A. *Evangelização e família*: subsídio bíblico, teológico e pastoral. São Paulo: Paulinas, 2015.

FERNANDES, L. A. Análise de Ex 3,7-15 em perspectiva narrativa. *ReBiblica*, Rio de Janeiro, v. 2, n. 4, p. 227-250, jul./dez. 2021.

FERNANDES, L. A. Ez 3,16-21: Ezequiel como sentinela e suas implicações sociorreligiosas, *Caminhando*, São Bernardo do Campo, v. 26, p. 1-12, jan./dez. 2021.

FERNANDES, L. A. Terminologia e transumância em Abraão e Moisés. In: DIAS, E. C.; FERNANDES, L. A. (orgs.). *Bíblia e migração*: experiência humana e salvífica. Brasília: CSEM/CLAR, 2022. p. 51-71.

FERNANDES, L. A. *O texto bíblico, a ira de Deus e os milagres de Jesus*. Rio de Janeiro: Letra Capital, 2023.

FOHRER, G. G. *História da religião de Israel*. São Paulo: Paulinas, 1982 (Nova Coleção Bíblica, 15).

FOX, M. V. The Rhetoric of Ezekiel's vision of the valley of the Bones. *Hebrew Union College Annual*, Jerusalem, v. 51, p. 1-15, 1980.

FRANCISCO, E. de F. *Tetragrama, Teônimos e Nomina Sacra*. Os nomes de Deus na Bíblia. Santo André: Kapenke, 2018.

FREDENBURG, B. *Ezekiel, The College Press NIV Commentary*. Joplin: College Press Pub. Co., 2002.

FREVEL, C. *Geschichte Israels*. Stuttgart: Kohlhammer, 2016.

GOSSE, B. Ezéchiel 35-36:1-15 et Ezéchiel 6: la désolation de la montagne de Séir et le renoveau des montagens d'Israël. *Revue Biblique*, Paris, v. 96, n. 4, p. 511-517, Oct. 1989.

GOTTWALD, N. K. *All the kingdoms of the earth*: Israelite prophecy and international relations in the ancient Near East. Nova York: Harper & Row, 1964.

GREENBERG, M. *Ezekiel 1–20*: a new translation with introduction and commentary. New York: Doubleday, 1983. v. 22.

GREENBERG, M. *Ezekiel 21–37*. New York: Doubleday, 1997.

GREENBERG, M. *Ezechiel 1–20*. Freiburg: Herder, 2001.

GREENBERG, M. *Ezechiel 21–37*. Freiburg: Herder, 2005.

GREENBERG, M. *Ezekiel 1–20*: a new translation with introduction and commentary. New Haven; London: Anchor Yale Bible, 2008.

GRENZER, M. Desejos inoportunos e a esperança por um povo profeta. In: GRENZER, M. *O projeto do êxodo*. 2. ed. São Paulo: Paulinas, 2007. p. 95-126.

GUNNEWEG, A. H. J. *História de Israel*: dos primórdios até Bar Kochba e de Theodor Herzl até os nossos dias. São Paulo: Teológica: Loyola, 2005.

HALS, R. M. *Ezekiel*. Grand Rapids: Eerdmans Publishing Company, 1989 (The Forms of the Old Testament Literature, 19).

HERBST, J. W. Recreation in Ezekiel 36. In: *The Living Pulpit*, march. 2016. Disponível em: <https://www.pulpit.org/recreation-in-ezekiel-36/>. Acesso em: 13 out. 2023.

HIEBEL, J. M. *Ezekiel's vision accounts as interrelated narratives*. Berlin/Boston: Walter de Gruyter, 2015 (Beihefte zur Zeitschrift für die alttestamentliche Wissenchaft, 475).

HOSSFELD, F.-L. Das Buch Ezechiel. In: ZENGER, E. et alii (orgs.). *Einleitung in das Alte Testament*. 5. ed. Stuttgart: Kohlhammer, 2004. p. 489-506.

HOSSFELD, F.-L. Das Buch Ezechiel. In: ZENGER, E. et alii (orgs.). *Einleitung in das Alte Testament*. 7. ed. Stuttgart: Kohlhammer, 2008. p. 489-506.

HUBBARD JR., R. L. גאל (*g'l* I). In: VanGEMEREN, W. A. *Novo Dicionário Internacional de Teologia e Exegese do Antigo Testamento*. São Paulo: Editora Cultura Cristã, 2011. v. 1, p. 765-769.

IMSCHOOT, P. van. Glória. In: BORN, A. Van Den. *Dicionário Enciclopédico Bíblico*, Petrópolis: Vozes, 1977. p. 638-639.

JACOBSON, H. Adoptive parents in rabbinic exegesis of the Bible. *VT*, Leiden, v. 49, n. 2, p. 261-262, Apr. 1999.

JENNI, E.; WESTERMANN, C. *Diccionario Teologico Manual del Antiguo Testamento*. Madrid: Ediciones Cristiandad, 1978. t. I.

JEREMIAS, J. *Osea*. Brescia: Paideia, 2000.

JOYCE, P. M. *Ezekiel*: a commentary. New York: T&T Clark, 2007 (Library of Hebrew Bible/Old Testament studies).

JOÜON, P.; MURAOKA, T. *Gramática del Hebreo Bíblico*. Villatuerta/Navarra: Editorial Verbo Divino, 2007.

JOYCE, P. M. *Ezekiel*: a commentary. New York: T&T Clark International, 2009.

KAISER JR., W. C. *Teologia do Antigo Testamento.* São Paulo: Vida Nova, 1984.

KEES, J. P. Having our Hearts sprinkled clean: The influence of Ezekiel 36:25-26 on Hebrews 10:22. *Westminster Theological Journal*, Pennsylvania, v. 83, n. 2, p. 237-250, Fall 2021.

KEIL, C. F.; DELITZSCH, F. *Commentary on the Old Testament:* Ezekiel – Daniel. Peabody: Hendrickson, 2006. v. 9.

KELLEY, P. H.; MYNATT, D. S.; GRAWFORD, T. G. *The Masorah of Biblia Hebraica Stuttgartensia.* Grand Rapids (Michigan)/Cambridge (U.K.): William B. Eerdmans Publishing Company, 1998.

KILIAN, R. O documento sacerdotal: esperança de retorno. In: SCHREINER, J. (ed.). *Palavra e mensagem*: introdução teológica e crítica aos problemas do AT. São Paulo: Paulinas, 1978. p. 322-327 (Nova Coleção Bíblica, 8).

KIRST, N. et al. *Dicionário Hebraico-Português e Aramaico-Português.* São Leopoldo/Petrópolis: Sinodal/Vozes, 1988.

KNAUTH, R. J. D. Esaú, Edomitas. In: ALEXANDER, T. D.; BAKER, D. W. (eds.). *Diccionario del Antiguo Testamento* – Pentateuco. Barcelona: Editorial Clie, 2012.

KOCH, K. *Die Profeten II*. Babylonisch-persische Zeit. Stuttgart: Kohlhammer, 1988.

KOEHLER, L.; BAUMGARTNER, W. *Hebrew and Aramaic Lexicon of the Old Testament*. Leiden (Holanda): E. J. Brill, 2001. v. 2 (HALOT – Study Edition).

KONKEL, M. *Architektonik des Heiligen*: Studien zur zweiten Tempelvision Ezechiels (Ez 40–48). Berlin: Philo, 2001.

KOZMAN, R. Ezekiel's Promised Spirit as *adam's* Revelatory Spirit in the Hodayot. *Dead Sea Discoveries*, Leiden, v. 26, n. 1, p. 30-60, mar. 2019.

KUGLER, G. The Cruel Theology of Ezekiel 20. *Zeitschrift für die alttestamentliche Wissenschaft*, Berlin, v. 129, p. 47-58, 2017.

LAMELAS MÍGUEZ, J. Ezequiel. In: GUIJARRO OPORTO, S.; SALVADOR GARCÍA, M. (eds.). *Comentário ao Antigo Testamento*. São Paulo: Ave-Maria, 2004. v. 2. p. 179-236.

LANG, B. *rP,ki* [kipper]. In: BOTTERWECK, G. J.; RINGGREN, H.; FABRY, H.-J. (A cura di). *Grande Lessico dell'Antico Testamento*. Brescia: Paideia, 2004. v. 4, p. 508-526.

LAST, J. For I Lift up my Hand to Heaven and Swear: Deut 32,40. In: GARCIA MARTINEZ, F. et alii (eds.). *Studies in Deuteronomy. In Honour of C. J. Labuschagne on the Occasion of his 65th Birthday*. Leiden: E. J. Brill, 1994. p. 155-164 (VTS, 53).

LEHMANN, M. R. Biblical Oaths. *Zeitschrift für die Alttestamentliche Wissenschaft*, Berlim, v. 81, n. 1, p. 74-92, jan. 1969.

LIMA, M. L. C. *Salvação entre juízo, conversão e graça*: a perspectiva escatológica de Os 14,2-9. Roma: Pontificia Università Gregoriana, 1998.

LIMA, M. L. C. *Mensageiros de Deus*: profetas e profecias no antigo Israel. Rio de Janeiro: PUC-Rio; São Paulo: Reflexão, 2012.

LIND, M. *Ezekiel, Believers Church Bible Commentary.* Scottdale: Herald Press, 1996.

LIVERANI, M. *Para além da Bíblia*. História antiga de Israel. São Paulo: Paulus/Loyola, 2008.

LOZA, J. *Génesis 12–50*. Bilbao: Editorial Desclée De Brouwer, 2007.

LYONS, M. A. *An introduction to the study of Ezekiel.* London/New York: Bloomsbury T&T Clark, 2015 (T&T Clark Approaches to Biblical Studies Series).

LYONS, M. A. Extension and Allusion: The Composition of Ezekiel 34. In: TOOMAN, William A.; BARTER, Penelope. *Ezekiel*: current debates and future directions. Tübingen: Mohr Siebeck, 2017.

MADAIN PROJECT. Solomonic Gates. Disponível em: <https://madainproject.com/ solomonic_gates>. Acesso em: 7 dez. 2023.

MALUL, M. *Studies in mesopotamian legal symbolism*. Neukirchen-Vluyn: Butzon & Bercker, 1988 (Alter Orient und Altes Testament, 221).

MARTINS, I. *A misericórdia como caminho de salvação*: uma análise exegético-teológica de Mt 25,31-46. São Paulo: Dialética, 2023.

MAY, H. G. (ed.). *Oxford Bible Atlas*. Oxford: Oxford University Press, 1987.

MAZAR, A. *Arqueologia na terra da Bíblia 10000-586 a.C.* São Paulo: Paulinas, 2003.

METTINGER, T. N. *O significado e a mensagem dos nomes de Deus na Bíblia*. São Paulo: Academia Cristã, 2008.

MONARI, L. *Ezequiel, um sacerdote profeta*. São Paulo: Paulinas, 1992.

MONLOUBOU, L. *Un sacerdote se vuelve profeta*: Ezequiel. Madrid: Fax, 1973.

MYERS, A. C. *The Eerdmans Bible Dictionary*. Grand Rapids: Eerdmans, 1987.

NGULYEN, D. Anh Nhue. *Numeri*. Cinisello Balsamo/Milano: San Paolo, 2017.

NIHAN, C. Ezequiel. In: RÖMER, T.; MACCHI, J.-D.; NIHAN, C. (orgs.). *Antigo Testamento*: história, escritura e teologia. São Paulo: Loyola, 2010. p. 435-458.

NOVA BÍBLIA PASTORAL. São Paulo: Paulus, 2014.

OLIVA, M. Revelación del nombre de Yahweh en la "historia sacerdotal": Ex 6,2-8. *Biblica*, Roma, v. 52, n. 1, p. 13-19, genn./mar. 1971.

OLLEY, J. W. *Ezekiel*: a commentary based on Iezekiēl in codex vaticanus. Leiden: Brill, 2009.

OLMO LETE, G. *La vocation del lider en el antiguo Israel*: Morfologia de los relatos biblicos de vocation. Salamanca: Universidad Pontificia, 1973 (Bibliotheca Salamanticensis 3/2).

OSWALT, J. N. God. In: BODA, M. J.; McCONVILLE, G. J. *Dictionary of the Old Testament*: Prophets. Downers Grove/Nottingham: IVP Academic/ Inter-Varsity Press, 2012. p. 280-293.

OSWALT, J. N. *kaḇôḏ*. In: HARRIS, R. L. (org.). *Dicionário Internacional de Teologia do Antigo Testamento.* São Paulo: Vida Nova, 1998. p. 697-698.

OWENS, J. E. *Leviticus*. Collegeville/Minnesota: Liturgical Press, 2011.

PAPOLA, G. *Deuteronomio*: introduzione, traduzione e commento. Cinisello Balsamo (Milano): San Paolo, 2011.

PASKALIS, E. Individual responsability in Ezekiel 18,1-32. *Studia Philosophica et Theologica*, Malang (Indonésia), v. 7, n. 2, p. 179-194, out. 2007.

PATZIA, A. G.; PETROTTA, A. J. *Pocket dictionary of biblical studies.* Downers Grove: InterVarsity Press, 2002.

PEETZ, M. *O Israel bíblico*: história, arqueologia, geografia. São Paulo: Paulinas, 2022 (Cultura Bíblica).

PETTIGIANI, O. *"Ma io ricorderò la mia alleanza com te."* La procedura del *rîb* come chiave interpretativa di Ez 16. Roma: G&BP, 2015 (Analecta Bíblica, 207).

PIKOR, W. *La comunicazione profetica alla luce di Ez 2-3.* Roma: Editrice Pontificia Università Gregoriana, 2002 (Tesi Gregoriana. Serie teologia, 88).

PIOTROWSKI, N. G. "I will save my people from their sins." The influence of Ezekiel 36:28B-29A; 37,23B on Matthew 1:21. *Tyndale Bulletin*, Cambridge, v. 64, n. 1, p. 33-54, May. 2013.

PRITCHARD, J. B. *Ancient Near Eastern Texts Relating to the Old Testament*. Princeton, NJ: Princeton University Press, 1969.

PROPP, W. H. C. *Exodus 1–18*: a new translation with introduction and commentary. New York: Doubleday, 1999 (The Anchor Bible, 2).

PUECH, E. Milcom. In: TOORN, K. V. D.; BECKING, B.; HORST, P. W. V. D. *Dictionary of deities and demons in the Bible.* Leiden/Boston/Köln/Grand Rapids/Cambridge: Brill/Eerdmans, 1999. p. 575-576.

RAVASI, G. *Ezechiele e i profeti postesilici*: ciclo di conferenze tenute al Centro culturale S. Fedele di Milano. Bologna: Dehoniane, 1992.

ROBERTS, J. J. M. The hand of YAHWEH. *Vetus Testamentum*, Leiden, v. 21, n. 2, p. 244-251, abr./jun. 1971.

RÖMER, Th. *La première histoire d'Israël*: l'école deutéronomiste à l'oeuvre. Genève: Labor et Fides, 2007.

RÖMER, Th. *A origem de Javé*: o Deus de Israel e seu nome. São Paulo: Paulus, 2016.

SAPORETTI, C. *Abolire le carceri*: un'idea dalla Mesopotamia. Roma: Aracne, 2010 (Saggistica, 127).

SAVOCA, C. *Guia espiritual del Antigo Testamento*: El libro de Ezequiel. Barcelona/Madrid: Herder/Ciudad Nueva, 1992.

SCHMID, K. *História da Literatura do Antigo Testamento*: uma introdução. São Paulo: Loyola, 2008.

SCHMIDT, W. H. *Introdução ao Antigo Testamento*. São Leopoldo: Sinodal, 2009.

SCHNOCKS, J. "Und ich werde meinen Geist in euch geben" (Ez 37,14): Konzeptionen der Rede vom Geist in Ez 36–37. In: SATTLER, D.; FREY, J. (eds.). *Heiliger Geist.* Neukirchen-Vluyn: Neukirchener Verlag, 2011. p. 31-52.

SCHREINER, J. Palavra – Espírito – Visão. Atividade profética de Ezequiel. In: SCHREINER, J. (org.), *Palavra e mensagem do Antigo Testamento*. 2. ed. São Paulo: Teológica/Paulus, 2004. p. 275-293.

SCHROER, S.; STAUBLI, T. *Simbolismo do corpo na Bíblia*. São Paulo: Paulinas, 2003.

SCHÜNGEL-STRAUMANN, H. Geist (AT). In: BAUKS, M.; PIETSCH, M.; ALKIER, S. (eds.). *Das wissenschaftliche Bibellexikon im Internet*. 2009. p. 1-26. Disponível em: <https://www.bibelwissenschaft.de/ressourcen/wibilex/altes-testament/geist-at>. Acesso em: 28 dez. 2023.

SCWHANTES, M. *Sofrimento e esperança no exílio*: história e Teologia do povo de Deus no século VI a.C. São Leopoldo: Oikos, 2009.

SCHWANTES, M. *Da vocação à provocação*: estudos exegéticos em Isaías 1–12. São Leopoldo: Oikos, 2011.

SENIOR, D. Son of Man. In: FREEDMAN, D. N.; MYERS, A. C.; BECK, A. B. *Eerdmans dictionary of the Bible*. Grand Rapids: W. B. Eerdmans, 2000. p. 1.242-1.243.

SERVIÇO DE ANIMAÇÃO BÍBLICA (SAB). *Entre a fé e a fraqueza*: Reino de Judá. 6. ed. São Paulo: Paulinas, 2013 (Bíblia em Comunidade. Série Visão global, 7).

SICRE DÍAZ, J. L. *Com os pobres da terra*: a justiça social nos profetas de Israel. São Paulo: Paulus, 2011.

SICRE DÍAZ, J. L. *Introdução ao profetismo bíblico*. Petrópolis: Vozes, 2016.

SKA, J.-L. El êxodo, el nombre de Dios y la historia de Israel. *Cuest. Teol.*, Medellín, v. 31, n. 75, p. 127-139, enero/jun. 2004.

SKA, J.-L. *Il libro sigillato e il libro aperto*. Bologna: Dehoniane, 2005 (Biblica).

SKA, J.-L. Le récit sacerdotal: une historie "sans fin". In: RÖMER, T. (ed.). *The books of Leviticus and Numbers*. Leuven/Paris/Dudley: Peeters, 2008. p. 613-653 (Bibliotheca Ephemeridum Theologicarum Lovaniensium, 215).

SMITH, G. V. I. *Interpreting the Prophetic Books*: an exegetical handbook: Handbooks for Old Testament Exegesis. Grand Rapids: Kregel Academic, 2014.

SOGGIN, J. A. *Storia d'Israele*: introduzione alla storia d'Israele e Giuda dalle origini alla rivolta di Bar Kochba. Brescia: Paideia, 2002.

SPREAFICO, A. *La voce di Dio*. Per capire i profeti. Bologna: Dehoniane, 1998.

STALKER, D. M. G. *Ezekiel*: introduction and commentary. London: SCM, 1968 (Torch Bible Commentaries).

STRONG, J. T. God's *Kāḇôḏ*: the presence of Yahweh in the Book of Ezekiel. In: ODELL, M. S.; STRONG, J. T. *The book of Ezekiel*: theological and anthropological perspectives. Atlanta: Society of Biblical Literature, 2000. p. 69-95.

SWANSON, J. *Dictionary of Biblical Languages with Semantic Domains: Hebrew (Old Testament)*. 2. ed. Logos Research Systems, Inc., 2001 (edição eletrônica).

TAYLOR, J. B. *Ezekiel*: an Introduction and commentary: Tyndale Old Testament Commentaries. Downers Grove: InterVarsity Press, 1969. v. 22.

TAYLOR, J. B. *Ezekiel*: an introduction and commentary. London: Tyndale Press, 1971 (The Tyndale Old Testament Commentaries).

TAYLOR, J. B. *Ezequiel*: introdução e comentário. São Paulo: Vida Nova, 1984 (Cultura Bíblica, 19).

TUELL, S. S. Divine Presence and Absence in Ezekiel's Prophecy. In: ODELL, M. S.; STRONG, J. T. *The book of Ezekiel*: theological and anthropological perspectives. Atlanta: Society of Biblical Literature, 2000. p. 97-116.

TUELL, S. S. *Ezekiel*. Peabody: Hendrickson Publisers, 2009.

TUELL, S. S. *Ezekiel*. Grand Rapids: Baker, 2009 (Understanding the Bible Commentary Series).

VAUX, R. G. de. *Instituições de Israel no Antigo Testamento*. São Paulo: Vida Nova, 2004.

VIRGILI, R. Ezechiele: Il giorno dopo l'ultimo. Bologna: EDB, 2000 (Quaderni di Calmadoli, 16. Quaderni di Camaldoli. Meditazioni, 9).

WALTKE, B. K. "*śēʿir*". In: HARRIS, R. L.; ARCHER, JR. G. L.; WALTKE, B. K. *Dicionário Internacional de Teologia do Antigo Testamento*. São Paulo: Vida Nova, 1998. p. 1.487.

WEISER, A. *Geremia*: capitoli 1–25,14. Brescia: Paideia, 1987.

WESTERMANN, C. *Basic Forms of Prophetic Speech*. Louisville/Cambridge: Westminster John Knox Press/The Lutterworth Press, 1991.

WILSON, R. R. Prophecy in Crisis: The Call of Ezekiel. *Interpretation (Richmond)*, London, England, v. 38, n. 2, p. 117-130, 1984.

WOLFF, Walter Hans. *Joel and Amos*. Philadelfia: Fortress Press, 1977.

ZIMMERLI, W.; CROSS, F. M.; BALTZER, K. *Ezekiel*: a commentary on the Book of the Prophet Ezekiel. Philadelphia: Fortress Press, 1979 (Hermeneia: a Critical and Historical Commentary on the Bible).

ZIMMERLI, W. *Ezechiel*. Teilband. Ezechiel 1–24. 2. ed. Neukirchen-Vluyn: Neukirchener Verlag, 1979. v. 1.

ZIMMERLI, Walther. *Ezekiel 2*. Philadelphia: Fortress, 1983 (Hermeneia).

ZWICKEL, W. *Atlas bíblico*. São Paulo: Paulinas, 2010.

ÍNDICE ONOMÁSTICO

A

B

C

D

E

F

G

H

I

J

K

L

M

N

O

P

R

S

T

V

W

Z

Paulinas
Rua Dona Inácia Uchoa, 62
04110-020 – São Paulo – SP (Brasil)
Tel.: (11) 2125-3500
paulinas.com.br – editora@paulinas.com.br
Telemarketing e SAC: 0800-7010081